Inha

Ich widme dieses Buch all denen, die danach
hungern, Jesus Christus inniger zu kennen.
Das ist nicht nur möglich, es ist deine Bestimmung!
Ich hoffe und bete für dich, dass diese Seiten dich dazu
inspirieren, dieses größte Ziel anzustreben – Ihn so zu
kennen, wie auch du erkannt bist, und zu erfassen:
in Ihm bist du zu wunderbaren Werken geschaffen.

Bruce Allen

Ein-Blick in die Herrlichkeit

Bruce D. Allen

EIN-BLICK IN DIE HERRLICHKEIT

Das Geburtsrecht der Gläubigen
auf ein übernatürliches Leben

Titel des amerikanischen Originals:

Gazing into Glory
by Bruce D. Allen

4. Auflage, Mai 2016
ISBN 978-3-938972-19-9

Die Bibelzitate wurden, wenn nicht anders angegeben, der Revidierten Elberfelder Bibel, R. Brockhaus Verlag Wuppertal, entnommen.

ReformaZion Media
Braasstraße 30
D – 31737 Rinteln
Fon (05751) 97 17 0
Fax (05751) 97 17 17
info@reformazion.de
www.reformazion.de

Gerne senden wir Ihnen unseren Verlagskatalog zu.

Danksagungen

Ich danke meinem Sohn David für die stundenlange Bearbeitung dieses Buches, damit diese Botschaft gedruckt werden konnte.

Mein inniger Dank gilt meinen Eltern und meiner Frau für ihre Korrekturlesungen – das war eine mühsame Arbeit!

Danke an euch, Stan und Nancy Patterson, für euren Einsatz bei Formulierungen und Aufbereitung des Textes, aber ganz besonders für eure Ermutigungen.

Es ist unmöglich, allen zu danken, die eine wesentliche Rolle bei dieser Arbeit durch ihre Mut machenden Worte und Beiträge gespielt haben. Trotzdem möchte ich einige Namen nennen: Pastoren John und Ruth Filler, Reverend Jerry und Chip Foster, Dave Richards, Reverend Francis Khoo, Reverend Collin und Marie Gordon, Wilson Ng, Vera Lim, Irwan Lee, Pastor Glenn Dunlop und unsere irische Familie, Warren Dunlop, Pastoren Barry und Kay Hill und die Familie im Christian Life Center. So mancher Helfer fehlt noch in dieser Aufzählung. Meine Anerkennung gilt jedem von euch für eure Liebe und Unterstützung. Deshalb, herzlichen Dank!

Vorwort
von Dr. David van Koevering

In diesem Buch nimmt dich Bruce Allen mit auf eine Entdeckungsreise. Er leitet dich in die unsichtbare Welt des Geistes, in der deine geistlichen Augen Neues entdecken können. Die unsichtbare, oft nicht wahrgenommene Welt wurde von einem berühmten Physiker mit einer Strecke von 50 Meilen verglichen. Es erscheint, als würden die meisten heutigen Gläubigen nur die ersten zwei Zentimeter des geistlichen Raumes erfassen.

Bruce gibt biblische Beweise dieser unsichtbaren Welt, verdeutlicht die Wahrheit mit Begriffen aus der Quantenphysik, persönlichen Lebenserfahrungen und Erlebnisberichten anderer. Du wirst sehen, dass man an zwei Orten zugleich sein kann! Die Bibel erklärt, du befindest dich schon jetzt mit Jesus an himmlischen Orten (siehe Epheser 2:6). Quantenphysiker benutzen einen Begriff, der Quantenverschränkung heißt. Verbinden sich Elektronen, bleiben sie angekoppelt und müssen in der unsichtbaren Welt verbunden bleiben. Bruce führt dich behutsam durch dieses wichtige Thema, und der Heilige Geist wird dir immer wieder bestätigen, dass auch du zu allen Vorrechten des Königreiches Gottes Zugang hast. Du kannst sehen und sagen, was Gott sieht und sagt! Seine Autorität ist in dir angelegt. Du gehörst zur *Braut Christi*, welche über alle Macht des Namens Jesu verfügen darf!

Diese Reise wird dein Leben verändern. Bruce wird dich aus dem Wort Gottes lehren, mit dem, was du siehst und sagst, sorgfältig umzugehen – denn daraus resultiert, was dir zuteilwird. Du wirst ermächtigt und deine Aufgabe und Bestimmung für dein Leben erkennen. Ja, du wirst in die Herrlichkeit blicken. Betrachtest du, was Gott betrachtet, wird Seine Macht deine Realität umwandeln.

Du erhältst Seine Sicht von deinem Potenzial und nimmst deinen Platz im Königreich Gottes ein. *Ein-Blick in die Herrlichkeit* wird zum Handbuch deiner Lebensbestimmung.

Dr. David van Koevering
Präsident und Gründer von Elsewhen Research
www.elsewhen.com

Vorwort
von Bruce Allen

Jahrzehntelang war die Gemeinde von Selbstzufriedenheit und pseudo-geistlichem Stillstand eingelullt, hatte Traditionen umklammert, die den Platz des Wortes Gottes eingenommen hatten.

Wir haben gesehen, wie die Gemeinde des ersten Jahrhunderts - ein lebendiger, starker Zeuge der Liebe und Kraft Gottes - sich in eine nichtssagende Lehre dessen, was man zu tun hat und was man nicht darf, verwandelte, mit einer Form von Frömmigkeit, aber die Kraft ablehnend, die in jedem Wort Gottes und dem Gott des Wortes wohnt.

In der ganzen Welt rufen viele nach einem wirklichen, lebendigen Gott - einem Gott, der Seinem Wort treu ist, einem Gott, der aktiv an dem Leben Seiner Schöpfung interessiert ist; einem Gott der Kraft, Zeichen und Wunder. Weil die Gemeinde darin versagt hat, die Realität dieses lebendigen Gottes darzustellen und zu erweisen, haben sich Etliche okkulten Praktiken und dem Satanismus zugewandt, in dem Versuch, die Leere auszufüllen, die durch eine kraftlose Gemeinde hervorgerufen wurde.

Was wir im Wort Gottes nicht verstehen, ordnen wir der Mystik, dem Teufel oder einem früheren Zeitalter zu. Oder wir degradieren das Nichtverstandene auf künftige Zeitalter, wenn wir für immer im Himmel beim Herrn sein werden. Das Meiste von dem, was wir nicht verstehen, verweisen wir allerdings auf einen Platz in der Finsternis. Dies ist schlimmstenfalls gefährlich und bestenfalls grobe Ignoranz.

Mitten in dieser offensichtlichen Leere und in diesem Mangel und trotz unserer Versuche, alles vernünftig weg zu argumentieren, was nicht in unsere „religiöse Bequemlichkeitszone“ passt, bewegt sich der Herr durch Seinen Geist in machtvoller Weise durch die Welt. Leider haben die meisten Gemeinden keine Kenntnis von dem, was der Herr tut. Suchende nach der Wahrheit haben Begegnungen mit *der* Wahrheit: Jesus. Ungewöhnliche Manifestationen werden vom ganzen Globus berichtet – Besuche von Jesus und Engeln, Goldstaub, Federn, Edelsteine, Manna vom Himmel, seltene Heilungen, viele werden vom Tode erweckt, Wunder der Versorgung, auf dem Wasser gehen, Versetzungen an andere Orte, Besuche im dritten Himmel und mehr.

Die Frage stellt sich – sind diese Dinge von Gott? Ist irgendetwas davon schriftgemäß? Oder fälscht der Teufel diese Manifestationen und Erfahrungen, um Menschenmengen von der Realität des wahren Gottes zu entfernen?

Die Antwort ist sowohl einfach als auch schwierig. Ja, Gott kann dieses heute tun und wirkt es auch, und ja, der Teufel fälscht einige dieser Wunder, um Menschen von der Wahrheit fortzuziehen.

Als Gläubige haben wir Zutritt zu Möglichkeiten im Herrn, die wir aus Dummheit, Angst und Unglauben versäumt haben zu erforschen. Obwohl wir uns dem Übernatürlichen umsichtig nähern müssen, sollten wir nicht sofort alles verwerfen, das übernatürliche Eigenschaften aufweist. Wir haben das Wort zu studieren und göttliches Urteilsvermögen auszuüben.

Beurteilen ist kein Richten, sondern die richtige Anwendung des Wortes Gottes in einer gegebenen Situation und *„unsere Sinne zu üben, um Gutes und Böses zu unterscheiden.“* (Hebräer 5:14) Das meiste von dem, was wir bislang Unterscheidung genannt haben, ist Richten – gegründet auf unserem Glaubenssystem, ungeachtet, was die Schrift lehrt.

Es gibt Schlüssel im Wort Gottes, die uns darauf vorbereiten, besser mit dem Bereich, der dritter Himmel oder geistlicher Raum genannt wird, zu kommunizieren. Johannes 14:12 sagt: *„Wahrlich, wahrlich, ich sage euch: Wer an mich glaubt, der wird auch die Werke tun, die ich tue, und wird größere als diese tun, weil ich zum Vater gehe."*

Was genau meint Jesus damit, wenn Er sagt, wir würden die gleichen Werke tun, die Er tut und sogar noch größere? Die meisten Menschen werden sofort von den Wundern angezogen, die im Leben Jesu ausgeübt wurden, und sie wünschen sich die gleichen Manifestationen für ihr eigenes Leben. Studieren sie aber das Leben Christi, wollen nur wenige Seinen „ersten" Werken nacheifern. - Zum Beispiel:

Der hat in den Tagen seines Fleisches sowohl Bitten als auch Flehen mit starkem Geschrei und Tränen dem dargebracht, der ihn aus dem Tod retten kann, und ist um seiner Gottesfurcht willen erhört worden, und lernte, obwohl er Sohn war, an dem, was er litt, den Gehorsam. (Hebräer 5:7-8)

Er lernte *Gottesfurcht* und *Gehorsam an dem, was Er litt.* Die meisten Christen denken wenig oder überhaupt nicht an den Prozess, einen Christus ähnlichen Charakter zu erlangen. Wir wollen nur den Zuckerguss auf der Torte: die Wunder, Zeichen und Machttaten - doch ohne die Charaktergründung in unseren Leben.

Habt diese Gesinnung in euch, die auch in Christus war, der in Gestalt Gottes war und es nicht für einen Raub hielt, Gott gleich zu sein. Aber er machte sich selbst zu nichts und nahm Knechtsgestalt an, indem er den Menschen gleich geworden ist, und der Gestalt nach wie ein Mensch gefunden, erniedrigte er sich selbst und wurde gehorsam bis zum Tod, ja, zum Tod am Kreuz. (Philipper 2:5-8)

Jesus *„machte sich selbst zu nichts und nahm Knechtsgestalt an."* Noch einmal, das ist ein „Werk" Jesu, das nur wenige verstehen. Zudem fehlt oftmals noch die Bereitschaft, sich darauf einzulassen und darin zu wandeln. Außerdem demütigte Er sich selbst und wurde gehorsam bis zum Tod. Die meisten Christen sind selbstzentriert und stolz, mit einer Art von Frömmigkeit, aber verleugnen deren Kraft, indem sie sich weigern, dem Heiligen Geist zu erlauben, sie von ihren toten Werken und der Lust der fleischlichen Natur zu reinigen.

Dies ist nur ein kleines Beispiel einiger grundsätzlicher Werke, die Jesus tat, bevor er seinen öffentlichen Dienst mit den darauffolgenden Wundern begann.

Ein weiterer Schlüssel, um im Übernatürlichen zu wandeln, findet sich im Lukas-Evangelium:

Er führte sie aber hinaus bis gegen Betanien und hob Seine Hände auf und segnete sie. Und es geschah, während Er sie segnete, schied er von ihnen und wurde hinaufgetragen in den Himmel. (Lukas 24:50-51)

Während sich die Gemeinde in dem Prozess befand, in Christus hinein zu wachsen, hat der Herr zu Zeiten über unsere Unwissenheit gütig hinweggesehen:

Nachdem nun Gott die Zeiten der Unwissenheit übersehen hat, gebietet er jetzt den Menschen, dass sie alle überall Buße tun sollen.
(Apostelgeschichte 17:30)

Und ich, als ich zu euch kam, Brüder, kam nicht, um euch mit Vortrefflichkeit der Rede oder Weisheit das Geheimnis Gottes zu verkündigen. Denn ich nahm mir vor, nichts anderes unter euch zu wissen als nur Jesus Christus, und ihn als gekreuzigt. Und ich war bei euch in Schwachheit und mit Furcht und in vielem Zittern; und meine

Rede und meine Predigt bestand nicht in überredenden Worten der Weisheit, sondern in Erweisung des Geistes und der Kraft, damit euer Glaube nicht auf Menschenweisheit, sondern auf Gottes Kraft beruhe. (1. Korinther 2:1-5)

Als Paulus erstmalig nach Korinth kam, war die einzige Art, mit ihnen effektiv zu sprechen und ihren Nöten zu begegnen, ihre Unwissenheit über Gott und ihren Mangel an geistlichem Wachstum außer Acht zu lassen und die Macht Gottes zu demonstrieren.

Die Macht Gottes und die Salbung mit den neun, vom Heiligen Geist gewirkten Gaben, die in 1. Korinther 12 aufgezählt werden, sind schon immer die grundlegenden Eingangsstufen der geistlichen Reise eines Gläubigen gewesen. Der ursprüngliche Plan des Herrn war, dass diese Zeichen allen Gläubigen folgen sollten – nicht nur ein paar Auserwählten, die einen stratosphärischen Gipfel der Erleuchtung erklommen haben.

Diese Zeichen aber werden denen folgen, die glauben: In meinem Namen werden sie Dämonen austreiben; sie werden in neuen Sprachen reden; werden Schlangen aufheben, und wenn sie etwas Tödliches trinken, wird es ihnen nicht schaden; Schwachen werden sie die Hände auflegen, und sie werden sich wohl befinden.

(Markus 16:17-18)

Der Herr hat geistliche Manifestationen als normale christliche Erfahrungen beabsichtigt – zu Anfang unserer Reise im Herrn, und nicht als Haltepunkt oder Campingort, bis wir unsere Bestimmung hier auf der Erde abgeschlossen und erfüllt haben. So wie jemand einmal sagte: Der Herr hat uns zu Pionieren berufen, nicht zu Siedlern! Diese Erfahrungen sollten öfter vorkommen und kraftvoller werden, wenn wir im Glauben und in der Christus-Ähnlichkeit wachsen, und auf unserem Weg stets größere Frucht für das Königreich hervorbringen.

Mein leidenschaftliches Gebet und mein großer Wunsch beim Schreiben des Buches ist, dass du als Leser in dein Geburtsrecht eintrittst, den geistlichen Raum zu sehen, und herausgefordert wirst, ständig in diesem Bereich zu wandeln.

Bruce Allen
Still Waters International Ministries

Einleitung

Neben meinem Bibelstudium habe ich jahrelang gerne in Wissenszweigen wie in der Quantenphysik und in anderen Wissenschaften gestöbert. Die meisten dieser Lehren scheinen dem theologischen Standpunkt oder der traditionellen Sicht des Christentums entgegen zu stehen. Seit meiner Errettung liebe ich das Wort und den Gott des Wortes. Das offensichtliche Design aller Schöpfung hat mich bereichert und herausgefordert. Ich liebe Wortstudien der alten Sprachen, und meine Freunde wissen, ich verliere mich dabei in endlosen Stunden. Dann muss mich meine Frau in die Gegenwart zurückrufen, damit ich den Bedürfnissen des Lebens und dem natürlichen Ruhebedarf gerecht werde. In all den Studienjahren habe ich etwas Schwerwiegendes festgestellt – unser Gott ist ein überwältigender Gott! Er hat Dinge für uns bereitgestellt, die jenseits unseres Verstehens liegen, aber nicht jenseits unseres Glaubens.

Ich möchte dieses klar stellen – in der westlichen Welt haben wir eine griechisch-römische Denkweise. Wir rechnen uns aus, wie Gott etwas tun kann, bevor wir überhaupt glauben, dass Gott es tun kann. Unser ganzes Leben lang wurden wir gelehrt, unsere natürliche Welt zu beurteilen und zu bestimmen. In der hebräischen Kultur verstand man den Herrn jedoch als ein übernatürliches Wesen über den Naturgesetzen; nichts war Ihm unmöglich. War diese Einsicht vielleicht auch unbequem, hat man sie dennoch stehen gelassen. Man begriff, ein allmächtiger Gott kann nicht mit einem begrenzten Verstand erfasst werden. Deshalb rechnete man mit der Möglichkeit des göttlichen Eingreifens. – Wir müssen zum Glauben zurückkehren, wo wir sagen: „Gott hat es gesagt, das reicht mir aus; ich muss es nicht verstehen."

Was wir in diesem Buch behandeln, ist sowohl sehr einfach, als gleichzeitig auch besonders tiefgründig. Wir werden uns viele Schriftstellen ansehen, die genau erklären, was der Herr uns wissen lassen will, und werden hoffentlich einiges entmystifizieren, damit wir alle vollkommen in unser Erbe in Christus eintreten können. Du wirst ein Abenteuer in Gott beginnen, dass bisher nur ein Wunsch war. Durch größeren Einblick in die Bibel wirst du Zugang zu den Mysterien des himmlischen Königreiches haben. *„Dann öffnete er ihnen das Verständnis, damit sie die Schriften verständen."* (Lukas 24:45)

Offenbarungen bekommst du, weil Gott möchte, dass du Einsicht und Verständnis empfängst. Mir ist gleich, ob du die Bibel schon seit einhundert Jahren studierst; Ein-Blick hast du nur, weil Gott es als notwendig erachtet und in Seiner Liebe dein Verständnis öffnet. Es gab nie zuvor eine bessere Zeit in der Geschichte als gerade jetzt, denn wir sind in eine Stunde der erstaunlichen Freisetzungen von Offenbarungen eingetreten. In meinen früheren Büchern habe ich mitgeteilt, wie diese Generation Empfänger der größten Offenbarung sein soll, welche die Gemeinde jemals hatte, seit Christus auf der Erde wandelte.[1] Du und ich, als Leib der Gläubigen, als die Gemeinde, werden in Ihm aufwachsen, in die Fülle und Gestalt der Erkenntnis Gottes.

Er aber sprach: Euch ist es gegeben, die Geheimnisse des Reiches Gottes zu wissen, den Übrigen aber in Gleichnissen, damit sie sehend nicht sehen und hörend nicht verstehen. (Lukas 8:10)

Jenen, die Jesus folgen, ist gegeben, die Mysterien des Königreiches Gottes zu verstehen. Aber zu den übrigen – denen, welche keine Christen sind, und die außerhalb des Bundes stehen, den wir durch das Blut Jesu haben – kommen diese Mysterien in

1 Bruce D. Allen, Promise of the Third Day (Shippensburg, PA: Destiny Image Publishers, 2007), und Bruce D. Allen, The Prophetic Promise of the Seventh Day (Shippensburg, PA: Destiny Image Publishers, 2010).

Gleichnissen, weil sie sehend und hörend nicht verstehen. Glaubst du an Jesus und bist von Neuem geboren, ist dir gegeben, die Mysterien des Königreiches zu kennen. Ich weiß nicht, wie es dir geht, aber das lässt mein Herz erbeben! Es gibt so vieles in Gott, von dem wir noch nichts wissen, geschweige denn es verstehen! Es gibt so vieles in Gott, dass wir noch entdecken müssen! In Wahrheit werden wir Gott in alle Ewigkeiten „entdecken", so gewaltig ist Er. Warum nicht jetzt damit beginnen?

Viel zu lange haben sich zahllose Christen in der Wüste des natürlichen Bereiches aufgehalten. Sehr vielen Gläubigen wurde weder Zugang gewährt, noch haben sie die Güte des Königreiches Gottes geschmeckt. In der Tat hat Gott die Pharisäer dafür gescholten, das Königreich Gottes selbst nicht zu betreten und anderen ebenso den Eintritt zu verwehren (siehe Matthäus 23:13; Lukas 11:52). Wir haben den Dogmen und Lehren des natürlichen Verstandes erlaubt, einige der grundlegenden biblischen Wahrheiten zu ersetzen, die für jeden Gläubigen zur Verfügung stehen.

Als ganzer Leib der Gläubigen sind wir mit deutlichen Behinderungen versehen, wenn es darum geht, im geistlichen Raum zu wandeln. Ich spreche von der Wüste des natürlichen Bereiches, denn dieser Bereich ist nur ein Vorschatten des Wahrhaftigen, und für die meisten Gläubigen ist es ebenso eine Wüstenreise vor Eintritt in das verheißene Land, von dem Jesus sagte, dass Er uns dort einen Ort vorbereitet (siehe Johannes 14:2).

1

Sehen: Ein natürlicher Vorgang übernatürlich

Erst viele Jahre nachdem ich Jesus als meinen Herrn angenommen hatte, wurden meine geistlichen Augen geöffnet. Aus dieser Erfahrung habe ich die Überzeugung gewonnen, geistliche Blindheit stellt sogar eine größere Behinderung dar als körperliche.

Neugeborene Kinder können in den ersten Tagen ihrer Entwicklung noch nicht klar sehen. Zunächst sehen sie Schatten, aber im Laufe weniger Wochen entwickeln sich ihre Augen voll, und sie können deutlich sehen. Die Schrift sagt: *„Aber das Geistliche ist nicht zuerst, sondern das Natürliche, danach das Geistliche.“* (1. Korinther 15:46)

Werden wir als Kinder Gottes in das Königreich Gottes geboren, beabsichtigt Jesus ebenso die Entwicklung all unserer geistlichen Sinne, also auch die Öffnung unserer geistlichen Augen. Warum geschah dies bisher bei vielen von uns nicht? Aus einigen unentschuldbaren Gründen denken wir wahrscheinlich, die Fähigkeit in den geistlichen Raum zu *sehen* sei den wenigen Auserwählten vorbehalten, welche die Spitze des Glaubens erreicht haben, oder diese „mystischen“ Erfahrungsarten seien gar nicht von Gott. – Doch solche Erlebnisse soll jedes Kind Gottes haben, nicht nur wenige!

Man könnte ebenso behaupten, nur eines von hundert natürlich geborenen Kindern könnte bei seiner Geburt sehen, und die restlichen müssten ihr ganzes Leben im Dunkeln wandeln. So wie dies bei natürlichen Kindern nicht zutrifft, sollte es auch nicht die Norm bei geistlichen Kindern sein. Eher sollte bei Gläubigen in der Gemeinde das Unvermögen, in den geistlichen Raum zu sehen, selten sein, oder gar nicht vorkommen! Ich möchte dir gerne aus dem Wort Gottes heraus deutlich machen: Als ein in Jesus Neugeborener gehört dies zu dir.

Wehe aber euch, Schriftgelehrte und Pharisäer, Heuchler! Denn ihr verschließt das Reich der Himmel vor den Menschen; denn ihr geht nicht hinein, und die, die hineingehen wollen, lasst ihr auch nicht hinein. (Matthäus 23:13)

Mit anderen Worten: „Ihr religiösen Leiter erlaubt keinem anderen hineinzugehen, weil ihr es selbst nicht getan habt. Deshalb macht ihr alle glauben, weil ihr nicht eintreten konntet, könnten wir es auch nicht." Das ist frei übersetzt, trifft aber zu.

Das Wort *hineingehen* bedeutet im Griechischen „eintreten" oder „etwas erben". Leider haben wir vieles, uns Unverständliches in den Schriften vergeistigt, oder haben aus Unglauben unbiblische Schlussfolgerungen gezogen.

Sich entwickelnde Sicht

Dazu folgendes Beispiel: Ich wurde von Neuem geboren, als ich Christus als meinen Herrn und Retter annahm und befinde mich jetzt gemäß der Bibel im Königreich Gottes. Aufgrund dieser Schriftstelle frage ich dich: Kann ein Mann oder eine Frau zur gleichen Zeit an zwei Orten sein? Laut Bibel ist die Antwort: Ja! Du bist schon mit Ihm zusammen an himmlische Plätze versetzt worden (siehe Epheser 2:6). Es wird nicht gesagt, dass du eines Tages und Stück für Stück in der süßen Zeit sein wirst. Du bist schon jetzt dort und so zur selben Zeit an zwei Orten!

Nach unserer natürlichen Geburt beginnen wir mit der Anwendung unserer fünf natürlichen Sinne – Schmecken, Tasten, Hören, Riechen und Sehen. Sobald wir größer werden, lernen wir durch den Prozess von Versuch und Fehler, durch Probieren, wie wir diesen natürlichen Bereich mit unseren körperlichen Sinnen erfassen können. Sind wir aber von Neuem geboren und wurden zu Kindern Gottes, scheitern wir daran, auf gleiche Weise geistlich zu wachsen. Warum? Wenn wir ehrlich sind, weil wir niemals gelehrt wurden, dies sei überhaupt möglich, geschweige denn glaubwürdig.

Zusammengefasst haben wir uns einen übernatürlichen Gott nach unserem eigenen Bilde neu erschaffen, gegründet auf unserem eigenen Verständnis. Damit haben wir nicht nur unser Geburtsrecht als Gläubige begrenzt, sondern auch die uns mit der Neugeburt gegebene Fähigkeit, all das zu werden, wovon die Schrift spricht!

Weil für die Menschen der natürliche Raum realer und erfahrbarer ist, als der geistliche Raum, verharren wir im Sichtbaren und nicht in dem, was für uns zu solch einem hohen Preis - dem Blut Jesu - erworben wurde. Dennoch ist der geistliche Raum realer als dieser natürliche Raum, an den wir gewöhnt sind. Diese Welt ist nicht mehr als ein Vorschatten und ein Vorgeschmack der in Christus gegründeten Wahrheit. Sobald wir in die von Gott bereitete Fülle eintreten und sehen, was uns tatsächlich gehört, verblasst diese Welt ins Bedeutungslose. Sie ist nichts im Vergleich zu der Weite dessen, was uns als den Bundeskindern Gottes gehört. Erst mit dem Eintritt in den geistlichen Bereich gewinnt dieses Leben seine eigentliche Perspektive.

Die Perspektive des Königreiches

Beim Studium der Worte Jesu aus dem Neuen Testament erkennen wir, wie häufig Er über das Königreich Gottes und das Reich der Himmel gepredigt hat. Seine Botschaft drehte sich nicht nur um Errettung. Er sprach *mehr* über das Königreich Gottes und das Reich der Himmel, als über Errettung. Warum? Errettung ist der Eingang oder das Portal, die Tür zum Königreich Gottes. Sobald du Christus angenommen hat, hast du freien Zugang zu einem existenten Bereich, den du vorher nicht kanntest. Errettung öffnet die Tür.

Der Herr möchte, dass Ihn jeder als Retter annimmt und keiner verloren geht. Er möchte, dass wir die Schwelle zum Königreich Seines Vaters überschreiten. Jesus weiß, nur wenn wir eintreten und mit dem Reich der Himmel in Beziehung treten, können wir unser Erbe immer mehr annehmen und als Söhne regieren.

Wo befindet sich das Königreich Gottes gerade jetzt? Es ist in uns und ebenfalls um uns herum. Ich möchte es so sagen: Die Erde ist ein Bestandteil im Königreich Gottes, aber das Königreich Gottes umfasst viel mehr als den natürlichen Bereich. Um es zu verdeutlichen: Nehmen wir einmal an, du sitzt in einem Fußballstadion. Wir nennen dieses Stadion und all das, was darinnen ist, den Raum der Ewigkeit (ein armseliges Beispiel, aber so erkennst du, was ich meine). Dieser Bereich, der Raum der Ewigkeit, ist unermesslich weit und geht über alles uns Bekannte weit hinaus. Das ist der „Ort", an dem Gott wohnt.

Dort sprach Er, und etwas wurde erschaffen – das, was wir das Universum oder den natürlichen Bereich nennen. So erschuf Gott innerhalb dieser unermesslichen Weite, der Ewigkeit, etwas Messbares, Materielles und Bestimmbares. Es heißt Zeit und Raum. Ewigkeit ist Sein Königreich. Das Königreich Gottes liegt weit über unserem Verständnis.

Erstaunlich ist die Aussage des Herrn, dass alle Schöpfung in die Länge Seiner Hand passt. Eine Handlänge wird bemessen vom Ende des Daumens bis zum Ende des kleinen Fingers bei weit geöffneter Hand (siehe Jesaja 40:12). Die messianische Prophetie in den Psalmen über Jesus besagt: *„Du machst ihn zum Herrscher über die Werke deiner Hände; alles hast du unter seine Füße gestellt.*"(Psalm 8:6)

Dann bedeutet uns Jesus in Matthäus 28:18-19, dass Er uns mit Seiner Autorität ausgestattet hat. Warum erscheint dann aber die Gemeinde als Ganzes so kraftlos, obwohl uns so mächtige Verheißungen gegeben wurden? Noch einmal müssen wir zum vorangegangenen Beispiel zurückgehen: Wir haben unsere geistliche Kapazität durch Unkenntnis oder Stolz (indem wir Gott nach unserem Bild erschaffen haben) nicht entwickelt. - Verstehst du, welch weitreichende Herrschaft Gott uns gegeben hat?

Diesen hat Gott am dritten Tag auferweckt und ihn sichtbar werden lassen, nicht dem ganzen Volk, sondern den von Gott zuvor erwählten Zeugen, uns, die wir mit ihm gegessen und getrunken haben, nachdem er aus den Toten auferstanden war.

(Apostelgeschichte 10:40-41)

Moment mal! Er zeigte sich denen, die mit Ihm aßen und tranken, nachdem Er von den Toten auferstanden war. Wie wir wissen, wird Jesus nicht noch einmal von den Toten auferstehen; das tat Er schon vor zweitausend Jahren. Wenn ich also dieses Wort esse, wenn ich diesen Kelch trinke ... schon bin ich qualifiziert! Mit anderen Worten hast du eine Position empfangen, von deren Existenz du nicht einmal wusstest. Ich möchte dir zeigen, warum ich das sage. (Siehe Anhang A.)

Das Gesetz der ersten Erwähnung

Für das Studium des Wortes Gottes gibt es ein sehr hilfreiches, biblisches Prinzip; es heißt das „Gesetz der ersten Erwähnung". Dieses bedeutet: Ab der erstmaligen Erwähnung in der Bibel kann man diese als Basis für die Deutung aller folgenden, das Thema betreffenden Schriftstellen verwenden. Ich möchte dir dies verbildlichen. Die Schrift sagt in 1. Mose 1:26-31, der Mensch wurde am sechsten Tag erschaffen. Deshalb verstehen wir seitdem die Sechs als Zahl des Menschen. Jedes Mal, wenn du das Wort

Mensch in der Bibel liest oder die Ziffer Sechs siehst, weißt du, es wird von Menschen gesprochen. Das ist ein Beispiel für das Gesetz der ersten Erwähnung.

Basierend auf diesem Gesetz, gibt es im 1. Buch Mose eine solche Erwähnung, die dein Leben verändern kann. Bei der allerersten Erwähnung bezüglich der Beziehung mit Gott geht es darum, mit Ihm von Angesicht zu Angesicht zu reden und zu wandeln – und das täglich (1. Mose 3:8). Das ist das wahre Bild einer Beziehung mit Gott – vor Seinem Angesicht zu leben!

Einige mögen argumentieren, Adam habe ja gesündigt, und es gäbe nicht länger diese Art der Beziehung mit dem Herrn. Allerdings wurde der zweite Adam, Jesus, gerade deshalb gekreuzigt und vergoss Sein Blut, damit wir erneut in eine Beziehung zum Vater eintreten können. Seine Absicht und Sicht für eine Beziehung haben sich niemals geändert! Wir wurden in diese Beziehung zu Gott zurückgebracht, ohne die Notwendigkeit eines Vorhangs, ohne Getue, ohne die Fallstricke religiöser Traditionen. Jetzt haben wir Zugang zu Ihm von Angesicht zu Angesicht; so ist das Vaterherz Gottes. Das spiegelt wider, was Ihm Beziehung bedeutet, und wir können sie als Seine Kinder *jetzt* genießen.

In 1. Mose 28 finden wir in der Bibel eine andere erste Erwähnung. Sie erzählt die Geschichte von Jakob, der von Beerscheba nach Haran ging.

Und Jakob zog aus von Beerscheba und ging nach Haran. Und er gelangte an eine Stätte und übernachtete dort; denn die Sonne war schon untergegangen. Und er nahm einen von den Steinen der Stätte und legte ihn an sein Kopfende und legte sich nieder an jener Stätte. Und er träumte: Und siehe, eine Leiter war auf die Erde gestellt, und ihre Spitze berührte den Himmel; und siehe, Engel Gottes stiegen darauf auf und nieder. Und siehe, der HERR stand über ihr und sprach: Ich bin der HERR, der Gott deines Vaters Abraham und

der Gott Isaaks; das Land, auf dem du liegst, dir will ich es geben und deiner Nachkommenschaft. Und deine Nachkommenschaft soll wie der Staub der Erde werden, und du wirst dich ausbreiten nach Westen und nach Osten und nach Norden und nach Süden hin; und in dir und in deiner Nachkommenschaft sollen gesegnet werden alle Geschlechter der Erde. Und siehe, ich bin mit dir, und ich will dich behüten überall, wohin du gehst, und dich in dieses Land zurück bringen; denn ich werde dich nicht verlassen, bis ich getan, was ich zu dir geredet habe. Da erwachte Jakob aus seinem Schlaf und sagte: Fürwahr, der HERR ist an dieser Stätte, und ich habe es nicht erkannt! Und er fürchtete sich und sagte: Wie furchtbar ist diese Stätte! Dies ist nichts anderes als das Haus Gottes und dies die Pforte des Himmels. (1. Mose 28:10-17)

Während seiner Reise wurde Jakob müde. Er entschied sich auszuruhen und nahm einen Stein als Kopfkissen. Als ich über diesen Abschnitt nachdachte, sprach der Herr zu meinem Herzen über folgenden wenig bekannten Schlüssel: Während unserer Ruhezeit können wir von Ihm Einsicht erhalten. Wir wissen, Jesus Christus ist der Eckstein, und dieser Stein wurde von den Pharisäern abgelehnt (siehe 1. Petrus 2:6). Der Herr wollte mir zeigen: Wenn du abends zu Bett gehst, richte dein Herz und deine Gedanken auf Christus. Richte sie genau dorthin, und du wird überrascht sein, was Er dir während der Nachtzeit mitteilen wird.

Heiliger Schlaf

Wo auch immer wir hinreisen, schaffen meine Frau und ich durch die Haltung unseres Herzens und mit unserem Mund eine „Atmosphäre", indem wir das Wort Gottes und das Blut Jesu anwenden. Dies haben wir aus obiger Schriftstelle und aus Erfahrungen gelernt. Wenn wir von Land zu Land, von Staat zu Staat und von Stadt zu Stadt reisen, halten wir uns in Pensionen, Hotels und manchmal in Privathäusern auf. Während unserer

Reisen hatte ich manchmal die absonderlichsten Träume, besonders wenn wir in Hotels übernachteten, aber manchmal auch in privaten Häusern.

Der Herr erinnerte mich, dass ich durch Jesu Blut die Autorität besitze, überall, wo ich bin, eine Atmosphäre zu schaffen. So lernte ich an jedem Reiseort das Blut Jesu anzuwenden, die Atmosphäre des Himmels freizusetzen und den Ort von vorherigen Vorgängen zu reinigen. Wie wir alle wissen, geschehen dort manchmal Dinge, die dem Wohlergehen nicht zuträglich sind! Ich fand heraus, setzten wir die uns geschenkte Autorität in den fremden Räumen und an unbekannten Plätzen ein, hatten wir anders als zuvor, nicht mehr mit Gedanken und Träumen in der Nacht zu kämpfen.

Folgende Lektion hilft, dieses Prinzip zu bekräftigen. Ich lernte sie bei einer besonderen Tour, die mich vor einigen Jahren nach Fidschi führte. Auf dieser Reise begleitete mich ein junger Mann, und wir wohnten im Haus eines Missionars. Schon viele Male zuvor war ich dort gewesen, und es war eine gute Beziehung zu diesem Missionar entstanden. Ich war im Gästezimmer untergebracht, und weil der Platz begrenzt war, schlief der junge Mann auf der Couch im Wohnzimmer.

Tagsüber faltete er sein Bettzeug zusammen, und legte es mit seinem Kopfkissen auf das Fußende meines Bettes. Ich hatte schon das Blut Jesus über meinem Raum, das Bettzeug und besonders über meinem Kissen angewandt, denn auf diesem liegt mein Kopf. Eines Abends predigte ich, und mein Begleiter war wegen Müdigkeit Zuhause geblieben. Während ich auswärts war, ging er in mein Zimmer und nahm (wahrscheinlich irrtümlich) mein Kopfkissen und legte sich zum Schlafen auf die Couch. Bei meiner Rückkehr war es ziemlich spät, und er war schon eingeschlafen.

Müde, wie ich war, wollte ich nur noch ins Bett; so ging ich in mein Zimmer und stellte fest, dass er die Kopfkissen vertauscht hatte. Was soll ich sagen? Er benutzte Haargel, und das Kissen war fettig! Wegen meiner Müdigkeit vergaß ich meine, über die Jahre gelernte Lektion. Etwas frustriert bezog ich das Kissen mit einem neuen Bezug und legte mich schlafen.

Die ganze Nacht kämpfte ich mit perversen Träumen! Ich bekam des Nachts überhaupt keine Ruhe und kam am Morgen mit trüben Augen und erschöpft zum Morgenkaffee ins Wohnzimmer. Der junge Mann war schon auf, hatte leuchtende Augen und war vergnügt. Aufgeregt erzählte er mir die erstaunlichsten Träume von Engeln und vom Himmel! Ich sagte zu ihm: „Gib mir mein Kopfkissen zurück!", und dir sage ich: So ist die Realität!

Zur Verteidigung dieses jungen Mannes sei darauf verwiesen, dass er erst seit einem Jahr errettet war. So wie bei uns allen, war er erst gerade in den Prozess eingetreten, seine eigene Errettung festzumachen. Ich nutzte diese Erfahrung, um ihm einige der Prinzipien mitzuteilen, die mir der Herr über die Jahre in Seiner Gnade beigebracht hatte.

Hier schläft also Jakob und meditiert während der Nachtzeit über Gott. Laut Bibel hatte er während der Nacht einen Traum, der sein Leben grundlegend veränderte. Er sah von der Erde ausgehend eine Leiter zum Himmel führen, auf der die Engel Gottes auf- und abstiegen. Das ist wichtig, und wir müssen es verstehen. Der Mensch war aus dem Staub der Erde gemacht worden. Diese Leiter beginnt auf der Erde und erstreckt sich bis zum Himmel. Er sah die Leiter und die Engel Gottes stiegen auf und ab, und am Ende der Leiter sah er den Herrn und redete mit Ihm von Angesicht zu Angesicht.

Als Jakob am nächsten Morgen erwachte, machte er folgende Aussage - eine erste Erwähnung: „ ... *Das ist nichts anderes als das Haus Gottes, und dies ist die Tür zum Himmel.*" (1. Mose 28:17) Was bedeutet das für uns? Der erste Korintherbrief besagt: *„Oder wisst ihr nicht, dass euer Leib ein Tempel des Heiligen Geistes in euch ist, den ihr von Gott habt, und dass ihr nicht euch selbst gehört?"* (1. Korinther 6:19)

Was folgt als Prinzip aus dieser ersten Erwähnung? Das Haus Gottes ist die Tür zum Himmel, und *du* bist der Tempel, bzw. das Haus Gottes! Man *sieht* die Engel Gottes zu diesem „Haus" auf- und absteigen, und das Gespräch mit dem Herrn erfolgt von Angesicht zu Angesicht. Dafür wurdest du geschaffen!

Entsprechend des Gesetzes der ersten Erwähnung sollen wir als Tempel Gottes beständig unter einem offenen Himmel wandeln, mit Ihm von Angesicht zu Angesicht sprechen und die Tätigkeit der Engel sehen.

Hier möchte ich dich in Bezug auf die Engel aber um Vorsicht bitten: Bete sie nicht an, suche sie nicht und konzentriere dich nicht auf die Aktivität der Engel. Schaue auf Christus! Alles andere ist Ihm nachgeordnet! Jesus antwortete und sagte zu Nikodemus: *„Wahrlich, wahrlich, ich sage dir: Wenn jemand nicht von neuem geboren wird, kann er das Reich Gottes nicht sehen."* (Johannes 3:3)

Mit anderen Worten, wenn du von neuem geboren bist, *kannst* du das Reich Gottes sehen! Es gehört dir. Jesus sagt: *„Meine Schafe hören meine Stimme..."* (Johannes 10:27). Wie die „Stimme Gottes" klingt, will ich wie folgt erläutern.

Ganz zu Anfang, wenn ein Gläubiger Christus annimmt, gibt es eine Vielzahl von Impulsen, welche die ganze Bandbreite der Kommunikation des Geistes ausmachen. Es kann eine Überzeugung sein, ein Gefühl von Gottes Liebe, Bilder oder Visionen, ein konkretes Empfinden der Gegenwart Gottes, hörbare Worte oder verschiedene andere Facetten der „Stimme" Gottes, die uns an Seine Seite ziehen.

Leider vergessen wir im Laufe unseres christlichen Weges die verschiedenen Kommunikationsarten des Herrn, die zu unserer Bekehrung führten. Warum? Nachdem wir dem Herrn unsere Herzen gegeben haben, scheinen wir aus einigen Gründen die Meinung anzunehmen, Gott spräche nur durch Worte! Übrigens, Worte sind hier die ineffektivste Weise der Kommunikation!

Sogar das geschriebene Wort kann sehr erfolglos sein, wenn unser Verständnis nur auf unserem eigenen Konzept über Wahrheit oder Lüge beruht. Schau dir nur die vielen Denominationen in der christlichen Welt an, und du wirst diese Wahrheit erkennen.

Visionen sprechen

Im Himmel werden wir nicht nur mit Worten kommunizieren. Wir werden uns austauschen, von Herz zu Herz, von Gedanken zu Gedanken und, wenn wir es wollen, auch verbal. Die meiste Kommunikation im Himmel ist bildlich (ein Bild spricht Tausende Worte). Wenn der Herr dir etwas sagen will, zeigt Er es dir, und du erlebst diese Mitteilung, als fände ein tatsächliches Gespräch statt. Er ist nicht nur auf Worte *begrenzt*.

Ich möchte dir ein persönliches Beispiel geben. Vor kurzer Zeit dienten meine Frau und ich in Spokane, Washington, und der Herr war fühlbar anwesend. Während dieser Gottesdienste hatte ich eine Vision. Wie du dich erinnerst, sind Visionen eine Art der Sprache. Gott teilt eine Wahrheit durch ein Bild mit. In dieser Vision sah ich mich selbst in einer Versammlung das Wort weitergeben. In diesem Gottesdienst brauchte jemand Heilung, und geleitet durch den Geist sprach ich das Wort der Erkenntnis. Währenddessen sah ich, wie Jesus sofort aus meinem Inneren hervorkam (Er ist das Wort), zu der Person ging, und sie war geheilt.

Wegen dieser Vision - oder passender, dieser *Mitteilung* des Herrn - sprach ich das Wort aus, als ich diese Person in der Zuhörerschaft sah, und Jesus heilte sie!

Zu Beginn derselben Gottesdienstreihe hatte ich eine weitere Vision, als ich dem Herrn während des Lobpreises zuhörte. Vor mir sah ich einen sehr großen Smaragd liegen. Der Herr reichte ihn mir, und als ich in diesen Edelstein schaute, sah ich all die

Äonen der Geschichte in der Zeit zurücklaufen, bis zu dem Zeitpunkt, als der Herr die Worte sprach: „Es werde ..." Als jene Worte aus Seinem Mund kamen, sah ich wie die Himmel und die Erde erschaffen wurden. Er sprach, Sein Wort (Jesus) kam hervor, und die Welt wurde – sie war erschaffen.

Ehrfurcht überkam mich, denn als Er sprach, sah ich, wie eine kreative Macht freigesetzt wurde, und alles ins Dasein kam. Das war eine tiefe Offenbarung, und sie sprach zu mir, wie wir auf ehrfurchtsvolle und wunderbare Weise nach Seinem Bild geschaffen wurden. Weder haben wir die Macht unserer Worte völlig erkannt, noch, was wir freisetzen, wenn wir als Söhne und Töchter Gottes sprechen!

Diese Erfahrung/Kommunikation veränderte mein Leben. Das Wesentliche von dem, was Er mir durch diese Vision mitteilte, ist folgendes: Gott, der Vater stellte sich etwas in Seinen Gedanken vor. Was Er sich erdachte, wurde zur Realität, als Er sprach und den Wunsch Seines Herzens ausdrückte. Er sprach, was Er vor Seinen inneren Augen sah, und es stand da!

Ich möchte dies sagen: Wenn du mit negativen Gedanken zu kämpfen hast, ist das keine Sünde. Es wird zur Sünde, wenn du an diesen negativen Gedanken festhältst, und über sie nachdenkst. Dann stehst du in der Gefahr, sie in dein Herz sinken zu lassen, wo Sünde empfangen wird. Die Bibel sagt: *„Denn aus der Fülle des Herzens redet der Mund."* (Matthäus 12:34)

Gott, der Vater, stellt sich etwas vor. Denkt Er über diese Bilder vor Seinen inneren Augen nach, fließen sie in Sein Herz. Jetzt kommt Jesus hervor, der das Wort ist – der Vater spricht, und Jesus kommt hervor, um das Gesprochene zu vollenden, und die kreative Kraft des Heiligen Geistes wirkt, um das Wort ins Sichtbare zu bringen. Ich sah Jesus geradewegs aus dem Herzen des Vaters kommen. Genauso sagt es die Bibel: *„Denn aus der Fülle des Herzens redet der Mund."*

Johannes 3:3 besagt: Wenn du nicht von neuem geboren bist, kannst du das Reich Gottes nicht sehen. Das Wort *sehen* ist im Griechischen sehr interessant. Sowohl wörtlich als auch bildlich bedeutet es „sehen".[2] Also, lasst uns nicht alles übergeistlich verstehen.

Gott sieht die Person nicht an (siehe Apostelgeschichte 10:34). Was Er für einen wirkt, macht Er auch für den anderen.

Er aber sprach: Der Gott unserer Väter hat dich dazu bestimmt, seinen Willen zu erkennen und den Gerechten zu sehen und eine Stimme aus seinem Mund zu hören. Denn du wirst ihm an alle Menschen ein Zeuge sein, von dem was du gesehen und gehört hast.

(Apostelgeschichte 22:14-15)

Er sieht die Person nicht an. Darin sehe ich einen biblischen Grundgedanken.

Was wir gesehen und gehört haben, verkündigen wir auch euch, damit auch ihr mit uns Gemeinschaft habt; und zwar ist unsere Gemeinschaft mit dem Vater und mit seinem Sohn Jesus Christus.

(1. Johannes 1:3)

Was wir gesehen und gehört haben - was wir berührt und geschmeckt haben - von diesem können wir Zeugnis geben. Beim Studium der Schrift finden wir heraus, dass die Glaubenshelden keine tiefere und über alles hinausgehende Beziehung mit Gott hatten, als es die meisten von uns in ihrem Wandel mit Gott erfahren haben. Ich spreche sowohl vom Alten als vom Neuen Testament, wo wir wiederholt Menschen antreffen, die Ihn von Angesicht zu Angesicht kannten.

---

2 James Strong, Strong's Exhaustive Concordance of the Bible (Peabody, MA: Hendrickson Publisher, 2007), #1492

Von Angesicht zu Angesicht

Noch einmal, behalte im Sinn: Gott sieht die Person nicht an. – Matthäus sagte:

Jesus aber schrie wieder mit lauter Stimme und gab den Geist auf. Und siehe, der Vorhang des Tempels zerriss in zwei Stücke, von oben bis unten; und die Erde erbebte, und die Felsen zerrissen, und die Grüfte öffneten sich, und viele Leiber der entschlafenen Heiligen wurden auferweckt, und sie gingen nach seiner Auferweckung aus den Grüften und gingen in die heilige Stadt und erschienen vielen.

(Matthäus 27:50-53)

Lasst uns nun mit Freimütigkeit hinzutreten zum Thron der Gnade, damit wir Barmherzigkeit empfangen und Gnade finden zur rechtzeitigen Hilfe! (Hebräer 4:16)

Was bedeutet es, freimütig zum Thron der Gnade zu kommen? – „Es bedeutet kühn in den Gebeten zu sein, die Wahrheit auszusprechen und Gott zu glauben."

Nun, das ist ein Teil davon. Das Wort *kommen* bedeutet „zu besuchen oder sich nähern – wie einem Ort".[3] Wir haben viel von dem verpasst, was der Herr uns mitteilen wollte. Mit anderen Worten, wir können mutig vor Seinen Thron der Gnade kommen und mit Ihm von Angesicht zu Angesicht sprechen!

Eine andere interessante Schriftstelle findet man im Johannes-Evangelium. – Jesus sagt:

Wahrlich, wahrlich, ich sage euch: Wer an mich glaubt, der wird die Werke auch tun, die ich tue, und er wird noch größere als diese tun; denn ich gehe zum Vater. (Johannes 14:12)

3 James Strong, Strong's Exhaustive Concordance of the Bible (Peabody, MA: Hendrickson Publisher, 2007), #4334.

Beachte, Johannes 14:12 sagt nicht „die Werke, die ich tat". Es heißt: die Werke, die ich *tue*. Das ist die Gegenwartsform. Mit anderen Worten, was Jesus jetzt gerade tut, kannst du auch tun. Was zum Beispiel tut Jesus gerade jetzt? Hast du von den vielen Zeugnissen der Abermillionen gehört, die Begegnungen mit Jesus von Angesicht zu Angesicht hatten und in dieser Generation errettet wurden? Hast du von den Berichten der Vielen gehört, die zu dieser Zeit von den Toten auferstanden sind? Hast du die Aussagen jener gehört, die wie Paulus in den dritten Himmel aufgehoben wurden (siehe 2. Korinther 12) und mit Zeugnissen des baldigen Wiederkommens Christi zurückkehrten?

Was Er jetzt gerade tut, kannst du auch tun. Jesus tritt durch den Vorhang von einer Dimension in die andere. Wie schon in meiner früheren Bild vom Stadion aufgezeigt, schuf Gott im Bereich der Ewigkeit ein bestimmbar großes Gebilde, genannt Raum und Zeit. Alles uns Bekannte aus dem natürlichen Raum existiert durch die Duldung des Ewigen. Weil dieser natürliche Bereich innerhalb des ewigen Bereiches (Stadion) besteht, ist er nur einen Schritt entfernt. Die Ewigkeit ist überall um uns herum. Jesus tritt also durch den Vorhang, erscheint, besucht, redet, und dann geht Er zurück durch den Vorhang in den ewigen Raum. Was Er jetzt gerade tut, kannst auch du tun.

Mein vom Herrn erteilter Auftrag besteht zu dieser Zeit darin, den Leib Christi zu provozieren, damit er erkennt, wer die Gläubigen in Christus sind. So möchte ich auch dein Interesse wecken, aktiv zu werden. Lehne dich so weit aus der Kiste, in der du steckst – aus deiner Bequemlichkeitszone –, dass du herausfällst!

Gerne möchte ich dir ein bisschen aus meinem Herzen mitteilen. Ich bringe meine Lehre nicht, um kontrovers *oder* beliebt zu sein. Ich tue es, weil mir der Herr die Augen für gewisse Wahrheiten geöffnet hat, welche diese Generation betreffen, und weil ich viel von dem Mitgeteilten erlebt habe. Deshalb hat mich der Herr beauftragt weiterzugeben, was ich mit dieser Generation gelernt und erfahren habe. Der Herr zeigte mir Jahre zuvor: „Erst muss es in dir Form angenommen haben, bevor es durch dich freigesetzt werden kann." Mit anderen Worten, es muss für mich so real sein, dass, wenn ich spreche, Leben freigesetzt wird. Ich merke, wie ermüdend Buchberichte für die meisten Menschen sind. Sie wollen die Realität des Wortes – einen erfahrbaren Ausdruck, nicht nur die Rhetorik.

Schlüssel zur Herrlichkeit: Leidenschaft

Ich möchte dir den ersten „Schlüssel" geben, um in die Herrlichkeit zu sehen. Der erste wichtige Schlüssel, der Hauptschlüssel, ist Leidenschaft: *„Ihr werdet mich suchen und finden; denn wenn ihr mich von ganzem Herzen suchen werdet, so will ich mich von euch finden lassen."* (Jeremia 29:13)

Wir leben in einer Gesellschaft, die darauf fixiert ist, alles sofort zu haben – und am besten schon gestern. Die meisten Christen, die ich getroffen habe, haben den Wunsch zum Ausdruck gebracht, den Herrn in leidenschaftlicher und inniger Weise zu kennen. Aber selten sehen wir, dass sie diesem Wunsch wirklich nachgehen. Wie kann man Leidenschaft beweisen? Der Beweis von Leidenschaft ist Nachfolge! Sage nicht, dass du an etwas hingegeben bist, wenn du nur dort sitzt und gar nichts tust. In unserer „Sofort"-Gesellschaft haben wir die Kunst der leidenschaftlichen Nachfolge verloren. Suche Ihn! Suche Ihn!

Verstehe – Er ist das Wort! Dringe in das Wort ein; jage Ihm nach! Als meine Frau und ich verlobt waren, lebte sie auf den Fidschi-Inseln und ich in Amerika. Wir telefonierten nicht sehr oft miteinander, und wenn ich sie anrief, wusste ich oftmals nicht, ob ich mit ihr oder mit jemand anderen aus ihrer Familie sprach. Denn ich kannte ihre Stimme noch nicht gut. Aber als nach einiger Zeit eine Vertrautheit bestand und sich unsere Beziehung entwickelt hatte, lernte ich ihre Stimme zu unterscheiden, sogar in einem Raum mit Hunderten von Menschen! Ich ließ nicht locker, obwohl ich ein paar Mal ihre Stimme nicht erkannt hatte. Ich war leidenschaftlich! Aufgrund dieser Leidenschaft hielt ich an unserer Beziehung fest, bis sie sich entfaltete. Die Frucht einer solchen Leidenschaft ist Intimität!

Die dazu in der Schrift gefundene Wahrheit lautet: Du kannst von Gott so viel du willst haben, aber du musst Ihm mit deinem ganzen Herzen folgen – nicht nur zum Teil, nicht nur am Sonntag. Du musst Ihm mit Leidenschaft anhängen!

Bekennt also einander eure Sünden und betet füreinander, dass ihr gesund werdet. Des Gerechten Gebet vermag viel, wenn es ernstlich ist. (Jakobus 5:16)

Das *halbherzige* Gebet eines gerechten Mannes vermag viel? Nein, es braucht Leidenschaft und Hingabe! Du musst für das Königreich Gottes und für den Gott dieses Königreiches eifern! Du musst verstehen, dieses Wort gehört dir. Durch Erbschaft ist es deins – es gehört dir! Bei deiner Nachfolge Gottes musst du anfangen, etwas zu tun, und nicht nur sagen: „Ich bin so hungrig nach Gott." Falls du wirklich hungrig nach mehr von Ihm bist, wird dies in deinem Leben sichtbar sein.

„Nun, ich verbringe Stunden im Gebet auf meinem Knien."

Daran kann man etwas erkennen.

„Ich faste tagelang und verbringe Stunden mit dem Studium des Wortes."

Jetzt wird es offensichtlich! Das ist eine Veranschaulichung für leidenschaftliche Nachfolge.

Ich möchte dir ein biblisches Beispiel für Hingabe aus dem Lukasevangelium geben:

Und er ging nach Jericho hinein und zog hindurch. Und siehe, da war ein Mann mit Namen Zachäus, der war ein Oberer der Zöllner und war reich. Und er begehrte, Jesus zu sehen, wer er wäre, und konnte es nicht wegen der Menge; denn er war klein von Gestalt. (Lukas 19:1-3)

Hier begegnen wir einem Mann mit Namen Zachäus, der auf dem Höhepunkt seiner Karriere angekommen ist – er ist der *oberste* Steuereintreiber! Er ist so etwas wie der Direktor des Finanzamtes. Offensichtlich ist er ein eifriger Mann, sonst wäre er nicht der Beste in seinem Fach.

Als er die Berichte über einen Wundertäter namens Jesus hört, erwacht etwas in seinem Herzen. Ein Wunsch keimt in ihm auf, selbst zu sehen und zu entdecken, wer dieser Jesus ist. Zachäus war aber von so kleiner Statur, dass er nicht über oder durch die dicht gedrängte Menschenmenge sehen konnte.

Aber jetzt beachte, was dieser Mann tut. Weil er Jesus nicht sehen kann, entwickelt er eine Strategie, die oberflächlich gesehen lächerlich erscheint. Er ist der Hauptsteuereintreiber, der Gewerbeaufseher, und doch entschließt er sich, den Mengen voraus zu laufen und auf einen Maulbeerfeigenbaum zu klettern! Alles wegen seines drängenden Wunsches, Jesus zu sehen.

Leidenschaft! Leidenschaft brachte ihn dazu, etwas außerhalb der Norm zu tun, und es war bestimmt jenseits des angemessenen kulturellen Anstandes. Für den Wunsch ihres Herzens tun hingegebene Personen somit etwas, das durchschnittliche Menschen niemals tun würden. Die Welt würde es so ausdrücken: Um ihr Ziel zu erreichen, tun erfolgreiche Menschen, worin erfolglose Menschen versagen.

Schau dir die Zusammenstellung dieser Gruppe um Jesus an. Da gibt es die Massen, die Jesus folgen, weil Er Wunder tut, und es gibt die Jünger; sie folgen ihm, weil sie glauben, dass Er der Christus ist. Unter diesem Gemisch befindet sich eine Person, ein leidenschaftlicher Mann mit dem brennenden Wunsch, Jesus persönlich zu sehen. Die Berichte der anderen reichen ihm nicht aus – er muss Jesus selbst sehen.

Als Jesus zur Maulbeerfeige kommt, schaut er hinauf, sieht Zachäus dort sitzen und sagt: *„Zachäus, steig eilends herab! Denn heute muss ich in deinem Haus bleiben."* (Lukas 19:5)

Zachäus' Leidenschaft trug ihn über das Mittelmaß der Menschenmasse hinaus. Er bekam nicht nur, was er wünschte, sondern erhielt in Hülle und Fülle und über alles hinaus, was er erfragt oder erdacht hatte. Seine Hingabe ließ ihn aus allen Jesus folgenden Personen herausstechen. Leidenschaft ließ ihn tun, was kein anderer tun wollte und verschaffte ihm die Aufmerksamkeit des Himmels.

Leidenschaft öffnete die Tür, damit Jesus in Zachäus' Haus kommen und dort bleiben konnte; gemäß Überlieferung benutzte Jesus seit diesem Tag sein Haus als Hauptquartier, wann immer Er in Jericho diente. Wie fändest du es, wenn dein Haus Ausgangspunkt für die nächste große Bewegung des Geistes in deiner Region sein würde? Der Schlüssel ist Leidenschaft: *„Und er stieg eilends herab und nahm ihn auf mit Freuden."* (Lukas 19:6)

Er beeilte sich, kam herunter und bewirtete ihn freudig. Natürlich - als die Menge das sah, war jedermann aufgebracht. Warum? Die durchschnittliche Menge wird eifersüchtig, sobald Gottes Aufmerksamkeit auf einen Leidenschaftlichen fällt! Verfolgung ist ein *Hauptmerkmal* bei Menschen mit Leidenschaft. Aber dies führt nicht zum Erkalten der Leidenschaft, sondern bringt eine solche Person dazu, den Herrn mit noch größerer Hartnäckigkeit zu folgen.

Eifersucht kann Ärger und Hass erregen und bringt Menschen eher dazu, in Selbstmitleid zu schwelgen, als sie in ihre Bestimmung zu treiben.

„Ich bin mit Ihm Tage, Wochen und Monate gegangen, und Er hat mich nicht einmal gefragt, ob er in meinem Haus bleiben kann!"

Das kann wahr sein, aber unsere religiöse Darstellung von Einsatz und Frömmigkeit bewegt Gottes Herz nicht – Leidenschaft tut es aber sehr wohl.

Schlüssel zur Herrlichkeit: Reinheit

Ich möchte dir etwas über Zachäus mitteilen. Sein Name bedeutet „rein, nicht verlogen oder korrupt."[4]

Hier ist Schlüssel Nummer zwei: Gott wird ein reines Herz sehen (siehe Matthäus 5:8). Das Blut Jesu ist der große Ausgleicher. Es macht keinen Unterschied, was du getan hast, bevor du zu Christus kamst. Falls du Jesus angenommen hast und im Blut Jesu gewaschen wurdest, hast du nunmehr ein reines Herz vor Gott. Das Blut Jesu reinigt uns, nicht nur von einiger Ungerechtigkeit, sondern von *aller* Ungerechtigkeit. – Hier ein anderes Beispiel aus Markus:

> **Und sie kommen nach Jericho. Und als er und seine Jünger und eine große Volksmenge aus Jericho hinausgingen, saß der Sohn des Timäus, Bartimäus, ein blinder Bettler, am Weg. Und als er hörte, dass es Jesus, der Nazarener, sei, fing er an zu schreien und zu sagen: Sohn Davids, Jesus, erbarme dich meiner! Und viele bedrohten ihn, dass er schweigen sollte; er aber schrie umso mehr: Sohn Davids, erbarme dich meiner! Und Jesus blieb stehen und sagte: Ruft ihn! Und sie rufen den Blinden und sagen zu ihm: Sei guten Mutes! Steh auf, er ruft dich! Er aber warf sein Gewand ab, sprang auf und kam zu Jesus. Und Jesus antwortete ihm und sprach: Was willst du, dass ich dir tun soll? Der Blinde aber sprach zu ihm: Rabbuni, dass ich**

---

4 Roswell D. Hitchcock, Hitchcock's New and Complete Analysis of the Holy Bible (New York, NY: A.J. Johnson, 1874) Zachäus.

sehend werde. Und Jesus sprach zu ihm: Geh hin, dein Glaube hat dich geheilt! Und sogleich wurde er sehend und folgte ihm auf dem Weg nach. (Markus 19:46-52)

In dieser Geschichte von Bartimäus können wir viel über Offenbarung lernen. Ich werde versuchen, zielgerichtet zu bleiben und auf den Punkt zu kommen. Bartimäus sitzt also am Straßenrand und bettelt dort vielleicht schon seit Jahren. Zu einer bestimmten Zeit in Jericho wird ein Same der Leidenschaft in ihm geboren. Während er am Rande dieser Hauptverkehrsstraße sitzt, muss er die Bemerkungen und das Geschwätz der Mengen mitgehört haben, die dort jeden Tag vorbei kamen. Eines Tages hörte er von einem Wundertäter mit Namen Jesus von Nazareth, der erstaunliche Heilungswunder wirkte, und Hoffnung regte sich in seinem Herzen.

Ich kann seine Gedanken hören, als er dort Tag für Tag sitzt und über alles Gehörte nachsinnt: „Wenn dieser Jesus von Nazareth hier entlang kommt, muss ich Seine Aufmerksamkeit auf mich lenken. Er hat so viele geheilt, und falls ich Seine Beachtung finde, wird Er vielleicht auch mich heilen!"

So stieg eine Leidenschaft, sogar eine Verzweiflung in Bartimäus auf. Dann, eines Tages, kam seine Gelegenheit! Eine große Menschenmenge strömte die Straße entlang, und nachdem Bartimäus Vorbeigehende gefragt hatte, erkannte er, der Wundertäter selbst würde kommen! Mit großer Inbrunst rief Bartimäus: *„Jesus, Sohn Davids, erbarme dich meiner!"* (Markus 10:47)

Moment mal! Woher hatte er die Bezeichnung Jesus, Sohn Davids? Dieses ist ein oftmals übersehender Schlüssel: Leidenschaft öffnet die Tür zur Offenbarung!

Als er ausrief, verwarnte ihn die Menge still zu sein. Prägnant, und für alle leicht verständlich zusammengefasst, heißt das:

„Wir verhalten uns hier dezent und ordnungsgemäß; lass diese Gefühlsausbrüche und sei still!"

Wie reagierte Bartimäus? Er schrie noch lauter: *„Du Sohn Davids, erbarme dich meiner."* (Markus 10:48) Sofort ging Jesus auf den Schrei der Leidenschaft ein, und befahl, dass Bartimäus zu Ihm gebracht wurde.

Ist es nicht interessant: In dem Moment, als Bartimäus die Aufmerksamkeit von Jesus erhielt, änderten diejenigen, die unfreundlich versucht hatten, ihn zum Schweigen zu bringen, und ihm befohlen hatten, ruhig zu sein, augenblicklich ihren Ton und wurden seine Freunde. Mittelmäßige Leute handeln so: Während sie von nichts aus ihrer Gewohnheit gebracht werden wollen, was ihnen Unbequemlichkeit verursachen würde, ändern sie doch sofort ihren Ton, wenn der Himmel auf die Leidenschaft einer Person reagiert.

Als er hörte, wie Jesus ihn rief, warf Bartimäus als erstes seinen Mantel von sich. Er stand auf und ging zu Jesus. Das ist eine tiefsinnige Herausforderung an uns alle und zeigt die richtige leidenschaftliche Haltung. Bartimäus, ein Sohn Abrahams, zum Betteln an die Straße gesetzt, wurde aufgefordert, zwecks Untersuchung vor die levitische Priesterschaft zu treten; es sollte festgestellt werden, ob er wirklich blind gewesen war, oder nicht. Die Kleidung war seine „Lizenz", am Straßenrand zu sitzen und zu betteln.

Sobald er die Aufmerksamkeit des Himmels erregt hatte, trennte er sich von jeder Zugehörigkeit zu seinem vorherigen Leben und dessen Zustand. Für Bartimäus war es ein Wechsel zu allem oder nichts! In seinen Gedanken gab es kein Zurück! Hiervon lernen wir, dass eine leidenschaftliche Person in ihrer Nachfolge für das, wonach ihr Herz verzweifelt sucht, jede Brücke hinter sich abschlägt.

Als er endlich vor Jesus stand, wurde er gefragt, was der Herr für ihn tun solle. Bartimäus sagte, er wolle sehen können. Dieser Wunsch erscheint offensichtlich, wenn man um seinen Zustand aus dieser Stelle der Schrift weiß. Trotzdem gibt es hier, trotz der ersten Offensichtlichkeit, eine tiefere Bedeutung für diese Nachfrage.

Das Wort *blind* in dieser Schriftstelle ist das griechische Wort *typhlos*. Es wird hergeleitet von dem Stammwort *typhoomai*, welches bedeutet: „in Rauch einwickeln; aufgeblasen in Einbildung; edelgesinnt, stolz erhoben, stolz sein."[5]

Einer der aussagekräftigsten Aspekte der Leidenschaft und des Wunsches den Herrn zu „sehen" ist der Wille, unseren Stolz aufzugeben, ihn um jeden Preis zu kreuzigen, und koste es, was es wolle, den Wunsch unseres Herzens zu erhalten. Beachte, was Jesus Bartimäus auf seine Bitte antwortet: *„Geh hin, dein Glaube hat dir geholfen."* Wir müssen dem Herrn leidenschaftlich folgen und völlig sicher sein, dass Er immer auf den Schrei der Leidenschaft antwortet.

... uns, die wir nicht sehen auf das Sichtbare, sondern auf das Unsichtbare. Denn was sichtbar ist, das ist zeitlich; was aber unsichtbar ist, das ist ewig. (2. Korinther 4:18)

Die Gemeinde Jesu wurde gelehrt, nicht mehr auf das Natürliche zu schauen, sondern auf das Übernatürliche. Wie in aller Welt tust du das? Das Wort sagt uns, wir sollen nach dem trachten, was droben ist, nicht nach dem, was auf Erden ist. (Kolosser 3:2) Setze deine Zuneigung, setze deinen Blick, setze dein Herz auf das, was droben ist. Richte deine Leidenschaft auf die Dinge von oben! *„Es ist noch eine kleine Zeit, dann wird mich die Welt nicht mehr sehen. Ihr aber sollt mich sehen, denn ich lebe und ihr sollt auch leben."* (Johannes 14:19)

5 James Strong, Strong's Exhaustive Concordance, #5178.

Auf einen einfachen Nenner gebracht: Seit deiner neuen Geburt bist du zwar in der Welt, aber nicht länger von der Welt (siehe Johannes 17:16). Als Jesus diesen Sachverhalt anbrachte, sprach er ebenso von sich selbst. Sein Königreich ist nicht von dieser Welt. Wenn doch Sein Königreich - dessen Teil wir nun sind - nicht von dieser Welt ist, wie kann ich es dann sehen?

„Es ist noch eine kleine Zeit, dann wird mich die Welt nicht mehr sehen. Ihr aber sollt mich sehen!“ Wir wissen, zu der Zeit, als dieses gesagt wurde, sprach Jesus zu Seinen Jüngern - denen, die während seines irdischen Dienstes bei Ihm waren. Allerdings sieht Gott nicht die Person an (siehe Epheser 6:9)! Ich glaube dem, was das Wort sagt. Wenn wir Seine heutigen Jünger sind, dann wird Jesus, welcher der gleiche gestern, heute und für immer sein wird, von uns gesehen werden (siehe Hebräer 13:8).

Schlüssel zur Herrlichkeit: Gehorsam

Den Schlüssel Nummer drei finden wir im Johannesevangelium:

> **Wer meine Gebote hat und sie hält, der ist es, der mich liebt; wer aber mich liebt, wird von meinem Vater geliebt werden; und ich werde ihn lieben und mich selbst ihm offenbaren.** (Johannes 14:21)

Das Wort „offenbaren“ meint buchstäblich „bewirken, gesehen zu werden; offen zu zeigen“.[6] Jesus will sich denen offen zeigen, die Ihn lieben und Seine Gebote halten. Das bedeutet nicht, perfekt zu sein! Es spricht von denen, deren Herz auf den Herrn ausgerichtet ist.

„Herr, ich möchte diesem Wort gegenüber, so gut ich kann, gehorsam sein. Hilf mir, wo es mir an Gehorsam fehlt.“ Falls das dein Wunsch ist, und du Ihn liebst, kannst du sicher sein, dass

6 Spiros Zodhiates, The Complete Word Study Dictionary (Chattanooga, TN: AMG Publishers, 1994), manifest.

Er sich denen, die ihn lieben, offen von Angesicht zu Angesicht zeigen wird.

Warum haben wir aber genau das verfehlt? Ich glaube, es gibt eine Anzahl von Gründen, warum wir versagt haben, diese Wahrheit zu erkennen und zu umarmen. Erstens glaube ich, viele in der Gemeinde haben eine Form der Gottesfurcht angenommen, aber deren Kraft verleugnet. Wir haben die Entwicklung eines kraftlosen Evangeliums gesehen, das „religiös" wurde, statt von Beziehungen geprägt zu sein.

Der zweite Grund ist: Wir wurden niemals gelehrt, dass wir das überhaupt tun *könnten*. Ich möchte dir ein hypothetisches Beispiel geben. Wenn dir ein lang verschwundener Onkel in seinem Testament ein Erbe hinterließe und sich auf deiner Bank unter deinem Namen jetzt eine Milliarde Euro befände, du aber keine Information darüber erhieltest, wie würdest du von dem Segen dieses Erbes profitieren? Erst sobald dich der Testamentsvollstrecker aufsucht und erklärt, was dir jetzt rechtmäßig gehört, kannst du es in Anspruch nehmen.

In gleicher Weise ist uns die Fähigkeit „zu sehen" überlassen worden – das entspricht dem Willen Jesu. Sein Testament, der Neue Bund, gehört dir! Alles, was wir tun müssen, ist den Eingang dieses Erbes zu bestätigen und uns auf diesem Gebiet zu trainieren.

Der dritte Grund ist meines Erachtens, dass wir uns in einer *kairos*-Zeit befinden – einer Zeit in Gott, in der die Fülle Seiner Verheißung wie niemals zuvor offenbar und zugänglich wird.

Wahrlich, wahrlich, ich sage euch: Wer an mich glaubt, der wird auch die Werke tun, die ich tue, und wird größere als diese tun, weil ich zum Vater gehe. Und was ihr bitten werdet in meinem Namen, das werde ich tun, damit der Vater verherrlicht werde im Sohn.

(Johannes 14:12-13)

Das Wort *Name* in der Bibel zu studieren, ist sehr interessant. Entsprechend der „Strong's Exhaustive Concordance“ bedeutet das Wort im Alten Testament mit nur einer Ausnahme „Charakter, Ehre und Autorität“. Im Neuen Testament bedeutet es wieder mit nur einer Ausnahme „Charakter und Autorität“. – Was drückt der Herr damit aus?

Wir können diesen Vers auch wie folgt übersetzen: „Was immer du den Vater in einem Christus ähnlichen Charakter bitten wirst, wird Er tun.“ Das ist zwar eine Umschreibung, aber genauso zutreffend.

Ein weiteres Beispiel: Wo zwei oder drei in Seinem *Namen* versammelt sind, ist Er in ihrer Mitte. (siehe Matthäus 18:20) Für viele in der Gemeinde ist dies zu einer kraftlosen Formel geworden. Wir nehmen an, wenn wir das richtige religiöse Protokoll anwenden, wird Jesus automatisch dabei sein, egal, was wir tun. Diese Schriftstelle besagt aber tatsächlich: Dort wo der Charakter Christi ist, *da* ist Er mitten unter ihnen! Ich möchte hinzufügen, wo Sein Charakter ist, befindet sich auch die Autorität Christi, um den Willen Gottes umzusetzen.

Da antwortete Jesus und sprach zu ihnen: Wahrlich, wahrlich, ich sage euch. Der Sohn kann nichts von sich selbst tun, außer, was er den Vater tun sieht; denn was der tut, das tut ebenso auch der Sohn.

(Johannes 5:19)

Jesus sagt, auch wir können die Werke tun, die Er tut (siehe Johannes 14:12). Und in der obigen Schriftstelle wird ausgedrückt, Jesus tut nur, was Er den Vater tun *sieht*!

Was Er tut

Ein Mann namens Roy wohnte in der Nähe unseres Wohnortes in Washington und kam öfter zu unseren Gottesdiensten. Wir kannten Roy seit etwa zwei oder drei Jahren, und bei den vier oder fünf Malen unseres Dienstes in seinem Bezirk, kam er zum Gebet. Bei jedem Mal war unsere Frage: „Roy, was brauchst du vom Herrn?"

Er sagte: „Ich möchte von Krebs geheilt sein." Als er uns sein Gebetsanliegen mitteilte, sprach ich mit dem Herrn und fragte Ihn, was Er zu dieser besonderen Situation zu sagen hatte. Ich ermutigte Roy weiterhin bei jedem Gottesdienstbesuch im Glauben zum Gebet nach vorne zu kommen, bis sich die Heilung manifestiert hatte.

Das ging einige Jahre so und jedes Mal erlebten wir, wie Roy sagte: „Ich will, dass dieser Krebs verschwindet." Beim letzten Mal, als wir Roy sahen, befand er sich in Phase vier bei seinem Kampf gegen den Krebs.

Als er zum Gebet nach vorne kam, fragte ich: „Vater, was sagst Du dazu?" In diesem Moment wurden meine Augen geöffnet, und ich sah einen Engel durch die hintere Wand des Gottesdienstraumes kommen. Er war groß, etwa 1,80 Meter, mit dunkelbraunem Haar und stechenden grünen Augen. Er trug ein weißes Gewand mit einer goldenen Schärpe um seine Taille. Er verströmte einen Frieden und strahlende Kraft. In seiner linken Hand trug er etwas, was aussah wie eine silberne Schale.

Der Engel kam nach vorne und stand zwischen Roy und mir. Dann griff er in Roy hinein und ich hörte einen nassen, reißenden Ton. Als er seine Hand aus Roys Leib zurückzog, hielt er eine große dunkle Masse, die wie Leber aussah. (Obwohl ich wusste, dass es keine Leber war, entspricht diese Beschreibung dem am nächsten). Er legte diese hässliche, schwarze Masse in die mitgebrachte Schale, ging damit zur hinteren Wand und warf sie hinaus.

Erinnere dich, Visionen sind Sprache. Ich sah, was der Vater tat, und stimmte mit dem überein, was Er *sagte*. Ich erzählte Roy, was ich gesehen hatte und sagte: „Geh in Frieden, du bist geheilt."

Am folgenden Dienstag ging er ins Krankenhaus, um eingehende Tests durchführen zu lassen, und es wurde kein Krebs gefunden! Weißt du, wie leicht der Dienst wird, wenn du lernst, nur das zu tun, was du den Vater tun siehst?

Was tut der Herr jetzt auf der ganzen Welt? In Belfast, Singapur, Malaysia, in ganz Amerika? Ich sehe, wie Gott Menschen heilt. Ich habe gelernt, übereinzustimmen mit dem, was ich Ihn tun sehe, wo auch immer ich hinreise. Und während ich das tue, werden wir Zeugen außergewöhnlicher Berichte.

Lass mich dir noch ein anderes Erlebnis mitteilen. Am 18. April 2008 war ich in Belfast, Nordirland. Wir dienten mit Pastor Glenn Dunlop in der Gemeinde „Highway of Holiness". Am ersten Morgen, während des Lobpreises, hatte ich eine offene Vision. Pastor Glenn befand sich zusammen mit dem Lobpreisteam auf der Bühne. Um Platz zu gewinnen, musste die Bühne während des Umbaus dieser älteren Kirche ungewöhnlich stark verschmälert werden, und so gab es nicht viel Bewegungsfreiheit für das Lobpreisteam und den Pastor. Es war dort wirklich sehr eng!

Ich saß in der ersten Reihe und bemerkte rechts von Pastor Glenn etwas Ungewöhnliches. Plötzlich sah ich den Thronsaal Gottes, und Millionen Erlöster beteten Gott auf ihren Angesichtern liegend an. Ich saß erstaunt dort und beobachtete diese Szene, als Er Seinen rechten Arm aus dem Thronsaal herausstreckte. Das Zepter in Seiner Hand war direkt auf Glenn gerichtet. Sofort erinnerte ich mich an die Geschichte von Esther, die außerhalb des Thronsaales auf den König wartete. Als der König sie sah, deutete er mit seinem Zepter als Zeichen seiner Gunst auf sie. Sobald sie darauf reagierte und in seine Gegenwart kam, sagte der König, ihr würde gegeben, was immer sie erbitten würde, sogar bis zur Hälfte des Königreiches (siehe Esther 5:1-3).

Irgendwie wusste ich sofort, der Pastor und die Gemeinde würden Gunst erfahren, und was immer er in diesem Moment von Gott erbäte, würde ihm gegeben werden. Als Nächstes geschah etwas Erstaunliches. Plötzlich erfuhr Glenn eine übernatürliche Berührung vom Himmel, und er fing an, wie betrunken auf dieser kleinen Bühne zu tanzen. Ich kannte Glenn ausreichend gut und wusste, hier wurde nichts vorgeführt, denn er würde sich keiner fleischlichen Darstellung hingeben. Nicht nur das, auf dieser schmalen Bühne mit geschlossenen Augen zu tanzen, ist schon, wenn man im Natürlichen agiert, sehr tollkühn: sie befindet sich etwa 1,20 m über dem Boden des Raumes!

Das setzte sich einige Zeit so fort, er tanzte und lobte den Herrn, bewegte sich im und um das Lobpreisteam herum, hielt die Augen geschlossen und berührte keinen von ihnen! An diesem Tag begann sich der Herr hoheitlich und übernatürlich in der Gemeinde „Highway of Holiness" zu bewegen, und wir hatten die Wahl, dem Wirken des Herrn zu folgen – oder es abzulehnen. Wir stimmten ihm zu.

Das göttliche Eingreifen hatte weitere Auswirkungen. Menschen wurden augenblicklich befreit und von ihren Leiden geheilt; einige begannen Visionen zu sehen und hatten sogar Träume (natürlich nicht in der Gemeinde). Leben wurden berührt und verwandelt. Es war phänomenal, und ich hatte Probleme an diesem Tag zu predigen. Das hat mir äußerst gefallen!

Im Rückblick auf diesen Tag mit Pastor Glenn haben wir einige tiefgründige Dinge erkannt. Als das Zepter der Gunst Gottes zu Glenn ausgestreckt wurde und die Gelegenheit für eine Bitte kam, wollte sein Herz nur mehr vom Herrn. Er konnte zu dieser Zeit an nichts denken, was er für sich hätte haben wollen.

Während des Mittagessens am nächsten Tag sagte Glenn wiederholt: „Wir müssen noch einmal zur Gemeinde gehen und beten; am besten gleich heute Abend. Das Lobpreisteam wird dort sein, aber wir werden es kaum jemandem mitteilen."

An diesem Abend kamen Viele, ohne dass ein Treffen angekündigt worden war. Sie waren hungrig. – Wenn Gemeindemitglieder werktags bis Mitternacht oder ein Uhr morgens bleiben, weil sie die Gegenwart Gottes nicht verlassen wollen, weißt du, es geschieht etwas.

An diesem Montag betete ich hinten in der Gemeinde und Glenn betete vorne, als der Herr zu mir sprach und sagte: „Er hat mich um nichts gebeten!"

Ich sagte: „Was meinst Du, Herr?"

Er sagte: „Ich habe das Zepter meiner Gunst ausgestreckt, und er hat für sich nichts erbeten."

Bevor ich darüber nachdenken konnte, kam Glenn nach hinten, wo ich mit dem Herrn sprach, und sagte: „Es ist wirklich eigenartig, doch der Herr bat mich um Erlaubnis, sich in unserer Gemeinde bewegen zu dürfen."

Sofort verstand ich, was mir der Herr mitgeteilt hatte. Ich sagte: „Weißt du auch warum? Als der Vater sein Zepter der Gunst zu dir ausstreckte, hast du nichts von ihm erbeten. Er fragt dich, ob Er dir geben darf, was Sein Wunsch für dich und diese Gemeinde ist."

Glenn verstand, ging zurück an seinen Gebetsplatz und sagte: „Gott, was immer Du willst, das wollen wir auch!" Sofort erfüllte nochmals der Himmel die Erde.

2

Gott von Angesicht zu Angesicht sehen

Überall, wohin wir reisen, spüre ich, wie der Herr Sein Volk um Erlaubnis bittet, sich auf übernatürliche Weise in unserer Mitte zu bewegen. Er ist Gott, aber in Seiner Weisheit und aufgrund Seines Charakters möchte Er unseren Willen nicht übergehen. Gerade jetzt sollten wir uns fragen: Werde ich Ihm erlauben, sich als den zu offenbaren, der Er wahrlich ist, und ihn in meinem Leben tun lassen, was Er sich so wünscht?

„Ich rede, was ich bei meinem Vater gesehen habe.“ (Johannes 8:38) Jesus sagte, die Werke die Er tat, können wir auch tun. Er tat nur, was Er den Vater tun sah, und Er sprach nur, was Er den Vater sprechen hörte (siehe Johannes 5:19). Schon das sollte uns Herausforderung genug sein, um uns in die Möglichkeit und Verheißung des *Sehens* und *Tuns* hinein zu bewegen.

> **Wahrlich, wahrlich, ich sage euch: Ihr werdet den Himmel geöffnet sehen und die Engel Gottes auf- und niedersteigen auf den Sohn des Menschen.** (Johannes 1:51)

Gemäß 1. Korinther 12:27 sind wir der Leib Christi! Im dem Augenblick, als Er diese Worte sprach, zeigte Jesus, dass wir, als Seine Nachfolger, seit dieser Zeit die Engel Gottes auf- und absteigen sehen werden. Dies gehört uns!

Er kommt wieder

Lasst uns eine andere Schriftstelle ansehen, deren Auswirkung erstaunlich ist:

Männer von Galiläa, was steht ihr und seht hinauf zum Himmel? Dieser Jesus, der von euch weg in den Himmel aufgenommen worden ist, wird so kommen, wie ihr ihn habt hingehen sehen in den Himmel.
(Apostelgeschichte 1:11)

„Na ja", fragst du, „was ist so erstaunlich daran? Wir wissen, am Ende der Zeitalter wird Jesus in den Wolken zurückkehren. Ist das nicht die Grundlage unseres christlichen Glaubens?

Das ist nur eine Facette der Wahrheit bei dieser Schriftstelle; graben wir allerdings ein bisschen tiefer, können wir noch viel mehr Einsicht daraus gewinnen. Als ich dieses Wort studierte und mir die Geschichte der frühen Gemeinde anschaute, erhielt ich einige interessante Einblicke. Vom Morgen der Auferstehung, bis zur Himmelfahrt vierzig Tage später, erschien Jesus 90 Prozent der damals bekannten Gemeinde in auferstandener körperlicher Gestalt. Zum Beispiel wurde Jesus von den zwölf Aposteln gesehen, bis die Zahl der Zeugen dann bis auf 500 Personen zur gleichen Zeit anstieg (siehe 1. Korinther 15:5-6).

So wie Er fortgegangen ist, wird Er wiederkommen. Was sagt das dieser Generation? Wie ich schon vormals dargelegt habe, gibt es zu dieser Zeit Millionen von Menschen, denen der lebendige Jesus von Angesicht zu Angesicht begegnet. Es gibt Geschichten von ganzen Dörfern, in denen die Einwohner während einer Nacht die gleichen Heimsuchungen und Begegnungen hatten. Das brachte Errettung in Regionen, wo bisher keine Evangelisationen stattgefunden hatten.[7] Auf gleiche Art, wie Er fortging, kommt Er wieder.

Unsere Generation gleicht keiner anderen, die jemals auf dem Angesicht der Erde gewesen ist. Ich bin völlig davon überzeugt, wir werden die Rückkehr Jesu während unserer Lebenszeit erleben.

---

7 Um weitere Geschichten dieser Art zu lesen, siehe: Christine Darg, Wunder unter Muslimen: Die Jesus-Visionen (Verlag Gottfried Bernard, 2008)

Im Todesjahr des Königs Usija, da sah ich den Herrn sitzen auf hohem und erhabenem Thron, und die Säume seines Gewandes füllten den Tempel. (Jesaja 6:1)

Wenn ich das Wort studiere und Derartiges lese, stehe ich vor einem Rätsel. Gott ist ein liebender und guter Gott, warum also musste dieser Mann, König Usija, sterben, damit Jesaja den Herrn sehen konnte? Wo ist die Verbindung? Als ich mich eingehender damit befasste, fand ich eine Anzahl von Gründen.

Befassen wir uns mit dem Leben von König Usija, finden wir einige interessante Einblicke. Usija wurde mit 16 Jahren zum König gekrönt, und es wird gesagt, dass er in den Augen des Herrn das Richtige tat. Solange er so wirkte, gab ihm Gott Wachstum (siehe 2. Chronik 26:1+5). Als er aber in seinem Leben erstarkte, fiel die Sünde des Stolzes in sein Herz. Er übertrat die Befehle des Herrn, als er in den Tempel ging, um Rauchwerk auf dem Räucheraltar zu verbrennen. Das war den Priestern des Herrn vorbehalten, die zum Verbrennen des Räucherwerks geheiligt waren. Es heißt, Usija wurde wütend auf die Priester und plötzlich mit Lepra geschlagen. Für den Rest seines Lebens musste er isoliert leben (siehe 2. Chronik 26:19).

Mit Blick auf Usijas Geschichte können wir Jesaja 6:1 auf folgende Weise lesen: „In dem Jahr, als der Stolz starb, sah ich den Herrn." Sind unsere Augen geöffnet, und wandeln wir in der Fülle unseres Erbes in Christus, müssen wir uns hauptsächlich mit dem Problem des Stolzes befassen. Unser Charakter wird nicht durch die zu durchlaufenden Tests und Prüfungen geformt, sondern er *zeigt* sich erst in solchen Tests und Prüfungen.

Du magst fragen, welchen Test musste Usija denn bestehen? Wachstum und überfließender Segen des Herrn führen oft zu einem falschen Stolz auf unsere eigenen Fähigkeiten. Wir vergessen, dass uns der Herr gesegnet hat und nicht wir uns selbst.

Du musst dein Geburtsrecht kennen. Entsprechend des Gesetzes der ersten Erwähnung ist dein Geburtsrecht, Ihn von Angesicht zu Angesicht zu sehen und zu erkennen. Der Schlüssel, um in unser Erbe zu gelangen und diesen Aspekt unseres Geburtsrechts aufzuschließen, ist Leidenschaft. Hindernisse können sein: Stolz, Ignoranz, Tradition oder menschliche Lehren statt der Lehre des Wortes Gottes. Einen zerbrochenen und reuevollen Geist lehnt Gott nicht ab. Demut bringt uns an den Ort, wo wir unser Erbe erhalten können.

Die Demut des Säens

Wie sieht wahre Demut aus? In Lukas 15 entdecken wir ein klassisches Beispiel wahrer Demut. In diesem Kapitel finden wir die Geschichte vom verlorenen Sohn.

Er sprach aber: Ein Mensch hatte zwei Söhne; und der jüngere von ihnen sprach zu dem Vater: Vater, gib mir den Teil des Vermögens, der mir zufällt! Und er teilte ihnen die Habe. Und nach nicht vielen Tagen brachte der jüngere Sohn alles zusammen und reiste weg in ein fernes Land, und dort vergeudete er sein Vermögen, indem er verschwenderisch lebte. Als er aber alles verzehrt hatte, kam eine gewaltige Hungersnot über jenes Land, und er selbst fing an, Mangel zu leiden. Und er ging hin und hängte sich an einen der Bürger jenes Landes, der schickte ihn auf seine Äcker, Schweine zu hüten. Und er begehrte seinen Bauch zu füllen mit den Schoten, die die Schweine fraßen; und niemand gab sie ihm. Als er aber zu sich kam, sprach er: Wie viele Tagelöhner meines Vaters haben Überfluss an Brot, ich aber komme hier um vor Hunger. Ich will mich aufmachen und zu meinem Vater gehen und will zu ihm sagen: Vater, ich habe gesündigt gegen den Himmel und vor dir; ich bin nicht mehr würdig, dein Sohn zu heißen! Mach mich wie einen deiner Tagelöhner! Und er machte sich auf und ging zu seinem Vater. Als er aber noch fern war, sah ihn sein Vater und wurde innerlich bewegt und lief hin und fiel ihm um den

Hals und küsste ihn. Der Sohn aber sprach zu ihm: Vater, ich habe gesündigt gegen den Himmel und vor dir; ich bin nicht mehr würdig, dein Sohn zu heißen. Der Vater aber sprach zu seinen Sklaven: Bringt schnell das beste Gewand heraus und zieht es ihm an und tut einen Ring an seine Hand und Sandalen an seine Füße; und bringt das gemästete Kalb her und schlachtet es, und lasst und essen und fröhlich sein! Denn dieser mein Sohn war tot und ist wieder lebendig geworden, war verloren und ist gefunden worden. Und sie fingen an, fröhlich zu sein. (Lukas 15:11-24)

Erkenne Folgendes aus dieser Passage: Das vorrangige Motiv im Leben dieses unreifen, jüngeren Sohnes war Selbstbezogenheit. Er wollte, was ihm durch sein Geburtsrecht zustand, obwohl die Zeit dafür noch nicht gekommen war. Ein Erbe kann nur nach dem Tod des Erblassers empfangen werden, nicht während dieser noch lebt. Aber für diesen verlorenen Sohn war das unerheblich. Er wollte, was er beanspruchte, und zwar sofort! So trat er an seinem Vater heran und sagte: *„Gib mir den Teil des Vermögens, der mir zusteht.“*

In ähnlicher Weise ahmen viele in der Gemeinde diese Einstellung in ihrer Unreife nach. Wir sind ein Volk, das gut vertraut ist mit derselben Gib mir!-Haltung, hier dargestellt durch diesen Sohn. Erstaunlich ist aber, wie der Vater in seiner Liebe und wohl wissend, was im Leben dieses jungen Mannes geschehen würde, sagt: „Hier ist dein Erbe.“ Es muss das Herz des Vaters bekümmert und verletzt haben, nicht nur wegen der frechen Haltung seines Sohnes, sondern auch weil Er wusste, was mit dem jungen Mann geschehen würde.

„Wie kannst du das wissen?“, fragst du. Lukas 15 zeigt Gleichnisse vom Königreich. So können wir schlussfolgern, der hier benannte Vater stellt Gott den Vater dar, während die Söhne Bilder für die Söhne Gottes sind, nämlich die Juden und die Heiden.

Folgen wir der Geschichte, sehen wir den verlorenen Sohn sein Erbe nehmen und es durch zügellosen Lebensstil in einem fernen Land verschwenden. Schon bald wurde das Land von einer Hungersnot getroffen und das ganze Erbe war verbraucht – so dass er mittellos und in Not war.

Das Prinzip ist wahr, gestern wie heute: Wenn du nicht auszusäen lernst, wirst du niemals ernten. Wir können nicht weiterhin die Gaben Gottes innerhalb der Gemeinde verschwenden! Noch nie war es so wichtig wie heute, das Erntefeld zu besäen, das uns der Herr so bereitwillig gegeben hat. Oft fordere ich den Leib Christi in der ganzen Welt heraus: Falls ihr wirklich mehr Offenbarung haben wollt, setzt die Offenbarung frei, die ihr schon habt! Dann erfährst du die beabsichtigte Fülle von Saat und Ernte. Das hat niemals nur mit Geld zu tun!

Schau, was die Hungersnot des Landes mit dem eigensinnigen Sohn machte. Sie brachte ihn dazu, sich an einen Bürger dieses Landes zu hängen, und er war versucht, die Abfälle der Welt zu essen! Fahren wir fort unser Erbe unter uns zu verschwenden, gelangen wir an den Ort der geistlichen Hungersnot. Ist es so weit gekommen, werden wir schmerzlich versucht sein, Kompromisse mit der Welt einzugehen und das zu uns zu nehmen, womit sie uns auch füttern will.

Zu dieser Zeit – am tiefsten Punkt im Leben dieses Sohnes – ereignete sich etwas Außergewöhnliches. Vers 17 sagt es so: *„Als er aber zu sich kam …"* Auf einmal wurde die Erkenntnis der Güte seines Vaters in ihm real, und er fing an zu verstehen, dass es im Haus seines Vaters mehr als genug gibt – selbst für jene, die keine Kinder, sondern nur Diener sind.

Vers 19 lässt uns flüchtig den Prozess der Reife für die erkennen, die wirklich wünschen, in die Fülle ihres Erbes in Christus zu kommen. *„… ich bin nicht mehr würdig, dein Sohn zu heißen! Mach mich wie einen deiner Tagelöhner!"* – Erstaunlich!

Durch Zerbrochenheit und Demut kommt die Offenbarung zu diesem Sohn. Er richtet seine Augen nicht länger auf sich selbst und seine selbstsüchtigen Wünsche. Jetzt begreift er den Wert des freien Geschenkes und bewegt sich von seinem heftigen Gib mir! zum Mache mich! - dem wahren Zeichen eines reifen Sohnes. Seine Demut zeigt sich, als er den Vater nicht darum bittet, ihn als Sohn mit den dazugehörenden Vorteilen wiederherzustellen, sondern ihm zu erlauben, ein Diener zu werden.

Endlich wurde dieser Sohn erwachsen - er übernahm Verantwortung. Er sagte: „Ich kann die Welt nicht beschuldigen; ich kann meinen Vater nicht verurteilen, mir mein Erbe gegeben zu haben; ich kann nicht meine Erziehung anklagen. Der einzige, der mich in diesen Schweinestall gebracht hat, war ich selbst." So kehrte er in Demut und mit einem bußfertigen Herzen zu seinem Vater zurück.

Die Leidenschaft des Vaters

Jetzt sehen wir ein Bild von der Leidenschaft des Vaters. Sein Vater sah ihn und rannte ihm entgegen. Er lief, umarmte ihn und sagte: „Ich liebe dich; du bist Zuhause!" Als er begann, zu seinem Vater zu sprechen, stoppte ihn dieser, noch bevor er seinen eingeübten Text beenden konnte, und sagte: „Bringt ihm das beste Kleid!"

Dieser Sohn, vollkommen unreif, im Herzen abgefallen und in der Welt verloren, kam zur Besinnung. Er hatte eine Offenbarung: *Mach mich!* ist wichtiger als *Gib mir!* Dann kehrte er mit der Willigkeit zu seinem Vater zurück, die Verantwortung für sein eigenes Handeln zu akzeptieren - ein Zeichen der Reife - und der Vater tut etwas Erstaunliches: Er gibt ihm das beste Kleid! Ein neuer Mantel wird bereitgestellt, denn sein Sohn ist erwachsen geworden; er hat den Ort der Reife erreicht!

Als nächstes sagte er: *„Tut einen Ring an seine Hand."* Ein Ring hat in der Schrift eine große Bedeutung und steht für Wohlstand und Ehre. Aber vor allem spricht er von der Fülle der Autorität, welche der Familienname trägt. Jeder, der solch einen Ring trägt, kann Geschäfte im Namen der Familie oder der Person abschließen, mit welcher der Ring verbunden ist. Die Ehre, einen solchen Ring zu tragen, wurde nur jemandem verliehen, der reif genug war, solche Aufgaben verantwortungsvoll zu erledigen.

Nicht nur das, der Vater sagte auch: „Zieht ihm Sandalen an die Füße." Er bekam nicht nur den *besten* Mantel, sondern er wurde auch ausgerüstet für die Verkündigung des Evangeliums des Friedens.

Der Zweck unseres Lebens ist nicht ausschließlich auf das *Tun* ausgerichtet, sondern eher auf das *Werden.* So wie Jesus zu werden, sollte das Hauptstreben unseres Lebens sein. Wahre Anbetung Gottes bedeutet, seinem Wort gegenüber gehorsam zu sein.

Du gehörst zu einer einzigartigen Generation und hast eine bedeutende Vorsehung. Es ist dein Geburtsrecht, Ihn von Angesicht zu Angesicht zu kennen.

Denn das schnell vorübergehende Leichte unserer Bedrängnis bewirkt uns ein über die Maßen überreiches, ewiges Gewicht von Herrlichkeit, da wir nicht das Sichtbare anschauen, sondern das Unsichtbare; denn das Sichtbare ist zeitlich, das Unsichtbare aber ewig. (2. Korinther 4:17-19)

Die Schrift drängt uns eindeutig, auf die unsichtbaren Dinge zu sehen. Logisch betrachtet, macht das keinen Sinn. Wie kann ich etwas ansehen, was nicht gesehen werden kann? Dieses Prinzip ist interessant. Um einen offenen Himmel zu erkennen und in ihm zu wandeln, musst du eine visuelle Kompetenz entwickeln. Der sündige Mensch hat nur eine sehr begrenzte Fähigkeit, die Herrlichkeit zu schauen. Allerdings hat der erlöste Mensch durch das Blut Jesu nicht nur Zugang, in diesen Raum hineinzusehen, sondern auch all das zu erfahren, was dieser sowohl in diesem Leben, als auch im kommenden Leben, zu bieten hat.

Erinnere dich an das Gesetz der ersten Erwähnung: Wenn etwas zum ersten Mal in der Bibel erwähnt wird, kannst du diese erste Erwähnung als Erklärungsgrundlage für alle anderen Schriftstellen nehmen, die über das gleiche Thema sprechen. Diesem Gesetz folgend verstehen wir, dass wir Gläubige als Haus Gottes und als Weg zum Himmel angesehen werden (siehe 1. Mose 28; 1. Korinther 6:19). Wir, die in der Fülle dieser Offenbarung gehen und dessen völliges Potenzial verstehen, müssen in den Bereich des Geistes hineinsehen können.

Wahre Sicht

Geistlich blind zu sein, verursacht größere Unfähigkeit als körperliche Blindheit. Warum? Weil der geistliche Raum die wahre Realität ist. Der natürliche Raum, in welchem wir uns körperlich befinden, ist ein Vorschatten des geistlichen Raumes. Deshalb leben wir in einem Graubereich - einem Schatten oder Vorgeschmack, von dem, was die Wahrheit ist. Die Schrift lehrt uns klar, in Christus Jesus sitzen du und ich in diesem Moment an himmlischen Orten (siehe Epheser 2:6). Wir haben unsere natürlichen Sinne übertrainiert, bis wir von ihnen so abhängig wurden, dass wir zu unserem Nachteil die Entwicklung der geistlichen Sinne versäumt haben. Trotzdem sollten wir unseren Fokus gerade auf das Geistliche richten. Wir wurden von neuem geboren, nicht als natürlicher, sondern als geistlicher Mensch. Bilden wir unsere Fähigkeit, im Geistlichen zu wirken, nicht aus und werden wir der geistlichen Welt gegenüber sogar stumpf, sind wir geistlich blind und taub. Nutzen wir unsere angeborenen Fähigkeiten nur unvollständig, sind wir im Grunde geistlich behindert.

Wie viele von uns sind beispielsweise in Gottesdiensten gewesen und haben die Salbung gespürt oder bemerkt? Wie konntest du das? Deine geistlichen Sinne waren in diesem Moment eingestellt, und du konntest die Gegenwart der Salbung wahrnehmen. Du *fühltest* etwas in der Atmosphäre. Du hast dich verbunden.

In gleicher Weise kannst du dich durch Sehen, Riechen, Hören, Berühren und Schmecken mit dem geistlichen Raum verbinden. Es gibt noch einen anderen Weg, mit diesem Raum in Verbindung zu treten. Ihn werden wir noch in weiteren Einzelheiten im vorliegenden Kapitel untersuchen. Es ist wichtig, sogar zwingend, dass wir lernen, unsere geistlichen Sinne zu gebrauchen und damit zu arbeiten.

In Johannes 3:3 sagt Jesus: *„Wahrlich, wahrlich, ich sage dir: Wenn jemand nicht von neuem geboren wird, kann er das Reich Gottes nicht sehen.“* Wir haben die Tendenz, eine Sache zu vergeistlichen, wenn wir sie nicht verstehen. Im Grunde ist es leichter, etwas an einem sicheren Platz der mystischen Unklarheit oder historischen Vergangenheit abzulegen, als das Wort zu untersuchen und zu studieren, um besser verstehen zu können, was übermittelt wurde.

Als Jesus in Johannes 3:3 *siehe* sagte, meinte er buchstäblich *sieh* mit deinen Augen. Wenn du von neuem geboren bist, kannst du das Königreich Gottes *sehen.* Die meisten von uns können bestätigen, dass wir das Königreich Gottes wirken sehen. Nimmt beispielsweise jemand Jesus an, verändert sich oft sein ganzes Angesicht, was die äußere Manifestation einer inwendigen Veränderung ist, gegründet auf der Wechselwirkung mit dem Bereich des Geistes. Bei diesen Gelegenheiten siehst du das Königreich Gottes im Natürlichen wirken, denn ein geistlicher Vorgang hat stattgefunden – die Person hat das Königreich der Finsternis verlassen, wurde verwandelt und in das Königreich des Lichtes gebracht.

Jedoch spreche ich hier nicht über dieses Thema. Das Wort *sehen* heißt im Griechischen *eido* und bedeutet, buchstäblich und bildlich zu sehen.[8] Die meisten Christen stützen sich auf die bildliche Sicht, denn das ist bequemer und leichter zu akzeptieren. Dennoch können wir die Tatsache nicht verneinen, dass es auch *sehen* im eigentlichen Sinne meint.

---

8 James Strong, Strong's Exhaustive Concordance, # 1492.

Lukas 24 berichtet, beginnend mit Vers 13, wie zwei Jünger früh am Morgen des dritten Tages zu der Stadt Emmaus reisen, welche etwa sieben Meilen von Jerusalem entfernt lag.

Die Tatsache, dass Emmaus siebeneinhalb Meilen von Jerusalem entfernt liegt, ist an sich schon faszinierend. Sieben ist in der Schrift die Zahl der Ruhe, Erfüllung des Bundesversprechens und des Abschlusses.[9] Acht bezeichnet einen Neubeginn. In der Mitte von Sieben und Acht zu sein, spricht vom Übergang des einen Tages in den anderen oder von der einen Zeit in eine andere.

Das Ziel der beiden Jünger war Emmaus. Das ist ein prophetisches Bild und spricht klar zu denen von uns, die sich früh am Morgen des dritten Tages befinden. Emmaus bedeutet *heiß von Sonnenaufgang bis Sonnenuntergang zu sein.*[10] An diesem dritten Tag haben wir ein Ziel: Gott ruft uns deutlich und namentlich nach Emmaus. Wir müssen in unserer Nachfolge des Herrn beständig leidenschaftlich sein. *Sobald wir uns auf die Reise oder in Bewegung zu diesem Ort der dauerhaften Leidenschaft machen, schließt sich Jesus uns an und beginnt, uns das Wort zu eröffnen.*

Vers 28 besagt, als sie schließlich ihren Zielort erreichten, tat Jesus so, als wolle er weitergehen. Damit wurde ihre Leidenschaft geprüft. Würden sie es zulassen, Ihn weitergehen zu lassen, ohne jeden Versuch unternommen zu haben, Ihn bei sich zu behalten?

Vers 29 sagt, als Er vorgab weiterzugehen, *nötigten sie ihn.* Das Wort *nötigen* zeigt Leidenschaft - ihre Not. Es bedeutet zwingen, nötigen mit einem brennenden Verlangen.[11] Das war keine höfliche Nachfrage, ob Er bleiben und mit ihnen essen wolle.

9 Siehe E.W. Bullinger, Numbers in Scripture (New York, NY: Cosimo Classics, 2006). Siehe auch Kevin J. Conner, Interpreting the Symbols and Types (Portland, OR: Bible Temple Publishers, 1992).

10 Um den *dritten Tag* besser zu verstehen, siehe: Bruce D. Allen, Promise of the Third Day (Shippensburg, PA: Destiny Image Publishers, 2007).

11 James Strong. Strong's Exhaustive Concordance, # 3849.

Nein! Sie richteten eine leidenschaftliche Bitte an Ihn, damit Er bliebe. Nachdem Jesus zugestimmt hatte und Er hinein kam, mit ihnen am Tisch saß, das Brot brach und es segnete, wurden ihre Augen aufgetan, und sie erkannten Ihn. Der Schlüssel, damit sich ihre Augen schließlich öffneten, bestand darin, dass sie ihre Bestimmung, Emmaus, erreicht hatten – fortwährende Leidenschaft!

Der siebte Tag

Leidenschaft war der Schlüssel, um die Tür zur Intimität aufzumachen. Sie wiederum löste das Wort der Offenbarung aus, um ihre Augen zu öffnen. Das Endergebnis war die Freigabe ihrer Sinne, für eine Begegnung mit Jesus von Angesicht zu Angesicht.

> **Und er sprach zu ihnen: Wahrlich, ich sage euch: Es sind einige von denen, die hier stehen, die den Tod nicht schmecken werden, bis sie das Reich Gottes in Kraft haben kommen sehen.** (Markus 9:1)

Wieder wird das Wort *eido* verwandt – sowohl buchstäblich als auch bildlich sehen. Der nächste Vers setzt fort:

> **Und nach sechs Tagen nimmt Jesus Petrus und Jakobus und Johannes mit und führt sie für sich allein auf einen hohen Berg. Und er wurde vor ihnen umgestaltet.** (Markus 9:2)

Logischerweise folgt Sieben auf Sechs. Nach sechs Tagen (d.h. am siebten Tag) bringt Jesus Petrus, Jakobus und Johannes auf einen hohen Berg, wo er vor ihnen umgestaltet wird.

Ich habe dieses Thema in meinem vorangegangenen Buch *Prophetische Verheißung des siebten Tages* detaillierter behandelt – hier will ich nur eine kurze Einführung geben und auf den Punkt kommen.

Dies eine aber sei euch nicht verborgen, Geliebte, dass beim Herrn ein Tag ist wie tausend Jahre und tausend Jahre wie ein Tag.

(2. Petrus 3:8)

Von Jesu Zeit bis zur Jahrtausendwende sind zweitausend Jahre oder zwei Tage vergangen. Bis auf Adam können wir in der Geschichte viertausend Jahre zurück zählen. Also sind es von Adam bis zur Jahrtausendwende sechstausend Jahre oder, der Schrift gemäß, sechs Tage. Wir befinden uns jetzt früh am Morgen des siebten Tages.

Nach sechs Tagen (am siebten Tag) offenbarte Jesus Petrus, Jakobus und Johannes das Königreich Gottes in einer Art, wie sie es noch nie zuvor erlebt hatten. Sie waren zugegen, um einen Aspekt des Königreiches auf eine Weise zu erkennen, den sie noch nie begriffen hatten. Mit weit geöffneten Augen sahen sie durch den Vorhang der Zeit in die Ewigkeit und wurden Zeugen, wie Jesus mit Mose und Elia von Angesicht zu Angesicht sprach.

Erinnere dich jetzt, es war am siebten Tag, als Jesus sie zu diesem Berg brachte, auf dem sie dieses ungewöhnliche Erlebnis hatten (nach sechs Tagen). Prophetisch gesehen befinden wir uns demnach am siebten Tag.

In Johannes 14:12 sagt Jesus, die Werke, welche Er tut, werden wir auch tun. Eines der „Werke", welches Er beständig tat, war, sich abzusondern und auf einen Berg oder in eine Wüste zu gehen, um während der Nacht mit Seinem Vater zu sprechen. Ist es möglich, dass die normale Art in der Jesus mit seinem himmlischen Vater sprach, diesem Erlebnis vom Berg der Verklärung ähnelte, zu der Er die drei Jünger als Zeugen mitnahm? Vielleicht wird uns das provozieren, uns öfter abzusondern, um allein an einen ruhigen Ort zu gehen und zu *beten*? Wir haben Gebet eher zu einem religiösen Schlagwort gemacht als zu einer Zeit der Begegnung von Angesicht zu Angesicht mit unserem himmlischen Vater.

Es wird eine Geschichte erzählt, die ich weder beweisen noch ausräumen kann. Sie kommt aus der hebräischen mündlichen Überlieferung und handelt von Jesus und Seiner Gebetszeit, wenn Er sich dem Druck der Menschen entzog und auf einen Berg ging, um beim Herrn zu sein.

Jesus sagt in Johannes 5:19, dass Er nur das tut, was Er den Vater tun sieht. Dieser Geschichte gemäß geschah es jede Nacht, wenn sich Jesus zum Gebet zurückzog, dass Er sich nieder setzte und mit Seinem Vater sprach und Ihm erzählte, was Er am Tag gemacht hatte. Er durchdachte Seinen Tag noch einmal mit dem Herrn. Danach würde der Vater Ihm erzählen und zeigen, was Er für den nächsten Tag ins Auge gefasst hatte und tun würde, damit Jesus wüsste, wo Er hingehen, wen Er treffen und was genau geschehen sollte. Darum sagte Jesus, Er würde nur das tun, was Er den Vater tun sehe.

Ob dies nun auf Tatsachen beruht oder nicht oder nur eine weitere Ausschmückung ist, kann ich nicht sagen. Es führt allerdings zu der Tatsache, dass unser Geburtsrecht darin besteht, das Königreich Gottes zu sehen. Jeremia sagt: *„Ruf mich, dann will ich dir antworten und will dir gewaltige und unglaubliche Dinge* ***zeigen****, von denen du noch nie gehört hast.“* (Jeremia 33:3; Neues Leben) Die Bibel besagt ebenfalls in Johannes 16:13, dass uns der Heilige Geist leiten, in alle Wahrheit führen und uns zukünftige Dinge zeigen wird.

Des Weiteren, ist Jesus unser Vorbild für einen reifen Sohn und kann Seinem Wort geglaubt werden (und dem ist so), sollten wir nicht unnötig darüber nachdenken, ob ein Erlebnis wie das auf dem Berg der Verklärung auch für uns verfügbar ist.

Sein Angesicht sehen

Als ich das erste Mal diese Geschichte hörte, fragte ich den Herrn: „Herr, könnte das für uns die Norm sein? Warum kann ich mich nicht einfach setzen und mit meinem Vater von Angesicht zu Angesicht sprechen?“

Sofort kam mir 2. Mose 33:20 in den Sinn: *„Dann sprach er: Du kannst es nicht ertragen, mein Angesicht zu sehen, denn kein Mensch kann mich sehen und am Leben bleiben."* Augenblicklich war mir klar, dass dieser Vers für viele ein Problem darstellt, deshalb begann ich in der Schrift zu suchen. Paulus sagte: *„Daher, wenn jemand in Christus ist, so ist er eine neue Schöpfung; das Alte ist vergangen, siehe, Neues ist geworden."* (2. Korinther 5:17) Als eine neue Schöpfung in Christus haben wir Zugang zum Vater.

Die wird zu seiner Zeit der selige und alleinige Machthaber zeigen, der König der Könige und Herr aller Herren, der allein Unsterblichkeit hat und ein unzugängliches Licht bewohnt, den keiner der Menschen gesehen hat, auch nicht sehen kann. Dem sei Ehre und ewige Macht! Amen. (1. Timotheus 6:15+16)

Das Wort *Mensch* in 1. Timotheus 6:16 ist das griechische Wort *anthropos.* Das „Complete Word Study Dictionary" übersetzt dieses Wort mit „sündiger Mensch". Es ist also der sündige Mensch, der niemals den im unnahbaren Licht wohnenden Herrn gesehen hat, noch jemals sehen wird. Wir, die Erlösten, sitzen mit Ihm dort schon zusammen (siehe Epheser 2:6)!

Es gibt zahlreiche Passagen in der Schrift, die uns zeigen, dass Viele eine Beziehung mit dem Herrn von Angesicht zu Angesicht hatten. - Zum Beispiel:

Im Todesjahr des Königs Usija, da sah ich den Herrn ... (Jesaja 6:1)

Und Jakob gab der Stätte den Namen Pnuel, denn ich habe Gott von Angesicht zu Angesicht gesehen, und meine Seele ist gerettet worden! (1. Mose 32:39)

Da stiegen Mose und Aaron, Nadab und Abihu und siebzig von den Ältesten Israels hinauf, und sie sahen den Gott Israels. Und unter seinen Füßen war es wie Arbeit in Saphirplatten und wie der Himmel

selbst an Klarheit. Gegen die Edlen der Söhne Israel aber streckte er seine Hand nicht aus, sondern sie schauten Gott und aßen und tranken. (2. Mose 24:9-11)

Rufen wir uns in Erinnerung, dass Mose Ihn als Freund von Angesicht zu Angesicht kannte (siehe 2. Mose 33:11). Wie können wir dann 2. Mose 33:20 mit so vielen anderen Passagen der Schrift in Übereinstimmung bringen, wo Menschen den Herrn von Angesicht zu Angesicht sahen? Nochmal - etwas *wird* sterben, und dieses wird unser Fleisch sein.

Unser Licht scheint

Zurück zu Markus 9:1-7 – Jesus nahm Seine Jünger mit auf einen hohen Berg, und als Er betete, wurde Er vor ihnen umgestaltet. Seine Kleider begannen so zu glänzen, wie kein Mensch es hätte hervorbringen können, und Er fing an mit Mose und Elia von Angesicht zu Angesicht zu sprechen. Sie sprachen mit Jesus von Angesicht zu Angesicht jenseits des Vorhangs der Ewigkeit.

Erinnere dich, Jesus sagte, einige von denen, die mit Ihm waren, würden nicht sterben, bis sie das Königreich Gottes in Kraft kommen sähen. Dann nahm Er drei von ihnen mit auf den Berg, wo der Vorhang zwischen diesem natürlichen Bereich und dem ewigen Bereich weggezogen wurde, und sie sahen Jesus, wie sie Ihn niemals zuvor gesehen hatten.

Bei vielen Gelegenheiten hatte ich Zutritt und Ein-Blick in den Raum des Geistes. Und das ist mindestens so großartig wie lehrreich.

Ich habe die Handlungen des Geistes Gottes beobachtet, die Taten der Engel, die der Dämonen und auch die des menschlichen Geistes. Weißt du, wie du im Geist aussiehst? Du bist ein Wesen von überwältigendem Licht. Darum bezeichnete Jesus Seine

Nachfolger als das *„Licht der Welt“* (Matthäus 5:14). Viele Male erwähnt die Schrift, dass wir Wesen des Lichts sind, und wenn deine geistlichen Augen aktiviert sind, wirst du beginnen, in erfahrbarer Weise zu verstehen, was genau Er gesagt hat.

Allerdings kann sich das inwendige Licht verdunkeln. Durch nicht bekannte Sünden wird es schwächer. Es kann in der Dunkelheit verborgen sein, weil wir uns lieber mit der Welt „vermischen“ wollen, als außerhalb zu stehen und ein strahlendes Beispiel zu sein. Deshalb ist es so wichtig, schnell Buße zu tun und das Blut Jesu anzuwenden.

Ich habe einen Freund, der einmal eine Vision in einem Flugzeug bekam. In der Vision sah er viele Millionen Menschen - so weit die Augen sehen konnten -, und alle trugen die gleiche Kleidung, grau in grau. So wie er sagte, erschienen alle Menschen traurig; sie ließen ihren Kopf hängen. Der Herr teilte ihm mit, es seien seine Menschen, aber sie alle lebten mit dem Missverständnis, dass sobald sie den Herrn angenommen hätten und errettet wären, die Angelegenheit beendet sei.

Der Herr berichtete meinem Freund weiter, bei der Neugeburt gibt Er Seinen Kindern weiße Kleider, sauber und glänzend, denn sie wurden von ihren Sünden gewaschen. Setzen sie dann ihr Leben fort, beginnen dennoch nicht bekannte Sünden und die Sorgen dieses Lebens auf sie einzudringen, und ihre ehemals weiße Kleidung wird aufgrund dieser Kompromisse und Sünden glanzlos.

Als sich die Vision fortsetzte, sagte ihm der Herr, wir hätten unsere Verantwortung vernachlässigt, uns selbst zu heiligen, sowie unsere Rettung mit Furcht und Zittern zu bewirken. Wir müssen schnell umkehren, wenn Sünde vor unserer Tür gefunden wird, und lernen, das Blut Jesu beim Bekennen unserer Sünden erneut anzuwenden. So bleibt unsere Kleidung weiß, und wir bleiben unbefleckt von der Welt.

Leider haben die meisten Menschen nicht genug Reife, um für ihr eigenes Leben und ihre Handlungen Verantwortung zu übernehmen. So wie Adam sind sie schnell dabei, mit dem Finger in jede Richtung zu zeigen, außer auf sich selbst, obwohl es wahrhaftig der einfachste Weg zum Sieg ist, nur zu sagen: „Vater, vergib mir."

Der Vorhang ist entfernt

Mit Markus 9 fortfahrend finden wir einen weiteren interessanten Aspekt und etwas, was angesprochen werden muss. Es scheint, als würde Jesus mit den Toten reden – Mose und Elia (siehe Markus 9:4). Wir sind alle gelehrt worden, mit den Toten zu sprechen, ist „Geisterbeschwörung". Wir finden die Warnung des Herrn gegen solche Praktiken in 5. Mose:

> **Es soll niemand unter dir gefunden werde, der seinen Sohn oder seine Tochter durchs Feuer gehen lässt, keiner, der Wahrsagerei treibt, keine Zauberer oder Beschwörer oder Magier oder Bannsprecher oder Totenbeschwörer oder Wahrsager oder der die Toten befragt. Denn ein Gräuel für den HERRN ist jeder, der diese Dinge tut.**
>
> (5. Mose 18:10-12)

Wie ist es also möglich, dass Jesus etwas tun kann, was der Schrift widerspricht und trotzdem sündlos bleibt? Die Antwort liegt in unserem Verständnis über das, was wir als „tot" bezeichnen.

> **Auch euch hat er auferweckt, die ihr tot wart in euren Vergehungen und Sünden.** (Epheser 2:1)

> **Und euch, die ihr tot wart in den Vergehungen und dem Unbeschnittensein eures Fleisches, hat er mit lebendig gemacht mit ihm, indem er uns alle Vergehungen vergeben hat.** (Kolosser 2:13)

Ohne Mühe finden wir im Neuen Testament einen Unterschied zwischen denen, die Christus angenommen haben und in Ihm *leben*, und denen ohne Christus, die *tot* in ihren Übertretungen und Sünden sind.

In den Evangelien und auch im weiteren Neuen Testament kannst du sehen, wann immer eine erlöste Person oder ein Kind nach dem Verständnis der Welt „tot" waren, wurden sie von Jesus oder den Aposteln als schlafend bezeichnet. Die Erlösten gehen von Leben zu Leben in dem Moment des Übergangs von diesem natürlichen Bereich in den ewigen Bereich!

Hat sich Jesus demnach der Sünde hingegeben, als Er mit Mose und Elia sprach? Nein, Er sprach mit denen, die bereits in der Herrlichkeit Teil der Familie Gottes waren. – Ich sage *nicht*, du solltest *versuchen*, mit denen umzugehen, die vorausgegangen sind. Ich möchte verdeutlichen, wir müssen die Realität von beiden bestehenden Bereichen verstehen. Es mag Zeiten geben, in denen du Visionen vom Himmel hast und mit den uns in die Ewigkeit vorangegangenen Personen sprichst. Aber du solltest diese Art von Erfahrung nicht suchen. Lasse dein Herz und deine Leidenschaft auf Jesus gerichtet. Jene, die damit fortfahren mit den Toten zu sprechen, finden sich oft betrogen. Verstehe dies: Jesus suchte keine Unterredung mit Mose und Elia. Er wurde vom Geist geführt und tat, was der Vater Ihm zeigte.

Der Bericht über die Verklärung in Lukas 9 hat eine ergänzende Erkenntnis für uns:

Und siehe, zwei Männer redeten mit ihm, es waren Mose und Elia. Diese erschienen in Herrlichkeit und besprachen seinen Ausgang, den er in Jerusalem erfüllen sollte. (Lukas 9:30-31)

Mose und Elia waren nicht tot; sie waren lebendiger als jemals zuvor, denn sie waren in der Herrlichkeit. Sie befanden sich im natürlichen Zustand, anders als wir in unserem unnatürlichen Zustand, der durch den Fall des Menschen in Eden verursacht wurde.

Beginnst du mit dem Bereich des Geistes umzugehen, passiert unter anderem Folgendes: Du erlebst klare und prägnante Kommunikation, die oft zeigt, was geschehen wird - entweder sofort oder in der Zukunft, so wie es im Fall dieser Schriftstelle mit Jesus war. Er diskutierte über das Ereignis, das stattfinden sollte und bekam die Einsicht und Offenbarung aus einer himmlischen Perspektive. Ich würde gerne wissen, wie diese Unterhaltung gelaufen ist.

Petrus aber und die mit ihm waren, waren beschwert vom Schlaf; als sie aber völlig aufgewacht waren, sahen sie seine Herrlichkeit und die zwei Männer, die bei ihm standen. (Lukas 9:32)

Hier ist ein weiteres Beispiel, wie natürliche Menschen mit offenen Augen etwas Übernatürliches sehen, das keiner von ihnen jemals vorher erfahren hat. Beachte, dass sie Offenbarung und ein Wort der Erkenntnis bekamen, sobald sie diese übernatürliche Begegnung zwischen Jesus, Mose und Elia erlebten. Petrus sagte zu Jesus:

Meister, es ist gut, dass wir hier sind; und lass uns drei Hütten bauen, dir eine und Mose eine und Elia eine. (Lukas 9:33)

Woher wussten sie, mit wem Jesus sprach? Trugen Mose und Elia Namensschilder? Waren ihre Namen in Feuerflammen über ihren Köpfen geschrieben?

Noch einmal, befindest du dich an jenem Ort der Interaktion mit dem geistlichen Bereich, kommt *sofort* Erkenntnis. Es gibt ein Muster, das ich in dem ganzen Wort Gottes bemerkt habe. Es zeigt dieses Prinzip bei der Offenbarung: *Heimsuchung, Offenbarung, Aktivierung.*

Einsicht in die Intimität

Wie wir wissen, kann Offenbarung ohne Heimsuchung kommen. Allerdings bekommen wir selten, wenn überhaupt, eine Offenbarung ohne vermehrte Intimität mit Gott.

Bei jeder Heimsuchung in der Bibel wird Offenbarung freigesetzt. Das wiederum aktiviert die Gruppe oder den Einzelnen zu einem tieferen und bedeutsameren Weg mit dem Herrn. Das kann sich an größerer Kühnheit oder Autorität zeigen. Es mag zu größerer Salbung und Kraft kommen. Die Heimsuchung und Offenbarung wird den Gläubigen auf solche Weise beeinflussen, dass er von diesem Moment an verändert ist, und in einen neuen Bereich der Einsicht und Intimität gelangt.

Bei dem schon angeführten Erlebnis in Irland, begann sich Gott auf erstaunliche Weise zu bewegen. Wir baten den Herrn nicht so sehr um mehr, sondern wollten verstehen, was Er uns zu dieser Zeit sagen wollte. Seine Mitteilung war erstaunlich und zeigte uns deutlicher, wie weiter zu gehen wäre. Er sagte: „Dieses sind Geburtsschmerzen. Ich bereite mein Volk zu; in dieser Bewegung Gottes stärke ich sie, damit sie unter dem Gewicht und der Herrlichkeit Gottes bestehen können."

Wenn wir nicht mal unsere Fußspitze in den Fluss setzen können, den Gott jetzt freisetzt, wenn wir nicht mit den Soldaten laufen können, wie können wir mit Pferden umgehen (siehe Jeremia 12:5)? Wir haben sehr viele Menschen unter der Kraft und Salbung Gottes zu Boden gehen sehen. Das zeigt uns, kommt ein natürlicher Mensch mit der übernatürlichen Kraft Gottes in Kontakt, kommt es im menschlichen Körper zu Kurzschlüssen. Es muss eine Zeit kommen, in der wir so weit gestärkt sind, dass wir unter einem größeren Gewicht der Herrlichkeit bestehen können. Wenn die Herrlichkeit Gottes die Erde bedecken wird, wie die Wasser die Meere bedecken, und unsere Antwort auf diese Herrlichkeit ist nur, beständig vom Geist niedergestreckt zu sein, bedeutet das, dass jeder auf der ganzen Erde niedersinkt?

Deshalb sagte der Herr zu uns: „Ich lasse euch die Herrlichkeit berühren, damit ihr zur Stunde meiner Heimsuchung allen Fleisches bestehen könnt." Wir werden soweit in der Herrlichkeit gestärkt, damit wir jede Atmosphäre des Himmels ertragen können. Die Herrlichkeit Gottes ist die Atmosphäre des Himmels. Seine für uns ausgelöste Herrlichkeit bereitet uns für eine Begegnung mit *der* Person des Himmels vor – Gott, dem Vater!

Es ist lächerlich und entspricht einer schlechten Komödie, wie sich die Gemeinde in Niederlage bewegt. Sie geht mit gesenktem Kopf in Depression, Beklemmung, Krankheit und Leid. Das tun wir, weil wir nicht wirklich verstehen, wer wir in Christus sind. Ich glaube besonders deshalb öffnet uns der Herr unsere Augen, bringt uns in Reife und offenbart uns die Tatsache, dass die Fähigkeit in den geistlichen Raum hinein zu sehen, uns gehört. Wir werden Ihn von Angesicht zu Angesicht kennen und werden zu allem werden, von dem Er sagt, dass wir es sind.

Was bedeutet sehen? Es meint sehen. Verändere das nicht und mach es nicht so mystisch, dass es nicht erreicht werden kann. Gib dem Wort keine andere Bedeutungen; es bedeutet genau das, was es besagt: sehen. Durch dein Geburtsrecht kannst du klar in den geistlichen Bereich sehen und Ihn von Angesicht zu Angesicht kennen. *Noch einmal, geistliche Blindheit behindert mehr als körperliche Blindheit.* – Jesus sagt:

> **Wahrlich, wahrlich, ich sage euch. Ihr werdet den Himmel offen sehen und die Engel Gottes hinauf- und herabfahren über dem Menschensohn.** (Johannes 1:51)

Seine Botschafter sehen

Du gehörst zum Leib Christi; Begegnungen mit Engeln sollten eine normale christliche Erfahrung sein, nicht die Ausnahme. Ein Wort der Vorsicht bezüglich der Begegnungen mit Engeln: Wir beten keine Engel an; aus uns heraus erteilen wir ihnen keine Befehle; wir bitten Gott nicht darum, uns Engel zu zeigen. Steig nicht auf diese Fehler ein. *Ein natürliches Nebenprodukt der Leidenschaft für Christus und sich im Bereich des Geistes zu bewegen ist, Engel zu sehen. Das größte lebensverändernde Ereignis ist jedoch nicht, Engel zu sehen, sondern Jesus von Angesicht zu Angesicht zu kennen.* Er sollte unser strahlender Fixpunkt sein, nichts anderes.

Ich war in vielen Gemeinden, in denen ich den Engel empfunden und gesehen habe, der für diese besondere Gemeinde abgestellt war. Es geschah so oft, sobald ich zur Tür herein kam und den Engel sah, erkannte ich den Zustand der Gemeinde.

Erinnere dich, Visionen sind ein Aspekt der Kommunikation, und durch solch eine Facette der geistlichen Sprache spricht der Herr oft. In meiner „Sprache" mit dem Herrn bin ich dahin gekommen zu verstehen: Falls ich einen Engel sehe, der herumsteht und gelangweilt schaut, hat die dazugehörige Gemeinde ihre Bestimmung weder erreicht noch erfüllt.

Manche Engel habe ich gesehen, die einen erschöpften Eindruck vermittelten. Sie haben ihr Schwert gezogen und sahen verschwitzt aus. Dadurch wird mir gesagt, die zugehörige Gemeinde verfolgt effektiv ihren Auftrag und ihre Vision vom Herrn. Der Engel sieht erschöpft aus, weil er entweder die Angriffe des Feindes abwehrt oder ausgesandt wurde, um den Willen des Vaters auszuführen, aufgrund von Fürbitten, Gebeten und Entscheidungen der Gruppe von Gläubigen in diesem Haus.

Die Botschafter Gottes - Engel - verfolgen gerne die Angelegenheiten des Vaters. Wir haben dieses immer wieder erlebt, denn der Herr möchte, dass wir durch Visionen und Einwirkungen mit dem geistlichen Raum lernen, was wirklich geschieht. Nicht nur „geistliche Riesen" oder Propheten können in solcher Klarheit leben und darin wandeln. Dies ist für jeden von Neuem geborenen Gläubigen verfügbar. Es ist unser Geburtsrecht und unser Erbe!

In den letzten Jahren haben mich persönliche Zeugnisse von Kindern aus einigen Ländern fasziniert, die in diesen Raum der Offenbarung und Beziehung mit dem dritten Himmel gebracht wurden. Jene jungen Kinder müssen weder alle weltlichen Denkweisen verlernen, noch religiöse Lehren überwinden. Sie kommen mit einem reinen Herzen und Ausdruck, wenn sie dieser Generation ihre Erfahrungen und die Gespräche des Himmels mitteilen.

Von diesen reinen, bescheidenen Gefäßen hören wir unfassbare Glaubenstaten. Als wir einige dieser Kinder vor ein paar Jahren trafen, hatten diese aus uns unbekannten Gründen ihre ersten Erfahrungen mit acht Jahren. Als ich den Herrn deshalb suchte, hörte ich Ihn zu meinem Geist sagen: „Es ist die Zeit des Neubeginns.“ (In der Schrift spricht die Zahl acht von Auferstehung und Neubeginn.) Diese Kinder wurden in den dritten Himmel erhoben und ihnen wurde das Wort Gottes für ihre Familien, Gemeinden, Regionen und sogar dem ganzen Leib Christi gegeben. Gelegentlich konnten sie nach ihren Erlebnissen die Bibel von 1. Mose bis zur Offenbarung zitieren. Es gibt ein gemeinsames Thema, welches von jedem bekundet wurde, wenn sie ihre Erfahrungen mitteilten: Er kommt eher, als wir denken.

Er kommt!

Während ich zu Rosch ha-Schana (jüdischer Neujahrstag), am 18. Oktober 2009, in Perth, Australien, predigte, erschien mir der Herr. Etwas von dem, was Er mir sagte, war: „Sag meinem Volk, dass ich bald komme.“ Die Sehnsucht jener Worte vermag ich nicht auszudrücken. Jesus sehnt sich danach, die Fülle Seines Erbes, die Gemeinde, vollendet zu sehen.

In den späten 1970ern und frühen 1980ern Jahren arbeitete ich im Fernsehbereich des Trinity Broadcasting Network. Diese Zeit in meinem jungen, christlichen Leben war für mich sehr informativ und lehrreich. Die Erfahrungen und Einsichten der vielen Gäste der abendlichen „Praise The Lord“-Sendung, beeinflussten mein Leben sehr. Während ich dort arbeitete, ging ich ebenfalls zur Bibelschule. Jeden Tag ging ich zum Studieren in die Schule und lernte historische und biblische Wahrheiten, um meinen christlichen Charakter zu bilden und um mehr Verständnis über die Bibel zu bekommen. Ich gewann jede Menge Kopfwissen - ein guter Ausgangspunkt, der aber nicht unbedingt zur Vertrautheit mit Christus führt. Es schien keinen klaren und prägnanten Fortschritt vom Studieren des Erlernten zur *praktischen Anwendung* des Wissens zu geben.

Ein bedeutender Moment war für mich, als die Fernsehsendung „Eschatologie" zum Thema hatte, und Paul und Jan Crouch solche Lehrer wie Hal Lindsey, Hilton Sutton, Doug Clarke und viele andere einluden. Es gab großartige Diskussionen über die Wiederkehr Christi und ob die Entrückung vor, inmitten oder zum Ende der großen Trübsal stattfände.

Trotz ihrer Faszination verwirrten mich diese Diskussionen sehr! Überzeugende Argumente kamen für jede Sicht hervor, der Logik nach klangen sie alle vernünftig, und je nach Theologie konnten sie alle wahr und exakt sein. Als 20-jähriger Bibelschulanfänger wusste ich nicht, was ich glauben sollte. Ich dachte, ein klares Verständnis zu haben, basierend auf dem, was mir beigebracht worden war, aber als mir verschiedene Sichtweisen vorgelegt wurden, war ich nicht vorbereitet, einen eigenen Standpunkt von meinem Verständnis des Wortes Gottes darzulegen. Das wurde in mir noch gebildet und geformt.

Eines Tages, nachdem ich mit meinem fehlenden Wissen und dem aufrichtigen Wunsch, die Wahrheit zu erkennen, gestrauchelt war, sagte ich schließlich zum Herrn: Das alles ist so verwirrend; sie scheinen alle in ihrer Sicht richtig zu liegen, bis ich eine gegenteilige Sicht höre, und dann scheint eine nach der anderen falsch zu sein! Wie kann ich wissen, was zutreffend ist - die Entrückung vor der großen Trübsal, mitten drin oder danach?"

Der Herr entgegnete mir: „Willst du wirklich wissen, wann ich wiederkomme?"

Ich sagte: „Ja, Herr, das will ich."

Er sagte: „Ich komme heute wieder."

Ich war schockiert und wurde nervös. „Heute?"

Dann teilte Er mir eine einfache Wahrheit mit, die mich bis heute alles nüchtern betrachten lässt: *„Heute ist alles, was jeder hat."* Lebst du jeden Tag mit der Erwartung meiner Rückkehr, geht es dir gut.

Meine Vision

Weil du jetzt weißt, dass Visionen genauso Sprache sind, wie das gesprochene Wort, möchte ich dir mein Erlebnis mitteilen, während ich in „The Meeting Place" in Kettle Falls, Washington, am 22. Juli 2006, lehrte. Bei der Anbetung am Abend sah ich die Ankunft eines feurigen Streitwagens im Raum. Das den Wagen ziehende Pferd war weiß mit blauen Augen und stand im Feuer. Seine Augen wiesen auf eine erstaunlich tiefe Intelligenz und ein Verständnis hin, was aus irdischer Perspektive fast furchterregend war. Ich konnte sofort mit ihm sprechen. Mein Gespräch fand nicht in Worten statt, sondern mit nur einem Gedanken konnte ich von ihm verstanden werden, und es konnte im Gegenzug mit mir in gleicher Weise kommunizieren.

Als ich den Gottesdienst mit einem Aktivierungsgebet beendete, wurde ich vom Geist geführt, jeden der Anwesenden (etwa 33 Personen) nach vorne einzuladen, um im Streitwagen zu stehen. Während sich die Menschen vorne versammelten und ihre Augen geschlossen hielten, hatten sie visionäre Erlebnisse, manche wurden sogar in den dritten Himmel aufgehoben. Einige fühlten das Feuer Gottes so umfangreich, dass eine Person später mitteilte, sie hatte das Empfinden, ihr Zahnfleisch wäre zerschmolzen.

Ich selbst wurde im Geist empor gehoben und im Feuerwagen zu den Sternen gebracht. Das Erlebnis war sowohl elektrisierend als auch beängstigend. Beim Verlassen der Erdatmosphäre sah ich, wie Halfter und Zaumzeug des Pferdes verschwanden, und das Pferd sagte zu mir: „Hier brauchen wir das nicht." Sofort wusste ich, im Himmel sprechen wir mit solchen Kreaturen, und Vertrauen ist ein gegenseitiges Versprechen unzerbrechlicher Liebe. Es ist für keinen notwendig, den anderen zu kontrollieren.

Wie in einem Blitz wurde ich um die Saturnringe gebracht und dann, als wir zurück zur Erde kamen, hielten wir etwa 30.000 Meilen davon entfernt an – weit genug, um den ganzen Umfang des Globus zu erkennen. (Ich nehme diese Entfernung an. Es war so weit entfernt, dass ich die Welt wie einen sehr großen Basketball sah.)

Als ich zur Erde schaute, sah ich eine Pilzwolke – eine nukleare Explosion. Sofort fragte ich den Herrn: „Ist das Amerika oder der Mittlere Osten?" Ich bekam den Eindruck, dass ich den Mittleren Osten sah.

Während sich die Pilzwolke in den Himmel erhob, sah ich augenblicklich eine Zeitschaltuhr mit ablaufendem Countdown. Während ich diese Uhr anschaute, umkreisten plötzlich Millionen rot gekleideter Engel den Globus und sahen aufmerksam zur Erde. Ich hatte den Eindruck, sie hielten die Horden der Hölle zurück und waren stumme Zeugen der letzten Momente dieses Zeitalters auf dem Planet Erde.

Meine Aufmerksamkeit wurde wieder zur Erde gezogen, als ich Hunderte, wenn nicht Tausende von Seelen in den Himmel aufsteigen sah. Ich wusste in meinem Geist, dass dies nicht die Entrückung war, sondern diese Seelen gehörten eher denen, die auf der ganzen Erde während dieses Zeitalters der Bedrängnis gestorben waren.

Ich entschied mich, dem Weg einer dieser Personen zu folgen, als er oder sie, ich kann es nicht sagen, an meiner rechten Seite vorbei raste. Ich wollte wissen, wie es bei dieser letzten Reise von dem natürlichen Bereich zur Ewigkeit beim Herrn aussah.

Als ich mich umwand, war ich erstaunt, Jesus zu sehen, wie Er im Buch der Offenbarung bezeichnet wird. Er saß auf einem weißen Pferd, begleitet von den himmlischen Heerscharen, ebenfalls auf Pferden und Ihm zur rechten und zur linken Seite in Schützenlinien aufgereiht. In diesem Moment war alles still, und ich wusste in meinem Geist, wir befanden uns in den letzten Momenten vor der Wiederkunft Christi.

Vater, ich bete, dass Du die Herzen derjenigen anrührst, die diese Seiten lesen. Wir verlangen danach, Dich von Angesicht zu Angesicht zu sehen, Herr. Dein Wort besagt, wenn wir Dich um einen Fisch bitten, gibst Du uns keinen Stein. Deshalb bitten wir Dich gerade jetzt, aktiviere diese Offenbarung in jeder Person. Öffne unsere Augen, damit wir sehen, Vater, in Jesu Namen.

3

Die geheiligte Vorstellung: Augen auf Ihn gerichtet

In den vorangegangenen Kapiteln haben wir uns mit unserem Geburtsrecht befasst, das uns in den geistlichen Bereich sehen lässt. Dieses Recht besitzt jeder Gläubige im Leib Christi, nicht nur wenige auserwählte Personen. In diesem Kapitel bespreche ich den Aspekt einer Verheißung Gottes, welcher selten, wenn überhaupt gelehrt wird. Dennoch hat er einen direkten Einfluss auf die Fähigkeit unsere geistliche Sehkraft zu aktivieren. Obwohl für uns Gläubige sehr strategisch und wesentlich, haben wir erstaunlicherweise diese Fähigkeit noch nie genutzt. Lernen wir aber das uns Offenbarte einzusetzen, kann sich unser Leben radikal verändern.

Wie können wir denn lernen, das Königreich des Himmels zu sehen oder in den geistlichen Raum zu schauen? Einen Hauptschlüssel für den Wandel in dieser Art von Offenbarung findet man im Evangelium von Matthäus. Jesus sagt: *„Ich aber sage euch. Wer eine Frau ansieht, sie zu begehren, der hat schon mit ihr die Ehe gebrochen in seinem Herzen."* (Matthäus 5:28)

Die Aussage Jesu ist sehr deutlich. Er sieht deine Vorstellung als Realität. In einer Vision zeigte mir der Herr einmal, wie Er die Himmel und die Erde geformt und erschaffen hat. Alle Schöpfung hatte ihren Ursprung in einem Bild in Seinen Gedanken. Er sah sie in Seiner Vorstellung. Als Er darüber meditierte und nachsann, was Er in Seiner Vorstellung, Seinen Gedanken *sah* – tropften diese

Bilder und Ideen in Sein Herz, und Er sprach aus der Fülle Seines Herzens. Als Er sprach, sah ich Jesus, welcher das Wort Gottes ist, hervorkommen; und der Heilige Geist salbte und ermächtigte Ihn, das vom Vater Gesprochene zu vollenden.

Augen der Vorstellung

Weil wir im Bilde Gottes geschaffen sind, handeln wir in gleicher Weise, auch wenn wir es nicht wahrnehmen oder verstehen, wie dies geschieht. Beispielsweise ist es noch keine Sünde, mit Vorstellungen konfrontiert zu werden, die unrein oder der Schrift entgegengesetzt sind. Gedanken sind nicht das Problem. *Diese Gedanken aber anzunehmen und über sie nachzudenken wird bewirken, dass sie in dein Herz fallen,* wo sie zu sündigen Einstellungen werden, die zu sündigem Handeln führen.

Für den Feind sind deine Gedanken der Hauptkriegsplatz. Er beschießt dich den ganzen Tag mit Gedanken. Einige von uns hatten überhaupt noch keinen Sieg, weil wir dies nicht verstanden haben. Wenige hatten ein paar Siege, wurden aber erschöpft, als sie das Richtige taten und den guten Kampf des Glaubens kämpften. Der Glaubenskampf findet nicht immer äußerlich statt; es geht eher um ein inneres Verständnis und ein beharrliches Bleiben im Wort. Darum ermahnte uns Paulus, jeden Gedanken unter den Gehorsam Christi zu nehmen (siehe 2. Korinther 10:5).

> **... dass der Gott unseres Herrn Jesus Christus, der Vater der Herrlichkeit, euch den Geist der Weisheit und Offenbarung gebe in der Erkenntnis seiner selbst, erleuchtete Augen eures Verständnisses, damit ihr wisst, was die Hoffnung seiner Berufung und was der Reichtum der Herrlichkeit seines Erbes in den Heiligen ist, was auch die überwältigende Größe seiner Kraftwirkungen an uns ist, die wir glauben, gemäß der Wirksamkeit der Macht seiner Stärke.**
>
> (Epheser 1:17-19; Schlachter)

Worum handelt es sich bei den Augen deines Verständnisses? Paulus spricht nicht nur über Verständnis im Sinne von Wissen und Denken. Zwar gibt es „Augen“ in Beziehung zu Wissen und Denken, allerdings behandeln wir dieses Thema hier nicht.

Es gibt zwei grundlegende griechische Worte, die das Wort *Denken* im neuen Testament ausdrücken. Das erste Wort ist *dianoya*, was „Vorstellung“ bedeutet.[12] – Zum Beispiel:

Und Jesus sprach zu ihm: „Du sollst den Herrn, deinen Gott, lieben mit deinem ganzen Herzen und mit deiner ganzen Seele und deinem ganzen Denken.“. (Matthäus 22:37; Schlachter)

Jetzt können wir diese Schriftstelle frei übersetzen und lesen: „Du sollst den Herrn, deinen Gott, von ganzem Herzen, von ganzer Seele und mit ganzer Vorstellung lieben.“

Wie kann ich den Herrn aber mit meiner Vorstellung lieben?

Das ist genauso, als wenn du in jemanden verliebt bist. Ganz natürlich „siehst“ du die Person in deiner Vorstellung immer wieder, wie sie in einem bestimmten Moment aussieht, oder den Ausdruck von Freude oder Sorge auf ihrem Angesicht. Wenn wir lernen, Jesus mit unseren inneren Augen „zu sehen“, erfüllen wir die Schrift.

Lass uns dies praktisch umsetzen. Schließe deine Augen und stelle dir vor, du wärst an einem Sandstrand, hältst einen kühlen Eistee in deiner Hand, während du auf den kristallklaren blauen Ozean schaust und die warmen Sonnenstrahlen dich sanft goldbraun bräunen. Oder für die, welche die schönen majestätischen Berge vorziehen, versetze dich auf eine schöne Bergwiese, wo die Frühlingsblumen gerade zu blühen beginnen. Ein Adler zieht am Himmel seine Bahn und ein zarter, leichter Wind streicht

12 James Strong, Strong's Exhaustive Concordance, # 1271.

über dein Gesicht. Kannst du dir das ausmalen? Falls ja, *siehst* du diesen Ort in deiner Vorstellung. Unsere Vorstellungen sind ein mächtiges Geschenk.

Die Welt denkt oftmals, dass solches vom Feind hervorgebracht wird, aber der Teufel hat niemals etwas geschaffen oder erfunden. *Er ist ein Lügner und Betrüger von Anfang an; er nimmt Fakten, verdreht sie, um sie für seine Absicht zu gebrauchen, und präsentiert sie dann als Wahrheit.* Gott gab uns unsere Vorstellung. Jesus selbst sagte: „Du sollst den Herrn, deinen Gott, lieben, mit deinem ganzen Herzen, deiner Seele und deiner *dianoya.*"

Das *New Dictionary of Theology* (Neue Wörterbuch der Theologie) besagt in Band 3, wenn das griechische Wort *dianoya* in Beziehung zum Herzen benutzt wird, meint es *immer* „Vorstellung."

Vine's Wörterbuch besagt, *dianoya* ist eine vom Heiligen Geist erneuerte Fähigkeit, genannt Vorstellung. Unsere Vorstellung muss vom Heiligen Geist erneuert und geheiligt werden, dann wird sie in deinem Arsenal zu einer brauchbaren Waffe. Die Welt sagt: „Was auch immer der Sinn eines Menschen zu ergreifen und zu glauben vermag, kann geschehen." Diese Aussage basiert auf dem Wort Gottes.

Augen der logischen Gedanken

Das zweite Wort für *Vorstellung* ist *dialogisimo* und meint buchstäblich „gründlich rechnen, bedachtsam reflektieren".[13] Es spricht von einem logischen, vernünftigen Gedanken. Lukas spricht über Maria, als der Engel Gabriel ihr begegnete: *„Sie aber erschrak über die Rede und dachte* [logische, vernünftige Gedanken]: *Welch ein Gruß ist das?*" (Lukas 1:29)

13 James Strong, Strong's Exhaustive Concordance, #1260.

Steht der logische und vernünftige Gedanke im Gegensatz zu Gott, oder ist er falsch? Absolut nicht - Gott gab ihn dir. Ist die Vorstellung falsch? Absolut nicht - Gott gab sie dir. Problematisch ist nur, wenn wir unsere Vorstellungen oder unsere logischen, vernünftigen Gedanken nicht heiligen! Die meisten Christen erlauben ihren Gedanken, immer irgendwohin zu wandern. Als Nachfolger Christi *müssen wir jeden Gedanken und jede Vorstellung, die sich gegen die Erkenntnis Gottes erheben, niederreißen* und jeden Gedanken unter den Gehorsam Christi gefangen nehmen (siehe 2. Korinther 10:5).

Tun wir dieses nicht, erschweren und behindern wir unser geistliches Wachstum und können nicht in den Bereichen der Offenbarung und Intimität wandeln, welche uns durch das Kreuz zugänglich gemacht wurden.

Apostelgeschichte 18:4 bezieht sich auf Paulus und besagt: *„Er unterredete (dialogisimo) sich aber in der Synagoge an jedem Sabbat und überzeugte Juden und Griechen.“* Zu manchen Zeiten müssen wir Logik und Verständnis anwenden, um unsere Zuhörer zu erreichen. Paulus ging beständig zur Leiterschaft, redete auf sie ein und überzeugte sie, dass Jesus tatsächlich der Messias war. Es ist nicht falsch, das dir von Gott Gegebene zu benutzen! Ordnen wir allerdings unsere Fähigkeit der logischen Argumentation nicht dem Heiligen Geist und dem Wort Gottes unter, laufen wir Gefahr, die Wahrheit, welche nur durch den Geist der Offenbarung aufgedeckt wird, falsch auszulegen oder misszuverstehen. Unser logischer, vernünftiger Sinn muss geheiligt sein.

Der Teufel will, dass du den Gebrauch und die Kraft deiner geheiligten Vorstellung nicht verstehst. Du sollst weder Einsicht noch Offenbarung bezüglich der Augen deines Verständnisses und deiner Vorstellung bekommen. Er will keine erleuchtenden Augen deiner *dianoya* (Vorstellung). Verstehst und wendest du diese Gabe in richtiger Weise an, wirst du eine Bewusstseinsebene erreichen, die dem Teufel wenig Raum bietet, und seine Zeiträuber werden nicht länger in deinem Leben wirksam sein.

Es gibt eine Verbindung zwischen dem Teil deiner Gedanken, der Bilder, Ideen und Träume kontrolliert, und deinem Herzen. Im Herzen nicht zu zweifeln, heißt somit auch keinen Zweifel in der Vorstellung zu haben. Zum besseren Verständnis möchte ich dir dieses verbildlichen. Dabei verwende ich ein Beispiel aus meiner Erfahrung im Dienst.

Realität entspringt dem Herzen

Nachdem wir bei einem Gottesdienst gepredigt und zum Altar aufgerufen hatten, kam eine Frau nach vorne und bat um ein Heilungsgebet. Die Gebetssalbung war sehr stark fühlbar und floss in ihren Körper - besonders in die Körperregion, die eine Berührung vom Herrn brauchte. Sie sagte, sie hätte beim Gebet für diese besondere Krankheit noch nie eine so starke Salbung wahrgenommen.

Als wir aber mit dem Gebet fertig waren und die Frau fragten, was der Herr in ihr getan hätte, führte ihre Antwort zu einem Problem. Ihre einzige Auskunft war, sie würde *sehen*, dass sie noch weiterhin Hilfe und Unterstützung bräuchte. Diese Frau sah sich - in ihrer eigenen Vorstellung - weiterhin als krank, wie sie ihre Medizin einnimmt und zum Doktor geht. In diesem Fall gab es keine Heilung, denn sie zweifelte in ihrem Herzen - in ihrer Vorstellung.

Zweifel im Herzen zu haben, bedeutet, in der Vorstellung zu zweifeln. Damit ein Mensch in seinem Herzen zweifelt, werden bildliche Vorstellungen verwendet. Für Gedanken in Verbindung mit dem Herzen wird immer die Vorstellung benötigt. Gottes Wort sagt, du bist geheilt! Siehst du dich selbst krank, nimmst du das in deiner Vorstellung wahr. Siehst du dich geheilt, geschieht dies ebenso in deiner Vorstellung, wo du es dann auch „siehst".

Wir können diesen Gedanken auch auf andere Weise ausdrücken: Das Herz nimmt mit dem geistlichen Raum Verbindung auf, und der Mund setzt die Kraft dieses Raumes frei; oder: die Vorstellung verbindet sich mit dem geistlichen Raum, und aus dem Überfluss des Herzens sprichst du die Übereinstimmung mit oder den Widerspruch zu dem „Gesehenen".

Die meisten westlichen Gemeinden haben sich eher mit den logisch, vernünftigen Gedanken beschäftigt, als mit den Vorstellungen. Die Augen deiner Vorstellung sollten erleuchtet sein, sind es aber nicht.

Das griechische Wort für *erleuchtet* in Epheser 1:18 ist *fotitsmo.*[14] Es ist dasselbe Wort von dem das Wort *Fotografie* abgeleitet ist. Sobald die Augen deines Verständnisses - oder deiner Vorstellung - erleuchtet sind, können wir sehen. Mit anderen Worten, sobald die Augen deines Verständnisses oder deiner Vorstellung „Schnappschüsse" vom Königreich Gottes bekommen, wurdest du sehend gemacht.

Diesen Prozess beginne ich, indem ich mich den himmlischen Dingen zuneige; ich heilige meine Vorstellung und richte sie auf Bilder vom Königreich Gottes aus. Dabei geschieht etwas Übernatürliches. Ein biblisches Prinzip besagt: Auf was du dich fokussierst, mit dem wirst du verbunden. Steht die Verbindung, findet die Aktivierung statt. Nutzen wir die Kraft einer geheiligten Vorstellung, bilden dort die richtigen Bilder vom Königreich und üben und fokussieren uns weiter, werden wir verbunden, und die Aktivierung findet statt. Um was geht es bei der erfolgten Aktivierung? Du gehst über vom Formen deiner eigenen Bilder zum tatsächlichen Sehen mit weit geöffneten Augen hinein in den geistlichen Bereich. Ich werde im ganzen Buch damit fortfahren, dieses Prinzip zu wiederholen, sowie weitere Illustrationen und Hilfen zu diesem Aktivierungsprozess zu geben.

14 James Strong, Strong's Exhaustive Concordance, #5461.

Lass mich das Gebet von Paulus aus Epheser 1:18 entsprechend unseres Verständnisses der griechischen Worte wiedergeben: „Damit die Augen eurer Vorstellung Bilder des Königreiches des Himmels erfassen können, damit ihr eure Bestimmung erkennen könnt."

Die Brücke zwischen der Seele und dem Geist ist die einer geheiligten Vorstellung, denn Jesus betrachtete Vorstellungen als Realität. Wir können es auch auf diese Weise sagen: *Die Brücke zwischen der Seele und dem Geist, zwischen dem Natürlichen und Übernatürlichen, ist eine geheiligte Vorstellung.*

Wenden wir das Prinzip der Heiligung unseres Gedankenlebens an und formen Bilder vom Königreich Gottes in unserer Vorstellung, geschieht etwas. Wir lernen eine neue „Sprache", die zu unserer einzigartigen Sprache mit Gott wird. Erinnere dich, Visionen sind eine Sprache; ein Bild malt tausend Worte. Je mehr wir dieses Prinzip anwenden, desto fließender werden wir; und je fließender wir werden, desto schneller geschieht die Aktivierung.

Im Buch Josua sehen wir ein weiteres Beispiel:

Dieses Buch des Gesetzes soll nicht von deinem Mund weichen, und du sollst Tag und Nacht darüber nachsinnen, damit du darauf achtest, nach alledem zu handeln, was darin geschrieben ist, denn dann wirst du auf deinen Wegen zum Ziel gelangen, und dann wirst du Erfolg haben. (Josua 1:8)

Das hebräische Wort für *nachsinnen* ist das Wort *haga*, welches „murmeln, grübeln, *vorstellen*, meditieren, brummeln, brüllen" bedeutet.[15] „Dieses Buch des Gesetzes soll nicht von deinem Munde weichen, und du sollst Tag und Nacht darüber *nachgrübeln*, und es dir *vorstellen* ..." oder „du sollst Tag und Nacht *richtige Bilder vom Königreich formen*, damit du darauf achtest, nach alledem zu handeln, was darin geschrieben ist. Denn dann wirst du auf deinen Wegen zum Ziel gelangen, und dann wirst du Erfolg haben."

15 James Strong, Strong's Exhaustive Concordance, #1897.

Niemand verachte deine Jugend, vielmehr sei ein Vorbild der Gläubigen im Wort, im Wandel, in Liebe, im Glauben, in Keuschheit! Bis ich komme, achte auf das Vorlesen, auf das Ermahnen, auf das Lehren! Vernachlässige nicht die Gnadengabe in dir, die dir gegeben worden ist durch Weissagung mit Handauflegung der Ältestenschaft! Bedenke (laut King James Version: meditiere über diese Dinge) dies sorgfältig; lebe darin, damit deine Fortschritte allen offenbar seien!

(1. Timotheus 4:12-15)

„Stelle dir *angemessene, geformte Bilder* dieser Dinge vor; gib dich ihnen vollkommen hin, damit deine Fortschritte allen offenbar sind." Jetzt ist es ein völlig neuer Zusammenhang. Erinnere dich, das Wort *meditieren* ist *dianoya* – dir etwas vorzustellen oder Bilder in deiner Vorstellung zu formen. Gib dich diesen vollkommen hin, dann wird es dir gelingen.

Nur ein Zuhörer

Als ich die Bibelschule besuchte, war ich sehr schüchtern. Kein Geld hätte mich dazu gebracht, vor Publikum zu treten. Auf der Oberschule und Hochschule bekam ich schlechtere Noten, weil ich nicht aufstand und mich nicht mündlich beteiligen konnte. Ich war ängstlich. Aber die Leidenschaft für Jesus brannte in meinem Herzen, und ich wusste um meine Berufung und Bestimmung in Gott. Außerdem suchte ich verzweifelt nach der Befreiung von Menschenfurcht.

Mein Vater wurde im Oktober 1973 errettet, und 1978 ging er in den vollzeitlichen Dienst. Er ist ein Missionar und Evangelist, und Gott gebrauchte ihn mächtig in über 40 Nationen. Beständig ging er hinter den Eisernen Vorhang in die frühere Sowjetunion und in die Untergrundgemeinden all dieser Staaten. Er sah gewaltige Machttaten, Zeichen und Wunder, die mich beeindruckten, als ich davon hörte. Die ganze Zeit sah ich mich die gleichen Dinge und mehr tun, aber es machte mir Angst, vor Menschen zu stehen.

Während der Bibelschule hatte ich einen Freund, der sein Schulgeld als Wachmann verdiente. Er übernahm die Nachtwache, und ich konnte ihn überzeugen, mich jeden Abend in die Schulkapelle zu lassen. Ich stand auf der Bühne und durchging einen ganzen Gottesdienst, von der Ankündigung bis zur Segnung. Ich betete an, predigte das Evangelium, gab manchmal sogar einen Altarruf und stellte mir die ganze Zeit vor, der Raum wäre voller Menschen. Dies tat ich über Monate allabendlich, denn in mir war diese Leidenschaft und Begeisterung, und ich wusste um die göttliche Berufung auf meinem Leben.

Eines Abends wurden meine Augen plötzlich geöffnet, und ich sah jeden Stuhl mit einem Engel besetzt. Ich hatte keine Angst, nur ein Gefühl der Ehrfurcht, und wurde sogar mit einer bisher nicht gekannten Zuversicht und einem neuen Frieden erfüllt. An diesem Abend verstand ich zum ersten Mal, nur einem Zuhörer sollte ich jemals gefallen, und das war der Herr. Deshalb predigte ich aus vollem Herzen in völliger Zuversicht vor den Heerscharen des Himmels, die mich mit vielen widerhallenden *Amen*-Rufen ermutigten.

Diese Übung, verbunden mit der Vorstellung der Predigt vor einer Zuhörerschaft, schärfte und veränderte meinen Charakter. Als ich anderen meine Vorgehensweise mitteilte, wurde mir gesagt, es sei falsch, sich so etwas vorzustellen und auf keinem Fall die richtige christliche Haltung.

Aufgrund dieses Widerstands meldete sich der logisch vernünftige Teil meines Gehirns und sagte mir, ich hätte mir alles nur eingebildet, und es sei nicht recht. Dieser Kampf tobte sechs Monate in mir und beunruhigte mich bis zu einem Abend, als ich den Raum wieder voller Engel sah. Die ganze Zeit hatte ich diese dir jetzt mitgeteilte Gewissheit nicht verstanden: Das Formen von Bildern in meiner Vorstellung ist in Ordnung.

Als ich schließlich ein bisschen mutiger geworden war und mit dem Predigen begonnen hatte, betete ich für mich und andere, bevor ich am Abend predigte. In meiner Vorstellung fanden Wunder statt, und Menschen reagierten auf meine Botschaft. Überraschenderweise fiel keiner der Gottesdienste jemals so aus, wie ich es mir vorgestellt hatte. Der Botschafter des Satans flüsterte in mein Ohr und sagte: „Wenn du versuchst, es dir vorzustellen, wird es nicht geschehen."

Es war leicht, diese Lüge zu glauben. Denn ständig stimmte die Erfahrung mit dem überein, was mir der Teufel zuflüsterte. Deshalb hörte ich auf, mir vorzustellen, was geschehen würde. Vor jedem Gottesdienst befiel mich die Angst, mir jede Chance auf ein Wunder zu zerstören.

Ein paar Jahre lang erlaubte ich dem Teufel, mir eines der strategischen Werkzeuge Gottes zu stehlen. Dann lehrte mich der Herr die Kraft einer geheiligten Vorstellung, und ich wurde wütend, dass ich dem Trick des Feindes so lange aufgesessen war. Die Aussage des Wortes stimmt genau: *„Mein Volk kommt um aus Mangel an Erkenntnis ..." (Hosea 4:6)*

Kommen Menschen zu uns, um geheilt zu werden, frage ich sie zuerst: „Wie weißt du, dass du geheilt bist?" Ich möchte, dass sie ein Bild vor sich haben. Einige von ihnen sagen: „durch Glauben", was ausgezeichnet ist, doch dann frage ich sie, ob sie körperliche Schmerzen haben.

Wenn sie „ja" sagen, wiederhole ich die Frage, bis sie erwidern: „der Schmerz wird vergehen." Sie sollen ein Bild in ihren Gedanken formen, dass dieser Schmerz oder diese Schwäche fort ist und sie sich frei bewegen können. Sobald sie ihre Heilung in ihrer Vorstellung *sehen*, beten wir. Selten habe ich jemanden erlebt, der sich selbst geheilt *sah*, aber dann denselben Zustand wie vor dem Gebet beibehielt. Das lernte ich durch Offenbarung und Anwendung.

Die geheiligte Vorstellung

Kannst du ein Bild mit deiner geheiligten Vorstellung richtig formen und dieses Wort Gottes als Wahrheit annehmen, wirst du darin wandeln. Gott gab uns eine Vorstellung, damit wir sie zu Seiner Verherrlichung gebrauchen! Jede in dieser Welt jemals hervorgebrachte Erfindung wurde zuerst in der Vorstellung einer Person empfangen. Es ist ganz natürlich, diese Fähigkeit in unserem täglichen Leben zu gebrauchen. Die gleiche Gabe müssen wir bei unserem Vorgehen mit dem Übernatürlichen anwenden, dann werden wir die Lücke zwischen dem Natürlichen und Übernatürlichen überbrücken.

Und der HERR sprach: Siehe, ein Volk sind sie, und eine Sprache haben sie alle, und dies ist erst der Anfang ihres Tuns. Jetzt wird ihnen nichts unmöglich sein, was sie zu tun ersinnen (laut King James Version: vorstellen). (1. Mose 11:6)

Das ist eine starke Schriftstelle und bedeutet: Kann ich es mir vorstellen, ist mir nichts unmöglich. Obwohl dies für jeden Menschen wahr ist, so sprechen wir hier doch über die Erlösten und eine geheiligte Vorstellung.

Eine andere interessante Schriftstelle findet man in Johannes: *„Abraham, euer Vater, jubelte, dass er meinen Tag sehen solle, und er sah ihn und freute sich."* (Johannes 8:56) Die beiden Worte *sehen* und *sah* sind das griechische Wort *edio*, welches bedeutet: *„sich bewusst sein, betrachten, auf etwas schauen."* Ist es biblisch möglich, in die Zukunft zu schauen? Natürlich! Jesus sagte, der Heilige Geist würde kommen und uns Zukünftiges zeigen (siehe Johannes 16:13). Es ist nicht nur möglich, die Zukunft zu sehen. Auf der Insel Patmos wurde Johannes am Tag des Herrn im Geist fort genommen und in die Zukunft versetzt, und ihm wurde gezeigt, was am Ende des Zeitalters geschehen wird.

Wie überlebte Mose diese 40 Jahre in der Wüste? *„Durch Glauben verließ er Ägypten und fürchtete die Wut des Königs nicht; denn er hielt standhaft aus, als sähe er den Unsichtbaren."* (Hebräer 11:27) Das Wort *sähe* ist das hebräische Wort *horao*, was bedeutet „auf etwas starren, klar unterscheiden, sowohl *körperlich* als auch *geistig*."[16] Mose überlebte 40 Jahre in der Wüste, weil er die Fähigkeit entwickelt hatte, Gott sowohl körperlich als auch geistlich von Angesicht zu Angesicht zu sehen.

Mose baute mit dem Herrn während dieser Zeit eine Beziehung auf, die ihn durchhalten ließ. Wie begann diese Beziehung, und wie gestaltete sie sich in solch einem Maß, dass Mose den Herrn von Angesicht zu Angesicht sah? Ich kann dir keine eindeutige Antwort geben. Aber ich kann dir erzählen, wie ich es geschafft habe: Es beginnt mit einer alles verzehrenden Leidenschaft für Ihn, und indem man durch eine geheiligte Vorstellung eine Brücke zwischen dem Natürlichen und Übernatürlichen baut.

Wie kannst du etwas Unsichtbares sehen? Du beginnst in deiner Vorstellung. – *„Bewährten Sinn bewahrst du in Frieden, in Frieden, weil er auf dich vertraut."* (Jesaja 26:3) Das Wort Sinn ist im Hebräischen *yetser*. Es spricht von dem, was in deiner Vorstellung gebildet wird.[17] Gott wird den in perfektem Frieden bewahren, dessen Vorstellung auf Ihn gerichtet ist. Aus dieser Betrachtung entsteht Vertrauen.

Im Licht dieser Einsicht bekommen andere Schriftstellen eine neue Bedeutung: *„... indem wir hinschauen auf Jesus, den Anfänger und Vollender des Glaubens ..."* (Hebräer 12:2) *„Sinnt auf das, was droben ist, nicht auf das, was auf der Erde ist!"* (Kolosser 3:2) *„Naht euch Gott! Und er wird sich euch nahen."* (Jakobus 4:8) Wie tun wir das? Es gibt Zeiten, in denen der Herr diesen Prozess selbst beginnt. Er spricht, überzeugt, drängt uns; wir träumen Träume,

16 James Strong, Strong's Exhaustive Concordance, #3708.

17 James Strong, Strong's Exhaustive Concordance, #3336.

oder Er zieht den Vorhang fort, und augenblicklich können wir sehen. Dank sei Gott, dass Er gelegentlich in unsere Leben einbricht! Ich wünschte, Er würde das öfter tun. Allerdings ist es realistischer, dass du und ich in einem Prozess mit Leidenschaft ausharren müssen, um mit Ihm verbunden zu werden und in unserem Erbe zu wandeln.

Als die Kinder Israels im verheißenen Land ankamen, waren sie nicht am Ende ihrer Reise. In ihrem Wandel mit Gott erlebten sie einen völlig neuen Aspekt. Vor ihnen lagen Kämpfe, durch die sie das verheißene Land für sich sicherten.

4

Die geheiligte Vorstellung: Das Abenteuer beginnt

Viele Jahre habe ich Menschen sagen hören, sie seien auf einer „Reise" in Gott. Ich habe diesen Ausdruck verändert, damit er besser in das wirkliche Leben mit dem Herrn passt. Für mich ist es keine mühsame, weltliche Reise mehr, sondern ein Abenteuer. Jeden Tag entdecke ich Neues, mir bisher nicht Bekanntes über Gott. Deshalb lebe ich in Vorfreude und Erwartung. Jeder Tag hat ein Potenzial für eine vorher noch nicht erkannte Offenbarung. Jeden Tag habe ich das Vorrecht, den Herrn von Angesicht zu Angesicht zu sehen.

Begeistert habe ich dieses Buch geschrieben, damit auch dir diese Offenbarung klar wird und du ebenfalls Abenteuer entdeckst und erlebst. Ich werde dieses so einfach und verständlich wie möglich machen, aber es ist an dir, diese Werkzeuge zu benutzen und darin zu wandeln. Bei Anwendung dieser Prinzipien wird dies auch dein Leben drastisch verändern. Lass mich noch einmal wiederholen: Auf was du sieht, mit dem wirst du schließlich verbunden, und dann geschieht eine Aktivierung.

Einem Bruder wurde dieses Prinzip Mitte bis Ende der 1960er Jahre offenbart. Als er eines Tages meditierte und betete, sagte der Herr: „Sohn, würdest du Zeit für mich investieren, um mit mir wie mit einem Freund zusammen zu sein? Ich habe keinen, der so seine Zeit mit mir verbringt. Jeder kommt immer mit einer Bitte, mit Fürbitte, mit verschiedenen Anfragen, aber sie wollen nie mit mir zusammen sein, und mich nehmen, wie ich bin."

Dieser Bruder war ein sehr geschäftiger Mann, lehrte vollzeitlich in der Bibelschule und predigte sonntags. Seine Tage waren voll. Er dachte und meditierte über die Worte des Herrn und wollte sich nicht auf etwas festlegen, was er nicht einhalten konnte.

Er sagte: „Herr, meine einzige Zeit ist morgens von 2.00 Uhr bis 3.30 Uhr, aber ich werde es tun.

Er verpflichtete sich und hielt sein Wort. Deshalb stand er jede Nacht um zehn vor Zwei auf und ging in sein Wohnzimmer, um Zeit mit dem Herrn zu verbringen. Er begann mit der Übung sich „ein wahres Bild von Jesus zu formen", wie Er ihm gegenüber saß. Er sorgte sich nicht über die Exaktheit, denn nur durch Versuch wirst du genauer. Du wirst niemals bewandert, wenn du nicht anfängst. So setzte er sich jede Nacht hin und redete mit Jesus, wie mit einem guten Freund. „Wie war dein Tag, Jesus? Was denkst du von diesem und über jenes?"

Weil Jesus zu ihm gekommen war und ihn gebeten hatte, Zeit mit Ihm, wie mit einem Freund zu verbringen, stellte dieser Bruder nicht nur Fragen oder plauderte, sondern hörte, was an diesem Abend auf Jesu Herz war. Das ging so weit, dass er diese Zeit, in der er mit dem Herrn alleine war und mit Ihm von Freund zu Freund sprach, so genoss, dass er sich voller Erwartung jeden Abend nach dieser Zeit allein mit dem Herrn sehnte.

Etwa ein Jahr später stand er wieder auf, und freute sich auf die Zeit mit dem Herrn. Als er sich in seinen Armsessel setzte, hörte er, wie sich die Hintertür öffnete und wieder schloss. Um 2 Uhr morgens ist dies fraglos überraschend. Er hörte Schritte die Eingangshalle hinunter gehen, Jesus kam ins Wohnzimmer und setzte sich auf den Stuhl, dem Bruder gegenüber.

Der Herr sagte: „Weil du gewillt warst, diese Zeit mit mir, wie mit einem Freund zu verbringen, und weil du dieses Prinzip angewandt hast (siehe auf etwas, und du wirst schließlich damit verbunden; nach dieser Verbindung kommt die Aktivierung), wirst du mich ab jetzt deutlich sehen, wo auch immer du für den Rest deines Lebens hingehen wirst."

Nimm jeden Gedanken gefangen

Diese Geschichte hörte ich zum ersten Mal 2004 bei einer Konferenz in Kalifornien. Die Möglichkeit, dies in meinem eigenen Leben zu verwirklichen, begeisterte mich und forderte mich so sehr heraus, dass ich mit der Umsetzung dieses Prinzips begann. Jeden Tag suchte ich einen ruhigen Ort auf und richtete mein Herz und meine Gedanken auf den Herrn. In meiner Vorstellung „formte ich ein Bild" von Jesus und fing an, mich mit Ihm zu unterhalten.

Bei Übungsbeginn wirst du feststellen, wie undiszipliniert menschliche Gedanken sind. Die meisten von uns können sich für acht bis zehn Sekunden auf etwas konzentrieren, dann befindet sich unsere Vorstellung irgendwo, wo wir sie nie hin lenken wollten. Beim Training werden andere Gedanken deine Vorstellung befallen und versuchen, dich abzulenken.

Verscheuche diese Gedanken und schaue wieder auf Jesus (siehe 2. Korinther 10:5). Wenn du es richtig machst, wirst du nicht ermüden. Doch lass dich zu Anfang dieser Disziplin nicht entmutigen; schließlich haben die meisten von uns bis jetzt ohne Disziplinierung der Gedanken gelebt. Du kannst nicht innerhalb eines Tages etwas abschaffen, mit dem du dein ganzes Leben verbracht hast. Es braucht Übung.

Mit dem, auf was du siehst, wirst du verbunden: Wende dieses Prinzip weiter an und die Aktivierung folgt. Die Brücke vom natürlichen Bereich zum übernatürlichen Bereich ist eine geheiligte Vorstellung. Dieses machtvolle Prinzip aus dem Wort Gottes über die Behandlung unseres Gedankenlebens gemäß der Absicht Gottes haben wir uns nur selten zunutze gemacht.

Mit 14 Jahren wurde ich errettet. Wenn ich damals die Bibel las, war ich innerhalb von fünf Minuten eingeschlafen. Ich konnte gar nichts davon gebrauchen, und es kam mir wie eine Fremdsprache vor. Ich wusste nur, dass mein Geist gefüttert wurde, aber ich konnte nichts aus meiner King James-Bibel herausholen, was mein natürlicher Sinn wirklich ergreifen und verstehen konnte.

Mit 17 Jahren las ich eines Tages das Buch „Prison to Praise – Vom Gefängnis zum Lobpreis“ von Merlin Carothers. Am Ende des Buches stand ein Gebet für diejenigen zum Nachsprechen abgedruckt, welche die Taufe im Heiligen Geist begehrten. Deshalb ging ich in mein Schlafzimmer, kniete mich neben meinem Bett nieder und sprach dieses Gebet. Sofort begann ich in Zungen zu sprechen. Genauso schnell versuchte mir der Verstand einzureden, dass dies nur von mir kam; ich hätte andere so gehört und würde sie kopieren. Das waren meine Gedanken.

Am nächsten Tag begleitete ich meinen Vater zu einem Mittagessen der Geschäftsleute des vollen Evangeliums. Ich sagte, ich würde wirklich die Taufe im Heiligen Geist begehren mit dem Nachweis der Zungenrede, weil es das Wort so sagt. Die Männer versammelten sich um mich herum, legten mir ihre Hände auf und baten mich, irgendetwas zu sagen, was aus meinem Inneren hervorkam. Ich war schockiert, denn es war dasselbe, was ich mich selbst eine Nacht zuvor hatte sprechen hören!

Ich erkannte, dass ich ausgetrickst worden war! Jedes Mal, wenn ich die Bibel nahm, um darin zu lesen, schlief ich ein. Nachdem es schließlich zwei Jahre so gegangen war, sagte der Herr zu mir: „Wer denkst du, möchte nicht, dass du die Bibel liest?“

Nachdem ich darüber nachgedacht hatte, nahm ich meine Bibel, begann darin zu lesen und sagte: „Teufel, wenn du mich müde machst, werde ich noch ein Kapitel lesen. Wenn du damit fortfährst, mich zu ermüden, werde ich das ganze Buch lesen!“ Erstaunlicherweise geschah es nie wieder. Seitdem habe ich nie mehr ein Problem damit gehabt, die Bibel zu studieren und zu lesen.

Ich will es!

Dies ist ein Beispiel, wie mich der Herr in mehr von dem einführte, was ich aus dem Wort gelernt hatte. Ich musste mein verheißenes Land einnehmen. Deshalb begann ich das Wort mit Entschlossenheit in dem Wissen zu lesen, dass mein Geist gesättigt wird, wenn auch ohne viel Verständnis. Als ich mit dem Heiligen Geist erfüllt war, war es auf einmal, als wäre ein Licht darauf gefallen. Die Schriftstellen wurden mit Leben und Offenbarung erfüllt.

Während dieser Zeit des Lesens brachte mich der Herr zu Jeremia. Durch diesen Vers sprach Er zu mir: *„Ehe ich dich im Mutterleib bildete, habe ich dich erkannt, und ehe du aus dem Mutterschoß hervor kamst, habe ich dich geheiligt; zum Propheten für die Nationen habe ich dich eingesetzt.“* (Jeremia 1:5)

Ich fragte meinen Pastor und andere nach der Bedeutung. Einige sagten, ich sei ein Pastor, andere ein Missionar, noch andere sagten, ich sei ein Evangelist - doch niemand hatte in den 70ern den Propheten in seiner Vorstellungswelt. Ich war durcheinander, denn keiner wusste genau, was es war. So meditierte ich weiter über dieser Schriftstelle, und etwas in mir fing an aufzustehen. Ich begann zu glauben, alles ist möglich, und wenn die Bibel darüber sprach, wollte ich es haben. Als ich die Bibel durchlas, kamen mir Geschichten entgegen, die meinen Eifer und meine Fantasie entfachten. Zum Beispiel las ich, wie Henoch so nah mit Gott ging, dass er weggenommen wurde, um bei Gott zu sein (siehe 1. Mose 5:24). Ich dachte: „Herr, du siehst die Person nicht an; bei nächster Gelegenheit, trage mich in die Liste ein.“

Als ich die verschiedenen Geschichten in der Bibel las, sagte ich zu Gott: „Ich will das!“ - bis ich es glaubte. Ich stellte mir vor, mich in der gleichen übernatürlichen Atmosphäre zu bewegen wie die alten Patriarchen. Dann kam ich eines Tages zu 2. Korinther:

Gerühmt muss werden; zwar nützt es nichts, aber ich will auf Erscheinungen und Offenbarungen des Herrn kommen. Ich weiß von einem Menschen in Christus, dass er vor vierzehn Jahren – ob im Leib, weiß ich nicht, oder außer dem Leib, weiß ich nicht; Gott weiß es –, dass dieser bis in den dritten Himmel entrückt wurde. Und ich weiß von dem betreffenden Menschen – ob im Leib oder außer dem Leib, weiß ich nicht; Gott weiß es –, dass er in das Paradies entrückt wurde und unaussprechliche Worte hörte, die auszusprechen einem Menschen nicht zusteht. (2. Korinther 12:1-4)

Das sagte Paulus, und als ich diese Passage der Schrift las, spürte ich sofort die Herausforderung in meinem Geist! Ich verkündete laut, weil Gott nicht die Person ansieht, dass ich in diesem gehen wollte und es auch würde! Meine Leidenschaft hatte zugenommen, seit ich Verlangen hatte, Gott zu erleben, nicht nur von Gott zu hören. In frühem Alter begann ich, in meiner Vorstellung von all diesem Bilder zu formen, bis sich eines Tages etwas änderte.

Besuch

Im April 1989 war ich in einer tiefen Lebenskrise – eine Zeit des Zerbruchs. Ich hielt mich im Hause eines Freundes in San Angelo, Texas, auf. Er und seine Frau waren Pastoren einer Gemeinde, und jeden Abend ging ich in die Gemeinde, um alleine Zeit mit dem Herrn in Gebet und Anbetung zu verbringen. In einer Samstagnacht, um 1 Uhr morgens, bekam ich meine erste Vision von Jesus, und Er besuchte mich.

Bei diesem ersten Mal sah ich Ihn nicht vollkommen klar, trotzdem wusste ich, dass Er es war! Er kam mit einem Alabastergefäß, gefüllt mit Salböl, und schüttete es über meinem Kopf aus. Sofort war ich von Kopf bis Fuß mit etwas bedeckt, was sich in seiner Konsistenz wie Honig anfühlte. Dort war ein überwältigender Frieden und ein Balsam, der meine verletzte Seele besänftigte, und die Liebe Jesu umfasste mich buchstäblich und fühlbar, als würde ich von Gott selbst umarmt werden.

In dieser Nacht begann mein neues Abenteuer in Gott! Meine Augen waren geöffnet worden, und ich hatte den Herrn gesehen! Ich würde nie wieder mit weniger zufrieden sein, als mit dieser Art der Vertrautheit von Angesicht zu Angesicht. Was ich so viele Jahre gesprochen hatte, jetzt hatte es angefangen - ich begann zu sehen. Zuerst geschah es nicht beständig, weil ich diese Prinzipien noch nicht verstanden hatte, aber ich blieb daran, Gott zu folgen.

Wenn du das Gute Gottes einmal geschmeckt hast, bleibst du für immer hungrig. Diese Wahrheit entdeckte ich in dieser Nacht - je mehr ich lerne, desto weniger weiß ich, und umso hungriger werde ich. Je mehr ich in den geistlichen Raum schaute, desto verzweifelter wurde ich, hier fortzusetzen.

In meiner Nachfolge Gottes lernte ich die Prinzipien, welche ich dir hier mitteile. Sobald ich diese verstanden hatte, wurde ich eifriger, und die gesehene und erfahrene Wirklichkeit wurde für mich immer realer. Als ich Zeit damit verbrachte, mich auf den Herrn zu konzentrieren, erinnerte ich mich daran, wie ich Ihn mit diesem Alabastergefäß sah. Jetzt hatte ich einen Bezugspunkt und konnte dieses Bild formen, und es wieder und wieder in meiner Vorstellung anschauen.

Es dauerte nicht lange, und ich erhielt einen weiteren Besuch. Und als ich diese Einsichten, die ich dir mitteile, weiter praktizierte, wurden diese Begegnungen immer mehr zur Norm als zur Ausnahme in meinem Leben. Ich war nicht mit der Fähigkeit eines sogenannten „Sehers" geboren worden, wie es einige Menschen sind; es brauchte Zeit und ein Herz voller Leidenschaft. Meine Frau und ich haben Freunde im Dienst, die dreidimensionale, bunt illustrierte Bilder oder Filme bekommen, wenn sie ein prophetisches Wort für eine Person haben. Sie dachten, das wäre die Norm für jeden Christen! Das stimmt nicht; ich musste üben, um an den Punkt zu kommen. Dank sei Gott für Seine Gnade, obwohl ich oft auf meinem Weg stolperte, empfing ich schließlich Klarheit durch das Verständnis des Wortes.

So gab es zwei Erlebnisse, von denen ich Bilder formen konnte und dann folgte Nummer drei. Schon sehr bald hatte ich einen Katalog von abrufbaren visuellen Vorstellungen. Danach veränderte sich etwas.

Es fand immer dann statt, wenn sich diese Wahrheit in meinem Verständnis kristallisierte. Ich konnte ein genaues Bild von Jesus gestalten, und machte es für mindestens zehn Minuten am Tag zu einer gezielten Disziplin. Dabei nutzte ich den Bezugsrahmen, den ich von meinen vorhergegangenen Erfahrungen hatte, um ein Bild von Jesus zu formen, bis Folgendes vor etwa drei Jahren geschah.

Visionen

Wir richteten eine Konferenz in Seattle aus - mein Freund André Ashby, mein Vater Ed Allen und ich. Genau an diesem Abend predigte ich, und André und mein Vater saßen in der ersten Reihe. Nach dem Gottesdienst berichtete André, er hätte an der Wand hinter mir eine violette Kugel gesehen - wie einen violetten Lichtblitz. Als ich Menschen im Gebet diente, sah er die gleiche Kugel rechts neben mir.

Was er aber nicht wusste: zu der Zeit als er Kugeln sah, erfuhr ich auf der Bühne etwas Ungewöhnliches. Im rechten Augenwinkel nahm ich Bewegungen wahr, und als ich mich hinwendete, stand Jesus dort! Er war etwa 1,85 Meter groß, trug weiße Kleidung und darüber einen violetten Mantel.

Weil diese „Vision“ so real und von solcher Klarheit war, überraschte es mich, dass nicht jeder Ihn so sah wie ich. Seine Erscheinung war so kristallklar, mir fehlen die Worte beim Versuch auszudrücken, wie greifbar real es war. Meine Augen wurden schließlich so weit geöffnet, wie es nie zuvor geschehen war. Ich war vollkommen aufgelöst!

In unserem Trainingscenter verwenden wir ein Prinzip, besonders in unserem Unterricht, das mit Visionen, Träumen und Begegnungen zu tun hat: Überprüfe jeden Geist immer wieder! Ganz egal, nach wem oder was es aussieht, selbst wenn er wie Jesus erscheint, überprüfe immer den Geist.

Diese Überprüfung findet man in 1. Brief des Johannes:

> **Hieran erkennt ihr den Geist Gottes: Jeder Geist, der Jesus Christus, im Fleisch gekommen, bekennt, ist aus Gott; und jeder Geist, der nicht Jesus bekennt,, ist nicht aus Gott; und dies ist der Geist des Antichrists, von dem ihr gehört habt, dass er komme, und jetzt ist er schon in der Welt.** (1. Johannes 4:2+3)

Noch bevor ich die Frage stellen konnte, „sprach" Jesus. Er streckte Seine Hände aus, und ich sah die Narben der Nägel. Dann wendete Er sich zu mir und lächelte. Bis heute habe ich keine Worte dafür. Es war und ist immer noch unaussprechlich! Es schien, als würde das Licht von Millionen Sonnen mit ihrem ganzen Glanz auf mich gerichtet sein, samt der unfassbaren Liebe, die aus Seinen Augen strahlte - dieser Ausdruck, die Majestät, die Herrlichkeit, die Weisheit - und jedes weitere beschreibende Wort, das einem einfallen kann! Muss ich noch sagen, dass mein Leben seitdem nicht mehr das gleiche war?

Seine Gegenwart

Seit diesem Tag habe ich Ihn sehr klar und recht regelmäßig gesehen. Dazu ein Beispiel: Es war ein besonderer Abend, als ich 2008 in Hershey, Pennsylvanien, predigte. Zum ersten Mal seit diesem Tag in Seattle sah ich den Herrn wieder die Versammlung betreten. Sofort „überprüfte" ich den Geist, um sicher zu sein, dass ich den Herrn sah und keinen Betrüger.

Sobald mir Seine Gegenwart bestätigt war, fragte ich Ihn: „Herr, was möchtest Du tun?"

Er entgegnete: „Heute Abend möchte ich nicht dein Gebet für die Menschen. Ich möchte, dass du sie einlädst, in meine Gegenwart zu kommen, und ich möchte ihnen dienen."

Zur Erklärung: Als Er sie in Seiner Gegenwart haben wollte, meinte Er, sie sollten nach vorne kommen und buchstäblich einen Schritt in Seine Gegenwart machen!

Dieses teilte ich der Versammlung mit, und wir bildeten eine Reihe. Einer nach dem anderen kamen sie nach vorne und stellten sich dorthin, wo ich Jesus hatte stehen sehen. Als sie in Seine Gegenwart eintraten, geschah sehr Ungewöhnliches. Manche waren so von der Kraft Seiner Gegenwart ergriffen, dass sie tatsächlich zu ihren Plätzen zurückgetragen werden mussten. Gelegentlich sah ich, wie Jesus Seine rechte Hand auf einige Menschen legte und sie segnete. Eine Person erlebte genau dort eine Freisetzung, und einige Heilungen geschahen. Alles passierte in einer ruhigen Verehrung und im Gehorsam gegenüber der Anweisung des Herrn.

Zum Schluss kam die Pastorin. Sie hatte den Menschen auf dem Weg nach vorne geholfen und sagte: „Ich möchte auch noch dran kommen!"

Als ich ihr zeigte, wo genau Jesus stand, bewegte sie sich „in" Seine Gegenwart hinein und fiel unter Seiner Kraft sofort zu Boden. Nachdem sich der Herr niedergekniet und ihr gedient hatte, stand sie nach einigen Minuten auf und sagte staunend zu uns: „Schaut, ich habe 10 cm meines Umfangs verloren!" Oftmals hat sich dieses Ereignis in ähnlicher Weise bei vielen Gottesdiensten und Anlässen wiederholt: Jesus erscheint und lädt die Anwesenden ein, in Seine Gegenwart zu kommen.

In den Himmel einstimmen

Du und ich sind wie Radioempfänger. Wir haben uns in diesen natürlichen Bereich eingestimmt, weil wir unsere „Frequenz“ festgelegt haben, um in diesem Bereich kommunizieren zu können. Als Erlöste besitzen wir allerdings die Fähigkeit, uns in eine weit höhere Frequenz einzustimmen - in den Bereich des Geistes. Aufgrund meiner Erfahrungen mit dem Fernsehen konnte ich folgende Illustration sofort verstehen, welche mir der Herr vor einigen Jahren gab: Ich selbst kann entscheiden, in welche „Frequenz“ ich mich einwähle. So kann ich mich fortwährend im niedrigeren Spektrum bewegen, im natürlichen Raum, oder ich kann lernen, meinen „Empfänger“ fein abzustimmen und mich mit der Frequenz des geistlichen Raumes zu verbinden. In Christus habe ich die Möglichkeit der vollen Bandbreite des Himmels.

Während ich in der ganzen Welt umherreise und diene, habe ich aufgrund dieses Wissens gelernt, meine Frequenz zu wechseln und mich in den Bereich des Geistes einzustimmen. So sehe ich ganz plötzlich in zwei Bereiche hinein; in den Bereich des Geistes und in den natürlichen Bereich. Abhängig davon, was der Herr zu einem bestimmten Moment sagt, kann ich die Engel sehen, oftmals sehe ich Jesus in meiner Nähe stehen, um sich mit mir zu unterhalten, und ich sehe auch die Verfassung der Menschen, bei denen wir predigen.

Bei folgender Begebenheit berührte die Einsicht über die Einstimmung in eine höhere Frequenz mein Leben und veränderte mein Verständnis darüber, wie die Engel Gottes arbeiten. Ich wurde gebeten, in einer einwöchigen Missionsschule in Tumtum, nach Spokane im Osten Washingtons, zu lehren. Während der Woche sollte ich über das Thema dieses Buches lehren - *Ein-Blick in die Herrlichkeit.*

Weil ich während des ganzen einwöchigen Kurses lehrte, waren meine geistlichen Sinne auf „Höchstalarm" gestellt, in Erwartung der Offenbarung des Herrn. Als ich am ersten Abend gleich nach dem Lobpreis aufstand, um zu lehren, sah ich Myriaden von Engeln aus allen Richtungen zum Missionszentrum kommen, in dem wir uns befanden.

Aufgrund einer solch großen Versammlung fragte ich sofort den Herrn: „Vater, was geschieht hier? Was willst du sagen? Es sind viel zu viele Engel, um jeden einzelnen von ihnen zu „testen".

Der Herr erwiderte: „Das ist von mir."

So stand ich vor den Menschen und schaute fasziniert aus dem Fenster, als plötzlich ein sehr mächtiger und majestätischer Engel ankam. Er unterschied sich deutlich von all den anderen, so fragte ich den Herrn: „Herr, wer ist dieser?"

Der Herr antwortete mir: „Das ist Michael, der Erzengel."

Ich war verwundert und dachte sofort: „Diese Woche werden wir einiges Kriegsgeschehen sehen!"

Ich schaute wieder aus dem Fenster, und einige Augenblicke später, während die Mengen der Engel ankamen, erschien ein anderer sehr majestätischer Engel. Sein Haar war goldfarben und schien wie Feuer und seine Augen waren von einem durchdringenden Blau.

Wieder fragte ich den Herrn: „Wer ist jener?"

Der Herr entgegnete: „Das ist Gabriel, der Erzengel."

Ich war absolut sprachlos. Ich hatte niemals gehört, dass beide, Michael und Gabriel, jemals zur selben Zeit am selben Ort außerhalb der Himmelstore erschienen waren. Auch hatte ich niemals gedacht oder gehofft, sie selbst sehen zu können.

Als ich den Namen „Gabriel“ hörte, dachte ich sofort: „Diese Woche werden prophetische Proklamationen hervorkommen!“

Es faszinierte mich zu beobachten, wie diese Botschafter Gottes einander wie alte Kameraden begrüßten, die einander einige Zeit nicht gesehen hatten. Sie waren miteinander vertraut und gingen frei miteinander um. Das entspricht nicht den meisten Beziehungen, die wir von der Erde her kennen, wo wir Barrieren errichten und falsche Fassaden aufbauen, um uns selbst zu schützen. Ich war einerseits beeindruckt und andererseits eifersüchtig auf solch eine Freiheit und Intimität. Unter ihnen herrschte große Freude, und ich fühlte auch einen Hauch ihrer Vorfreude, als sie gelegentlich in unseren Raum schauten.

Irgendwann musste ich mit den Lehreinheiten beginnen, da ich der einzige war, der zu jener Zeit „sehen“ konnte. Den ganzen Abend wunderte ich mich, was geschehen würde; was hatte der Herr vorbereitet? Als ich diese Nacht schlafen ging, sah ich immer noch die Heerscharen der Himmel miteinander kommunizieren und sich einander wie lang vermisste Freunde begrüßen; und meine Seele fragte sich weiterhin, was der Herr wohl vorbereitet hatte.

Am nächsten Morgen erfuhr ich, dass eine Freundin, Dr. Flo Ellers (die Autorin von *Activating the Angelic*, veröffentlicht bei Destiny Image) ihre Lehre über Engel an diesem Abend beginnen würde. Jetzt waren meine Antennen wirklich aufgerichtet!

Während der ganzen Woche beobachtete ich diese Engel bei der Lehre des Wortes und besonders im Lobpreis. Denn Engel wissen wirklich, wie man durch Lobpreis in Seine Gegenwart kommt! Am letzten Abend forderte Dr. Ellers die Gruppe zum Mitmachen auf. Sie hatte fünf Gebetspunkte, die sie nach und nach vorlesen wollte. Sobald sie einen Punkt vorgetragen hatte, sollten wir in Zungen beten, bis die Freisetzung kam. Es wurde so vorgegangen, weil die Botschafter Gottes, die Engel, auf die Stimme Gottes hören, nicht auf die der Menschen. So beteten wir in unserer himmlischen Sprache, damit der Geist durch uns betete, nicht wir selbst. Dann sendet der Herr Seine Botschafter zur Ausführung Seines Wortes.

Nachdem sie den ersten Gebetspunkt erwähnt hatte, begann ich im Geist zu beten. Das Ungewöhnliche war, dass mir der Herr in diesem Moment eine neue Engelssprache gab. Sofort reagierten etwa ein Dutzend Engel und kamen zu meinem Sitzplatz herüber. Vor mir lag eine Karte, und ich gab ihnen in meiner neuen Sprache eine Strategie, wie sie in der vor ihnen liegenden Auseinandersetzung angreifen sollten und überwinden konnten.

Interessanterweise verstand ich alles, was ich sagte! Als ich mit meinen Anweisungen fertig war, sagte ich (in Zungen): „Geht!" Während ich das in meiner Gebetssprache sprach, sagte Dr. Eller, die nicht wusste, was gerade geschehen war: „Okay, wir haben dieses durch gebetet, lasst uns zu Gebet Nummer Zwei gehen."

Bei all diesen fünf Gebetsanweisungen bekam ich eine neue und mir damals verständliche Engelssprache. Ich durchging den gleichen Prozess mit einem Team von Engeln, die in ihrer Aufgabe unterwiesen und belehrt wurden, wie sie jeden Kampf angehen sollten. Sobald ich bei allen fünf Schritten mit den Anweisungen fertig war und jedem Kader aufgetragen hatte zu „gehen", spürte Dr. Ellers die Freisetzung und ging zum nächsten Gebet über.

Dieses Erlebnis veränderte mein Verständnis über die Funktion der dienenden Engel. Es machte mir auch bewusst, wie wir als Diener Gottes zusammenarbeiten, um Seinen Willen auf der Erde durchzusetzen. Welche Ermutigung und gewaltige Zuversicht zu wissen, diese dienenden Geister sind da, um mit uns und für uns zu dienen! Wir sollten aber niemals weder den Besuch eines Engels suchen, noch Engel anbeten. Unser Fokus muss auf Gott bleiben. So wie ich es bereits zuvor sagte, ein natürlicher Ausfluss aus unserer Beziehung mit Ihm ist der Dienst Seiner Engel in unseren Leben.

Boshafte Vorstellungen

Sechs Dinge sind es, die dem HERRN verhasst sind, und sieben sind seiner Seele ein Gräuel: Stolze Augen, falsche Zunge und Hände, die unschuldiges Blut vergießen, ein Herz, das heillose Anschläge schmiedet (King James-Bibel: boshafte Vorstellungen), Füße, die eilig dem Bösen nachlaufen, wer Lügen vorbringt als falscher Zeuge und wer freien Lauf lässt dem Zank zwischen Brüdern. (Sprüche 6:16-19)

Wenn wir unser Gedankenleben nicht heiligen, und unsere Gedanken dem Wort Gottes und dem Herzen Gottes entgegengesetzt sind, haben wir boshafte Gedanken. Gott hasst das. Warum? Er hat uns eine schöpferische Fähigkeit gegeben. Er gab uns ein Werkzeug in unserem Inneren, genannt Vorstellung. Lernen wir, sie zu heiligen, zu schützen und für die jeweilige Absicht Gottes zu verwenden, können wir die Welt um uns herum verwandeln. Wir können dann alles in unserem Leben verändern. Wir können somit unsere Städte und unsere Nationen beeinflussen.

Das Prinzip lässt sich mit den folgenden Worten ausdrücken: „Du wirst mit dem verbunden, auf was du siehst, und Handlungen kommen dadurch hervor." – Lass mich dir ein Beispiel der anderen Seite dieses Prinzips geben:

In der Gemeinde eines Pastors in Australien wuchs eine junge Familie auf. Der Sohn dieser Familie war ein normaler Junge, bis er zur Oberschule kam. Seine Veränderung bereitete Sorgen. Im Geschichtsunterricht hatte er den Zweiten Weltkrieg in Deutschland und die Entstehung des Dritten Reiches studiert. Adolf Hitler faszinierte ihn. Er war so beeindruckt, dass er ein Poster von ihm kaufte und es in seinem Schlafzimmer aufhing.

Seine Bewunderung grenzte an Götzendienst, denn er verbrachte Zeit damit, einfach nur das Bild dieses Mannes anzustarren, der seine Vorstellungswelt gefangen genommen hatte. Eines

Sonntagmorgens ging der Junge zur Kirche, und jeder bemerkte seine Veränderung. Sein Verhalten war anders, seine Kleidung fremdartig, seine Haltung hatte sich geändert, und er hatte alle seine Haare abrasiert. Als der Pastor predigte, stand der junge Mann auf und ging auf ihn zu. Dabei sprach er fließendes Deutsch und fluchte. Interessanterweise hatte er niemals Deutsch gelernt.

Der Pastor sagte geistesgegenwärtig: „Ich binde dies im Namen von Jesus. Jetzt sprich mit mir auf Englisch: Wer bist du?"

Der Dämon entgegnete: „Ich bin einer der 6.000 Dämonen, die in Adolf Hitler waren."

An diesem Morgen fand ein Befreiungsgottesdienst statt. Sie vertrieben die Legion der Dämonen aus diesem jungen Mann, und er war freigesetzt. Was genau war passiert, was hatte die Tür zu diesem jungen Mann geöffnet, um dämonisiert zu werden? In seiner Bewunderung dieser historischen Figur wurde er völlig von ihr eingenommen. Mit dem, was er betrachtete, wurde er verbunden und Handlungen kamen hervor; er war in Besessenheit geraten. Auf was wir schauen, mit dem werden wir verbunden. Merke dir das genau. Was auch immer du ansiehst, etwas davon wird übermittelt und Taten folgen.

Warum also nicht auf Gott fokussieren? Lass dich von dem anziehen, was von oben kommt.

5

Auf Worte Taten folgen lassen

Oftmals war mir nicht klar, wie dieser christliche Wandel aussehen sollte. Ich suchte beständig den Herrn, um ein entsprechendes Verständnis zu erhalten, damit ich zu dem werden konnte, von dem das Wort spricht. Beim Studieren der Schrift kannst du herausfinden, dass der Herr uns mitteilt, über was wir nachdenken sollen und über was nicht. Wiederholt teilt er uns mit, was wir sagen sollen und was nicht. Jesus sagt uns, wie wir beten sollen und wie nicht. Er berührt das ganze Spektrum der menschlichen Erfahrung und gibt uns für alles Richtungsweisung, trotzdem befinden wir uns in Verwirrung und flehen ihn fortwährend wegen der Handhabung unseres christlichen Weges an. Lies die Bibel; es steht da drin. Alles, was wahr, alles, was ehrbar, alles, was gerecht, alles, was rein, was liebenswert, alles, was wohllautend ist, wenn es irgendeine Tugend, und wenn es irgendein Lob gibt, das erwägt (siehe Philipper 4:8)!

Das Wort ist unsere Quelle

Zu oft richten wir unsere Aufmerksamkeit auf etwas, was wir nicht ansehen sollten, und wir vernachlässigen jenes, was unseren Fokus und unsere Aufmerksamkeit wert wäre. Damit möchte ich sagen, die Brücke zwischen dem Natürlichen und dem Übernatürlichen ist eine geheiligte Vorstellung. Forme ich als Kind Gottes richtige Bilder vom Königreich Gottes in meiner Vorstellung, werde ich irgendwann mit dem Königreich verbunden, und meine Augen werden geöffnet. Ich bin durch diesen Prozess, geheiligte Bilder zu formen, gegangen, bis die Aktivierung stattfand und meine Augen geöffnet wurden. Ich sah Ihn so klar, wie ich jeden anderen sehen kann. Wir müssen immer zum Standard des Wortes kommen. Immer! Was ich dir gerade jetzt deutlich machen möchte ist, was klar im Wort gelehrt wird. So funktioniert es, so werden wir verbunden; so geschieht es. Wenden wir das Wort Gottes in unserem Leben an, passiert etwas, das uns in eine neue Intimität und Offenbarung mit Gott bringt.

Wir beginnen mit dem Wort und enden mit dem Wort. Zwischendurch praktizieren wir das Wort, und Gott bringt uns in unsere Bestimmung und unser Erbe. Es ist dein Geburtsrecht zu sehen! Es wurde dir aufgrund des Opfers Jesu gegeben. Entsprechend des Wortes Gottes bist du von Neuem geboren, hast du das Recht, die Fähigkeit und das Vorrecht in den geistlichen Raum sehen zu können, sowohl mit deinen physischen als auch mit deinen geistlichen Augen. Ich möchte dir einige der Werkzeuge und Offenbarungen mitteilen, die Gott mir auf dieser Entdeckungsreise gegeben hat. Es hat mich Jahre gekostet, um die empfangenen Offenbarungen zu durchblicken; Satz für Satz, Gebot für Gebot, hier ein bisschen und dort ein bisschen. Die gute Nachricht lautet, diesen Weg muss nicht jeder beschreiten. Was einmal Jahre gekostet hat, braucht nun, da wir uns schnell dem Ende des Zeitalters nähern, nur noch Tage.

Wer nämlich noch Milch genießt, der ist unerfahren im Wort der Gerechtigkeit; denn er ist ein Unmündiger. Die feste Speise aber ist für die Gereiften, deren Sinne durch Übung geschult sind zur Unterscheidung des Guten und des Bösen. (Hebräer 5:13+14 – Schlachter)

Das Wort *üben* meint buchstäblich „regelmäßig tun". Sie trainierten beständig ihre geistlichen Sinne, bis sie fähig waren, Gut und Böse richtig zu unterscheiden. Was sind unsere Sinne? Berühren, Riechen, Schmecken, Sehen, Hören, unsere geheiligte Vorstellung, und unser logisch denkender Sinn. Wie wenden wir an, und üben wir aus? Wir haben schon zuvor gefragt - wie viele von euch haben die Salbung bereits gefühlt? Deine Sinne waren von einer übernatürlichen Erscheinung erfasst. Wie viele von euch sind schon in einen Raum gekommen, wo einige Leute gerade gestritten hatten; du warst nicht dabei, aber du kannst *fühlen*, dass dies gerade stattfand. Wie geschieht das? Es wurde eine Atmosphäre geschaffen, du hast ein geistliches Phänomen mit deinem natürlichen Sinn wahrgenommen. Das kann und sollte die Norm für einen Christen sein.

Wie viele von euch sind in einem Gottesdienst gewesen, wo ihr einen süßen Rosenduft gerochen habt, obwohl ihr wusstet, dass keine natürliche Ursache für solch einen Geruch bestand? Es ist wunderbar. Wie kannst du das wahrnehmen? Es ist ein übernatürliches Phänomen, aber du hast einen natürlichen Sinn in Anspruch genommen.

Engel berühren

Ich habe einen Bekannten, den ich sehr respektiere. Als ich erstmalig von ihm hörte, fragte ich mich, ob er mit New Age zu tun hat. Paul war Pastor der Baptistischen Kirche in Amerika, der 1989 entsprechend seiner derzeitigen Theologie glaubte, dass es so etwas wie Heilung, Dämonen, Hölle oder dergleichen nicht gäbe. Eines Tages kam eine dämonisierte Person in seine Gemeinde, und es stand ihm etwas gegenüber, dass es eigentlich nicht geben sollte! Der Herr belehrte ihn über die Realität des geistlichen Raumes, und er begann durch einen Entdeckungsprozess zu gehen. Er drängte sich in das Wort Gottes hinein, um herauszufinden, wie man mit Personen umgeht, die dämonisiert sind, und Gott gab ihm Offenbarung.

Die Art, in der Paul zu wirken begann, war nicht im Sehen, Schmecken oder Hören, sondern lag in der Berührung. Er konnte die Salbung spüren - die der Engel, die der Flüche und die der

Dämonen –, denn Gott hatte seinen Berührungssinn so fein abgestimmt, dass er buchstäblich so mit dem Übernatürlichen umging: Er streckte seine Hand aus und *fühlte* in diesen Raum hinein.

Als wir uns das erste Mal begegneten, predigten wir zusammen in Minneapolis. An jenem Morgen wollte ich in seinen Workshop gehen. Ich wollte feststellen, ob alles stimmte, was ich gehört hatte, und ob Gott ihn so mächtig gebrauchte. Um nicht aufdringlich zu sein und nur zu beobachten, setzte ich mich in dem Raum nach hinten.

Paul begann mit einer Frage: „Wie viele von euch haben jemals einen Engel gespürt?“ Weil keiner antwortete, bat er um einen Freiwilligen. Eine junge Frau kam nach vorne, und er bat sie, ihre Hand auszustrecken. Falls sie Rechtshänder wäre, sollte sie ihre linke Hand benutzen, und falls sie Linkshänder wäre, sollte sie ihre rechte benutzen – dem Prinzip folgend, Gottes Stärke kommt in unserer Schwachheit zur Vollendung. Er sagte ihr, ein Engel würde direkt rechts neben ihnen stehen. Ich schaute zu und sah, wie er leicht auf den Rücken des Engels klopfte, als mich der Engel ansah. Gott sprach zu mir, und sagte dieses sei eine ebenso zulässige Gabe, wie das Sehen. Als Paul fortfuhr und erklärte, was er fühlte, konnte ich das Wirken der Engel sehen, und er ließ nichts aus. Er zeigte und berührte die Engel überall im Raum, und bei seiner Berührung konnte ich sie sehen; es war überwältigend. Ich war in einen neuen Bereich der Offenbarung gekommen. Danach fing ich an, meinen Tastsinn in Anspruch zu nehmen und damit zu üben, so wie ich es mit meiner Fähigkeit zu sehen getan hatte.

An diesem Abend gingen wir auswärts essen und redeten über sein Verständnis und seine Fähigkeit zu „berühren“. Plötzlich sagte er: „Fühlst du das?“ Ich schaute umher, sah aber weder etwas, noch spürte ich etwas. Ich verneinte die Frage. Er schien überrascht. Der Herr wies mich an, auf die Uhr zu schauen. Wir befanden uns fünf Meilen von der Konferenz entfernt, und genau in diesem Augenblick, als er etwas im Geist *spürte*, hatte der Lobpreis bei der Konferenz angefangen! Ich war überwältigt.

Wir sollten so sehr auf den Bereich des Geistes eingestellt sein, dass dies die Norm ist. Nicht nur Sehen, Hören und Schmecken, sondern Berühren. Wir haben geistliche Sinne, benutzen sie aber nicht. In den Händen Gottes ist der menschliche Sinn ein sehr mächtiges Instrument. Er ist der Türöffner in den Bereich des Geistes.

Nichts ist unmöglich

Und euch, die ihr einst entfremdet und Feinde wart nach der Gesinnung (Vorstellung) in den bösen Werken, hat er nun versöhnt ...

(Kolosser 1:21+22)

Wir lesen dies immer wie *„Feinde wart nach der Gesinnung"*, aber nein - es geht eher um die Vorstellung. Du kannst Gottes Feind in deiner Vorstellung sein, weil du sie dir nie zunutze oder zur beabsichtigen Bestimmung gebraucht hast. Sie ist ein kreatives Werkzeug in den Händen Gottes. Wenn du dieses Werkzeug einbringst und es heiligst, wird sich eine ganz neue Vielzahl von Möglichkeiten für dich eröffnen.

Warum denkst du, dass so viele kreative Ideen den Gläubigen in dieser Generation zuteilwurden? Weil Er unser Verständnis für die Wahrheit des Wortes Gottes eröffnet, und wenn wir unsere Vorstellung heiligen, kann der Herr anfangen, Offenbarungen vom Thron Gottes in uns zu hinterlegen, welche wir in diesem natürlichen Bereich auslösen können. So wird sich die Art unseres Lebens verändern, die Art unseres Denkens, die Art unseres Sehens. Diese Möglichkeit hält Gott für jeden von uns bereit.

Es kann sowohl witzig, als auch traurig sein, wenn Christen leichtfertig und ohne Verständnis das Wort Gottes zitieren. Ich habe viele sagen hören: „Ich habe den Sinn Christi." Obwohl das eine Wahrheit aus der Bibel ist, möchte ich rufen: „Wirklich? Fange an ihn zu nutzen!" Andere hören wir proklamieren: „Ich kann alles durch Christus tun, der mich gestärkt hat." – Na gut, steh auf aus deiner gesegneten Sicherheit und tu etwas! Manchmal können wir sehr unaufrichtig mit dem Zitieren des Wortes sein, blähen uns auf, als hätten wir etwas Wichtiges getan. Noch einmal: sich im Wort zu bewegen, ist mehr als nur das Wort aufzusagen, als wäre es eine beschwörende Formel (Geisterbeschwörung), die auf magische Weise das gewünschte Resultat herbeiführt. Glaube ohne Werke ist tot! Wir können die Schrift den ganzen Tag hersagen, aber wenn wir nicht einiges Schuhleder beifügen, wird das Endergebnis das gleiche bleiben.

Hierzu möchte ich anmerken: Ich glaube daran, dass es gut ist, die Schrift auswendig zu lernen und das Wort Gottes zu zitieren. Das tue ich beständig und möchte es nicht minimieren. Ich möchte aber, dass wir verstehen, wir müssen mehr tun, als nur die Schrift zu zitieren. Wir müssen das gesprochene Wort anwenden, in unserem Reden, in unserem Denken und unserem Tun. Hier wird es in uns und durch uns zur Realität.

Wenn ich den Sinn Christi habe, ist nichts unmöglich. Als Gott dich erschuf, hatte er einen Grund, auch deinen Sinn zu schaffen. (Stell dir das vor!) Manchmal öffnet der Herr dir den geistlichen Raum, und es geschieht vollkommen spontan. Dank sei Gott für solche Momente, denn sie machen uns hungrig.

Er aber sprach zu ihm: „Du sollst den Herrn, deinen Gott, lieben mit deinem ganzen Herzen und mit deiner ganzen Seele und mit deinem ganzen Verstand." (Matthäus 22:37)

Vorstellung. *Dianoya.* Dies ist das erste und größte Gebot. Das erste Gebot mit einer Verheißung ist, den Herrn, deinen Gott, mit all deiner Vorstellung zu lieben. Wie kann ich das tun? Ich heilige sie und verwende sie für den von ihm beabsichtigten Gebrauch.

Lukas 12:29 (Einheitsübersetzung) sagt: *„Darum fragt nicht, was ihr essen und was ihr trinken sollt, und ängstigt euch nicht* (Vorstellung)*!“* Wie würdest du eine *ängstliche* Vorstellung definieren? Wenn ich immer Niederlage sehe, anstatt Sieg, immer Mangel anstatt Überfluss, immer Krankheit statt Gesundheit und Heilung, dann habe ich eine ängstliche Vorstellung.

Lesen wir die Zeitung oder ein Buch - ob Dichtung oder Sachbuch - werden Bilder in unserer Vorstellung geformt. Beim Lesen der Bibel geschieht auf gleiche Weise, dass wir automatisch Bilder in unserer Vorstellung über das Gelesene formen. Wir müssen lernen, in unserer Vorstellung allezeit die richtigen Bilder zu gebrauchen.

Auch euch hat er auferweckt, die ihr tot wart in euren Vergehungen und Sünden, in denen ihr einst wandeltet gemäß dem Zeitlauf dieser Welt, gemäß dem Fürsten der Macht der Luft, des Geistes, der jetzt in den Söhnen des Ungehorsams wirkt. Unter diesen hatten auch wir einst alle unseren Verkehr in den Begierden unseres Fleisches, indem wir den Willen des Fleisches und der Gedanken (Vorstellung) taten und von Natur Kinder des Zorns waren wie auch die anderen.

(Epheser 2:1-3)

Sind wir erlöst, aber fahren doch damit fort, unserer Vorstellung zu erlauben, zu etwas zurückzukehren und auf dem haften zu bleiben, was unsauber und der Schrift entgegen ist, leben wir erneut die Begierden unserer Vorstellung aus und kommen unter den Fluch der Kinder, die dem Zorn ausgesetzt sind. Verstehst du, wenn wir eine nicht geheiligte Vorstellung haben und ihr erlauben, überall hin zu wandern, dass wir dann damit flirten, Kinder des

Zorns zu werden? Wir müssen umsichtig sein, damit wir nicht am falschen Ort sind, getrennt von Heiligkeit und Reinheit, und lernen, das Prinzip einer geheiligten Vorstellung anzuwenden, um in die Fülle der Verheißung Seines Wortes einzugehen.

Deshalb umgürtet die Lenden eurer Gesinnung (Vorstellung), seid nüchtern und hofft völlig auf die Gnade, die euch gebracht wird in der Offenbarung Jesu Christi! (1. Petrus 1:13)

Umgürte die Lenden deiner Vorstellung – heilige sie, gebrauche sie in der Weise, wie es Gott vorgesehen hat – dann kannst du deine Hoffnung völlig auf der Gnade ruhen lassen, die dir durch die Offenbarung von Jesus Christus zuteilgeworden ist. Wie bekommst du die Offenbarung? Heilige die Vorstellung. Ein weiterer Weg besteht darin, wenn uns aufgetragen wird, uns Gott zu nahen und vor Seinen Gnadenthron zu kommen und in die Gegenwart der Gnade einzutreten. Fängst du an, dich dem Herrn mit den Augen deiner Vorstellung und deines Verständnisses zu nahen, kommt es öfter zu spontanen Handlungen.

Übung

Hast du schon einmal von Bruder Lawrence gehört oder in dem Buch *Practicing the Presence of God* („Die Anwendung der Gegenwart Gottes") über ihn gelesen, weißt du, dass er genau dies tat. Er setzte sein Herz und seine Gedanken beständig, den ganzen Tag, auf den Allerhöchsten. Was immer er tat, sein Herz und seine Gedanken waren auf Jesus fokussiert. Er sagte: Sei zu Beginn der Anwendung nicht entmutigt oder traurig, wenn deine Gedanken wandern; sie sind widerspenstig und undiszipliniert. Als er sich in dem Prozess der Disziplinierung befand, sei er nicht entmutigt oder niedergeschlagen gewesen; er hätte nur seine Gedanken immer wieder zurück auf den Herrn gerichtet. Während der ersten Jahre geschah es manchmal, dass seine Gedanken fünfzehn bis zwanzig Minuten abwanderten, und jedes Mal, wenn er sich dabei erwischte, brachte er seine Gedanken zurück auf den Herrn und dankte Ihm für Seine fortwährende Gnade bei der Disziplinierung seines Gedankenlebens.

Sei nicht entmutigt, wenn du nicht geübt bist; Anwendung bringt Kompetenz. Ziemlich bald wird sich dein Gedankenleben verändern. Nach einer Zeit hatte Bruder Lawrence tiefe Offenbarung und Intimität mit dem Herrn, und die Leiter seiner Zeit kamen, um sich raten zu lassen, um Einsicht aus dem Wort Gottes zu bekommen, und um Verständnis darüber zu erlangen, wer Gott ist. Es entwickelte sich eine derartige Intimität, auch in Übersee war zu hören, dass Bruder Lawrence Gott von Angesicht zu Angesicht kannte, wie einen Freund, so wie es bei Mose war.

Würde es dir gefallen, als eine Person in deiner Region bekannt zu sein, die Gott von Angesicht zu Angesicht kennt? Die Gemeinde dieser Zeit wird als Volk bekannt sein, das Gott von Angesicht zu Angesicht kennt.

Schließlich wirst du dahin kommen: Jedes Mal, wenn du zum Herrn kommst, wirst du vor seinem Thron sein. Wie? Durch den Gebrauch – übe deine Sinne. Es gibt ein altes Sprichwort bezüglich des Wortes Gottes, das im Wesentlichen aussagt, bist du einmal dort gewesen, wirst du wieder Zugang haben. Lehren wir darüber, werden die Menschen besonders aufmerksam, wenn ich mich mit dem Bereich des Geistes befasse, indem ich ihre Herzen und Vorstellungen auf Gott setze. Die meiste Zeit geschieht eine göttliche Freisetzung und die Menschen bekommen Visionen. Manche haben sogar eine Erfahrung mit dem dritten Himmel gemacht. Absichtlich unterbreche ich sie dann und sage: „Halt! Jetzt öffnet eure Augen."

Gewöhnlich schauen sie mich verwirrt oder ärgerlich an, denn sie haben sich schließlich mit dem Übernatürlichen auf eine Weise verbunden, wie sie es immer gewünscht hatten, und ich halte sie auf! Das Ziel der Übung ist ihnen zu demonstrieren, dass sie sich wieder verbinden und den ewigen Bereich erneut betreten können. In diesem Bereich gibt es keine Zeit! Es kommt nicht nur einmal vor, ein sich entfaltendes Erlebnis über die Zeit von vielen Tagen zu haben und sogar manchmal, über ein ganzes Leben.

Es ist wichtig das „Wie des Gebrauchs“ zu verstehen. Wir haben unsere Sinne durch das „Wie des Gebrauchs“ geübt. Der erneuerte Mensch spiegelt die Realität des Königreiches Gottes wieder, und eine Brücke ist erstellt. Wenn wir mit dem Bereich des Geistes fortwährend Verbindung aufnehmen, werden wir an einen Punkt unserer christlichen Erfahrung sehen müssen. Manche Menschen mögen sagen: „Warte mal. Ich bin mit dem Raum des Geistes durch Beten und Predigen und so weiter in Verbindung gekommen.“ Ich spreche über ein anderes Level deiner Reife in Christus, der Aktivierung in deine Bestimmung. Gott erlaubt uns heute mit dem geistlichen Raum zu kommunizieren, wie keiner Generation zuvor. Es gab Männer und Frauen in der ganzen Geschichte, die den Preis bezahlt haben und sich an diesen Ort der Intimität mit Gott hinein gepresst haben. Aber es hat noch niemals eine ganze Generation von Gläubigen gegeben, einen vereinten Leib, der diese Offenbarung ergriffen hat und darin gewandelt ist.

Was wird geschehen, wenn Gottes Volk in der Fülle dieser Offenbarung wandeln wird, und wir den Himmel auf Erden formen? Was wird geschehen, wenn wir mit zwei Bereichen gleichzeitig verbunden sind und darin als gereifte Söhne und Töchter Gottes wandeln? Die Welt hat noch niemals dergleichen gesehen.

Botschafter Christi

Es gibt ausländische Botschafter der Vereinigten Staaten, über welche die Vereinigten Staaten ein wenig entmutigt und niedergeschlagen sind, weil die Kosten für ihre Unterstützung zur Belastung für die Nation geworden sind. Es gibt die Kosten der Unterbringung, der medizinischen und zahnmedizinischen Versorgung, Transportkosten, die verschiedenen Mitarbeiter, die jede Botschaft braucht, sowie viele andere Ausgaben. Stimmt das?

Nein, es stimmt nicht. Betritt ein fremder Botschafter das Gelände, auf dem seine oder ihre Botschaft sich befindet, betreten sie eigentlich ihren eigenen Boden – sie befinden sich jetzt auf dem hoheitlichen Besitz ihrer eigenen Nation. Nicht nur das, das Gastgeberland unterstützt weder einen fremden Botschafter, noch zahlt es die Unkosten oder Unterhaltungskosten ihrer Botschaften. Die Regierung, welche sie repräsentieren, deckt und bezahlt jede Ausgabe, die durch jede Botschaft in jeder Nation, in der sie eine Niederlassung haben, anfällt. Es gibt Urlaubszeiten, wenn jeder Botschafter nach Hause gehen kann und Freunde und Familie besuchen kann. Wegen seines diplomatischen Reisepasses muss er nicht durch die gewöhnliche Sicherheitskontrolle gehen, die normale Reisepassbesitzer durchlaufen müssen.

Aber wir sind Botschafter von Jesus, dem Messias! Unsere Versorgungsquelle ist nicht von dieser Welt. Der Herrscher, den wir repräsentieren, und sein Königreich tragen die Lasten für unsere Unterstützung! Er sorgt für all unsere Nöte nach dem Reichtum seiner Herrlichkeit (siehe Philipper 4:19). Wir haben sozusagen einen diplomatischen Reisepass, denn wir sind Botschafter. Der Herr öffnet jede Tür, durch die ich gehen soll, und er schließt jede Tür, durch die ich nicht gehen soll. Nebenbei, als ein an Jesus Christus Glaubender, der die Staatsbürgerschaft des Himmels besitzt, kann ich von Zeit zu Zeit Urlaub und Besuche Zuhause machen. – Wo steht das im Wort?

Ich kenne einen Menschen in Christus; vor vierzehn Jahren – ist er im Leib gewesen? Ich weiß es nicht; oder ist er außer dem Leib gewesen? Ich weiß es auch nicht; Gott weiß es –, da wurde derselbe entrückt bis in den dritten Himmel. Und ich kenne denselben Menschen – ob

er im Leib oder außer dem Leib gewesen ist, weiß ich nicht; Gott weiß es –, der wurde entrückt in das Paradies und hörte unaussprechliche Worte, die kein Mensch sagen kann. (2. Korinther 12:2-4)

In Johannes 14:12 sagt Jesus, die Werke, die er tut, können wir auch tun, und größere Werke als diese, können wir tun, denn er geht zum Vater. Auch wurden wir zusammen mit ihm schon jetzt an himmlische Orte versetzt. – 1. Johannes 4:17 besagt: „*... so wie er ist, so sind wir in der Welt.*"

Es gibt viele Schriftstellen, die uns als das identifizieren, was wir jetzt sind und was uns gehört, aber das schon Gesagte soll reichen. Wo ist Er? Er ist dort. Das bedeutet, was Er gerade dort macht – Fürbitte leisten, einen Ort vorbereiten und mit diesem Raum kommunizieren – kann ich auch tun. So lautet das Wort Gottes! Falls du das noch niemals zuvor gehört hast, ist es gut, du befindest dich am richtigen Ort. Ich möchte dich provozieren. Komm aus der Kiste der Religion und Tradition heraus, die wir uns selbst geschaffen haben; geh ins Wort und lass Gott dir Leben einhauchen.

Sich hineinpressen

Eines der Haupthindernisse, die zu überwinden sind, ist dieses: Die meisten Menschen können sich nur für 12 bis 13 Sekunden auf eine Sache fokussieren, bevor ihr Verstand abwandert. Glaubst du es nicht, probiere es aus. Schließe genau jetzt die Augen, stell dir Jesus vor und bleib dran. Erkenne, wie lange du Ihn im Blick behalten kannst.

Wir müssen diszipliniert sein, und wir wachsen darin, wenn wir weiter üben. Schon bald wird der Verstand sagen: „Also, es ist einfacher, nicht dagegen anzugehen; lass es uns einfach so tun." Fokussieren ist eine echte Herausforderung. Es ist wichtig zu sehen, dass der Verstand den Geist unterstützen muss. Preist du Gott oder betest du, musst du deine Gedanken auf den Herrn und den Geist gerichtet lassen. Sobald die Verbindung hergestellt ist - sobald du genügend geübt bist, damit sich dieses in deinem Leben auswirkt - wirst du in den intuitiven Fluss kommen. So wird der Verstand (Vorstellung) benutzt, damit er hilft, mit dem Bereich des Geistes Verbindung aufzunehmen - er baut die Brücke.

Ich habe einen lieben Freund, der jetzt in Florida lebt. Er wird oft von Propheten besucht. Er sagte, wenn auch immer einer von ihnen in sein Haus kommt, möchten sie in der gleichen Ecke sitzen, weil sie sich dort hingezogen fühlen. Sie sagen: „Hier ist eine offene Tür." Sie sitzen nur da und denken über den Herrn nach. Sie bekommen beständig Visionen und Offenbarungen.

So fragte ich meinen Freund, ob ich auch kommen könne, um diesen selben offenen Himmel zu erfahren. Als er bejahte, kam ich und saß im selben Sessel, wie diese bewährten Männer Gottes. Zuerst fiel es mir schwer, mich zu konzentrieren und still zu bleiben, als ich mein Herz und meine Gedanken auf den Herrn lenkte, aber ich hielt durch. Ich dachte, wenn jene Propheten Gottes sagten, dass hier etwas sei, bleibe ich solange, bis ich mit dem Herrn verbunden bin!

Mein Freund lachte nur und sagte: „Mach weiter, ich lass dich allein." Ich saß dort über eine Stunde lang und forderte meinen Verstand auf, fokussiert zu bleiben, bis ich auf einmal Licht sah. Zu dieser Zeit war es für mich ungewöhnlich, deshalb öffnete und schloss ich meine Augen um „die Datenbank aufzuräumen" und klar zu stellen, dass ich mir nichts einbildete. Als ich meine Augen wieder schloss, sah ich immer noch das Gleiche: Es war genau dasselbe Bild.

Ich dachte: „Ich werde etwas in Anspruch nehmen. Ich werde durchbrechen." Als ich fortfuhr, mein Herz und meinen Sinn auf den Herrn zu richten, wurde dieses Licht heller und heller, bis es so aussah, als würden Schleier weggezogen. Schließlich konnte ich etwas erkennen. Es war, als wäre ich in einem Wald und schaute durch die Zweige auf eine offene, sonnige Wiese.

Dann bekam ich den Schock meines Lebens! Nachdem ich mich durch den „Wald" geschlagen hatte, stand ich auf einer Ebene und überblickte die Stadt Gottes. Ich war völlig verwundert, nicht nur von dem, was ich sah, sondern auch von dem ganzen Ablauf.

Ich erhob mich aus dem Sessel, ging umher, und dachte an einen Zufall oder meine eigene Vorstellung hätte sich dies erdacht, denn ich wollte nur den Herrn erfahren. Nach einiger Zeit setzte ich mich wieder. Erinnerst du dich an meine Aussage? Bist du einmal dort gewesen, hast du erneut Zugang. Dieses Mal brauchte ich keine Stunde, um mich durch Schleier des Fleisches und der Vernunft zu schlagen; sofort erlebte ich die gleiche Vision.

Ich überlegte: „Wenn ich im Natürlichen in einem so offenen Raum wie diesen bin, kann ich 360 Grad weit um mich schauen." Deshalb begann ich mich umzusehen und stellte fest, ich kann auch diesen Raum über 360 Grad weit erfassen. Das war absolut verblüffend!

Wieder stand ich auf und ging umher, versuchte dem Erlebten einen Sinn zu geben. Eine ganze Woche wiederholte ich die gleiche Prozedur, mich fragend, ob dies wirklich geschah, oder ob ich es mir nur einbildete. Jedes Mal, wenn ich mich in diesen Sessel setzte, stand ich wieder an diesem unermesslich weiten Platz, welchen ich jetzt als Paradies kenne, und schaute auf die Stadt Gottes.

Ich dachte: „Herr, ich erlebe *etwas*, aber du musst mir zeigen, wo dies in deinem Wort steht." Ein Erlebnis ohne biblische Grundlage ist nur eine hervor sprudelnde Täuschung. Viele Menschen kommen mit diesen tiefen Erlebnissen, die nicht auf dem soliden Wort Gottes gegründet sind. All diese Erfahrungen sind mit Vorsicht und Verantwortung zu genießen. Es ist besser, du nimmst dir die Zeit, meditierst darüber und gehst in das Wort Gottes. Dann kannst du belegen oder widerlegen, ob das Erlebte real ist oder nicht. Das ist weise.

Aber auch dies will ich betonen: Der erlebnisreiche Mensch kann keine Gnade vom theologischen Menschen erhoffen. Du kannst mir erzählen, übernatürliche Erlebnisse und Offenbarungen des dritten Himmels, wie die meinigen, seien unbiblisch oder nicht für heute gedacht. Meine Antwort ist einfach: Solche Erlebnisse sind nicht nur biblisch begründet und für heute, das Wort Gottes ist zudem reichlich versehen mit Beispielen anderer, die ähnliche Erlebnisse hatten! Ich war buchstäblich dort, habe das getan, und ich habe das Wort, um es zu belegen.

Weiter forschte ich in der Schrift und betete zum Herrn, mir weiterhin Einsicht zu gehen, was die Bibel dazu sagte. Ich übte also weiter, und dann brachte Er mich hinsichtlich des Gesetzes der ersten Erwähnung zu 1. Mose 28. Wir sind nichts anderes als das Haus Gottes und die Tür zum Himmel (siehe 1. Mose 28:17). Wir können die Engel Gottes hinab- und hinaufsteigen sehen, und wir können mit Ihm *von Angesicht zu Angesicht sprechen.*

Was verschleiert dann noch unsere Perspektive und blockiert unsere Sicht? Fleisch, Stolz, ein religiöser Geist, Unglauben - wir können die ganze Liste aufzählen. Es gibt Zeiten, in denen dir der Herr etwas zeigt, was du keinem anderen mitteilen sollst; es ist persönlich. Auf der anderen Seite geschieht die Offenbarung für gewöhnlich zum Nutzen anderer wie zu deinem eigenen, wenn Er etwas mitteilt.

Sein Wort mitteilen

In den Vereinigten Staaten gibt es einen gut bekannten Propheten, der seine eigene „Sprache“ zu Gott entwickelt hat, was zulässig ist. Eine der Arten, wie er die Gabe eines Einzelnen erkennt, der zum Gebet nach vorne kommt, ist ziemlich einzigartig – falls du ein Apostel bist, zuckt sein Daumen. Falls du ein Prophet bist, zuckt sein Zeigefinger; die anderen Finger stehen für die weiteren Dienstgaben. Hörst du ihn sagen: „Mein Zeigefinger zuckt, du bist ein Prophet", denkst du erst einmal: *Was in aller Welt soll das?*

Meine Schwester hörte etwas dergleichen und dachte an New Age. Aber ich sagte: „Nein, es handelt sich nur um einen Kommunikationsmangel. Die „Sprache", welche er mit dem Herrn entwickelt hat, ist eine zulässige Sprache. Gott sagt: „Wenn ich jemanden vor dich stelle, weißt du so, dass er eine bestimmte Berufung hat. Verstehe, das ist unsere Sprache." Genauso wie er gesagt hat „Mein Finger zuckt", hätte er sagen können: „Der Herr sagt mir dieses. Du hast eine Berufung von Gott auf deinem Leben, und diese ist es."

Diese Sprache ist zulässig; trotzdem muss sie auf eine solche Weise dargebracht werden, dass Menschen nicht abgeschreckt, sondern in der Lage sind, die beabsichtigte Botschaft zu akzeptieren. Ich könnte dich ansehen und sagen: „Hinter dir steht ein Engel, der dies und jenes tut", aber warum sage ich nicht nur, was Gott sagt? Es ist genauso stichhaltig, aber darstellbarer, und Menschen können es entgegennehmen, anstatt den anderen gruseligen geistlichen Quatsch. Weil Visionen Sprache sind, müssen wir die uns vom Herrn gegebene Wahrheit und Offenbarung in einer angenehmen Weise weitergeben, damit andere Einsicht erlangen können und gesegnet sind. Sonst ist keinem, außer uns selbst, geholfen.

Bitte den Heiligen Geist zu Anfang um Hilfe, um ein Bild zu formen und fange dort an. Sobald du trainierst, kommt Klarheit, denn die Aktivierung geschieht mitten in deiner Übung. Dann werden deine Augen geöffnet, um Ihn klar zu sehen. Alle haben einen anderen Startpunkt, denn jeder spricht mit dem Herrn auf eine andere Weise, und diese Art der Sprache haben wir über die Jahre entwickelt. Deshalb erhält jeder ein anderes Bild, mit dem er anfängt. Ist es deshalb nicht zulässig? Nein! Unsere individuellen Gedanken über das Aussehen von Jesus sind ein genauso zulässiger Startpunkt, wie das empfangene Jesus-Bild eines anderen. Sorge dich nicht, zu Beginn ein perfektes Bild zu haben. *Erinnere dich – fokussieren, verbinden, aktivieren.*

In den Spiegel sehen

Wir beginnen mit der Anwendung des Blutes Jesu. Nichts, was dem Wort, Herzen und Willen des Vaters entgegengesetzt ist, kann die Blutlinie durchkreuzen. Ich glaube an die Kraft Gottes. Jede Stimme, die nicht von Gott ist, wird zum Schweigen gebracht. Ich muss dahin kommen, zu vertrauen und zu glauben, dass mein Vater im Himmel, der sagt, dies ist mein Erbe und meine Bestimmung, mich segnen wird. Denn die Bibel sagt, wenn ich Ihn um einen Fisch bitte, wird Er mir keinen Stein geben. Ich muss Ihm vertrauen.

Wir befinden uns jetzt auf festem Boden, denn es hat den Vater gefreut, Seinen Kindern das Königreich zu geben. Als Seine Kinder bitten wir und agieren in dem, was uns gehört (das unsere finden wir im Wort). Er ist über uns erfreut und begeistert, so wie ein irdischer Vater begeistert über seine Kinder ist, wenn sie anfangen zu entdecken, was er für sie bereitgestellt hat.

Fokussieren ist eine wahre Herausforderung. Der Gedanke, dass der Verstand dem Geist hilft, ist sehr wichtig. Lobst du Gott und betest, musst du deinen Sinn auf den Herrn und auf die Dinge des Geistes richten. Josua 3:5 besagt: *„Heiligt euch selbst."* Wer muss das tun? Du! Du musst dich selbst heiligen! Ein Teil dieser Heiligung sind unsere Gedankengänge – unser Verstand, unser Willen und unsere Gefühle. Unser Verstand beinhaltet auch unsere Vorstellungen.

Wir müssen unsere Sinne heiligen. Hier kommt ein Hauptschlüssel:

Ich ermahne euch nun, Brüder, durch die Erbarmungen Gottes, eure Leiber darzustellen als ein lebendiges, heiliges, Gott wohlgefälliges Opfer, was eurer vernünftiger Gottesdienst ist. Und seid nicht gleichförmig dieser Welt, sondern werdet verwandelt durch die Erneuerung des Sinnes, dass ihr prüfen mögt, was der Wille Gottes ist: das Gute und Wohlgefällige und Vollkommene. (Römer 12:1-2)

Das Wort in Römer 12:2 was für *verwandelt* benutzt wird, ist dem Wort in Markus 9:2 gleich, wo davon gesprochen wird, wie Jesus vor seinen Jüngern *umgestaltet* wird. Das Wort ist *metamorpho*, was bedeutet: „umgestaltet werden, verwandelt werden, oder die Form verändern."[18]

Sobald ich genaue Bilder vom Königreich Gottes in meiner geheiligten Vorstellung formen kann – wenn ich in diesen Spiegel sehe – sehe ich Christus in mir und mich selbst in Christus, und ein Umwandlungsprozess beginnt. Ich werde in Einklang mit dem Bild Christi gebracht. Unsere ultimative Bestimmung ist, völlig mit Seinem Bild und Seiner Gestalt übereinzustimmen. Deine Lebensbestimmung ist, in Sein Bild verwandelt zu werden. „Umgestaltet" ist das gleiche Wort, das benutzt wurde, als Jesus umgestaltet wurde. Durch eine erneuerte Vorstellung können wir ebenso eine vollständige Umgestaltung erfahren.

Das Gute bei den Verheißungen Gottes ist, dass er nicht sagte: „Ich werde dich nur bis hierhin mitnehmen – und dann Pech gehabt." Wenn uns der Herr gewaltig große und kostbare Verheißungen gibt, können wir nicht nur sehen und schmecken, dass Gott gut ist. Wir können in diese Verheißungen eintreten und werden zu dem, von dem Er sagt, dass wir es sind. Wenn Er sagt, wir können durch die Erneuerung unserer Vorstellung verändert und verwandelt werden, meint Er genau das, was Er sagt!

18 James Strong, Strong's Exhaustive Concordance, #3339.

6

Der lebendige Leib Christi

Jahrelang war mein Gebet: „Herr, ich möchte so sein wie Jesus; alles von dir und nichts von mir." Über *Jahre* war dies der leidenschaftliche Schrei meines Herzens – und ist es immer noch. Eines Tages predigte ich in Libby, Montana, und wurde freundlicherweise von einem Ehepaar aufgenommen, die seitdem gute Freunde von mir sind. Die Frau des Hauses ist äußerst prophetisch mit einer ungewöhnlichen Gabe. Wenn der Herr zu ihr spricht, tut Er es immer, wie sie es nennt, in farbigen „3D-Filmen".

Als ich sie am ersten Abend traf und in ihrem Haus übernachtete, kannte ich sie noch nicht richtig. Während dieses ersten Gottesdienstes am Abend hatte ich ein prophetisches Wort für sie. Als ich ihr diente, sprach der Herr zu meinem Herzen und zeigte mir, dass sie morgens ein prophetisches Wort für mich hätte. Natürlich wunderte sie sich, was ich so lustig fand; deshalb musste ich ihr erzählen, was der Herr meinem Herzen mitgeteilt hatte.

Als ich am nächsten Morgen aufgestanden war, sagte sie: „Nimm deinen Kaffee, komm und setz dich hin." Ich war ein wenig erstaunt, denn ich hatte vergessen, was mir der Herr am Abend zuvor gesagt hatte. Deshalb nahm ich einen Kaffee, und setzte mich, um mit ihr zu plaudern. Als ich es mir bequem gemacht hatte, teilte sie mir mit, was ihr der Herr während der Nacht über mein Leben gezeigt hatte.

In einer Vision sah sie mich und Jesus Seite an Seite durchs Leben gehen, als ich plötzlich im Körper von Jesus verschwand. Er ging ein bisschen weiter voraus, dann drehte Er sich um und lächelte sie an. Sie sagte, sie hätte Jesu Gesicht gesehen, aber Er hätte meine Augen gehabt.

Dann wandte Er sich um und ging weiter die Straße entlang. Nach einer kurzen Zeit drehte Er sich wieder um und lächelte; aber sie sagte, als Er sie dieses Mal anlächelte, gab es von mir keine Spur mehr; es waren Seine Augen, mit denen Er sie anschaute. Anders gesagt, alles war von Ihm und nichts von mir.

„Ergibt das einen Sinn?“, fragte sie. Ich teile ihr mit, dass ich jeden Abend vor dem Einschlafen unter anderem betete: „Alles von dir, und nichts von mir, Herr. Ich möchte nur sein wie Jesus.“

Ich war begeistert und gesegnet, wie der Herr durch ihr prophetisches Wort die Erhörung meiner Gebete offenbart hatte, und Sich sogar dort um meine Herzenswünsche kümmerte. Jetzt hatte ich ein Bild – einen Orientierungspunkt für meine geheiligte Vorstellung! Immer wenn ich nun mein Herz und meine geheiligte Vorstellung auf den Herrn ausrichtete, würde ich sehen, was mir meine Bekannte beschrieben hatte.

Alles von Ihm, nichts von mir

Vor ein paar Jahren dienten meine Frau und ich in Belfast, Nordirland, genau zu der Zeit des Rosch ha-Schana, dem jüdischen Neujahr, welches gewöhnlich auf September oder Oktober fällt. Rosch ha-Schana war für mich in den letzten neun Jahren eine Zeit bedeutungsvoller Klarheit im übernatürlichen Bereich, denn währenddessen erlebte ich jedes Jahr Heimsuchungen von Gott. Während des ganzen Jahres hatte ich andere Erscheinungen und Visionen, aber wenn Er mich während des jüdischen Neujahres aufsuchte, sagte Er mir, was Er zu dieser Zeit für den Leib Christi freisetzen wollte.

Während dieses Abends sah ich im Lobpreis einen 3,60 m großen Engel auf der Bühne stehen, der eine lange goldene Trompete blies. Ich wunderte mich, was geschehen würde; deshalb fragte ich den Herrn: „Was sagst du?“

Er sagte: „Es ist Rosch ha-Schana.“

Als Er dies sagte, öffneten sich augenblicklich über der Bühne die Himmel, und weil die Herrlichkeit Gottes in einem derartigen Glanz schien, musste ich mein Gesicht abwenden. Ich wusste, ich konnte nicht in Seine Herrlichkeit schauen, ohne Schaden an meinen natürlichen Augen zu nehmen; als ich mich allerdings umwand, sah ich die Gestalt von Jesus im Thronraum des Himmels stehen, und Er sagte: „Komm herauf."

Sofort begann jedes Atom meines Körpers so zu schwingen, als würde alles in einer unvorstellbaren Frequenz vibrieren, und ich wurde von einer großen Begeisterung und Ehrfurcht ergriffen. Voller Bewunderung und Anbetung befand ich mich umgehend ausgestreckt vor dem Thron Gottes liegend.

Irgendwann war ich schließlich fähig aufzustehen und nahm meine Umgebung wahr. Du musst jetzt verstehen, der Thron Gottes und das gläserne Meer vor dem Thron Gottes sind weit entfernt von jeder menschlichen Vorstellung. So weit das Auge sehen konnte (und es kann in diesem Bereich sehr weit sehen), erstreckte sich von Seinem Thron aus in jeder Richtung diese unermessliche Weite aus einer Substanz bestehend, die nach ihrer Struktur und Transparenz mit Glas vergleichbar ist. Sein Thron ... wie kann ich Seinen Thron beschreiben? Er war erbaut aus etwas, das wie eine solide Substanz aussah, und zur gleichen Zeit einer Wolke der Herrlichkeit glich. Er war sowohl greifbar als auch ätherisch. Es mag seltsam klingen, aber der Thron betete an und sang fortwährend das Lob Gottes. Alles, in diesem Bereich stimmt in gewisser Weise in den Lobpreis für den ein, der auf dem Thron sitzt.

Zu sagen, dass alles Licht war, wird dem nicht gerecht, was ich erlebte. Aber es gab dort keinerlei Dunkelheit - weder Schatten noch eine Schattierung, die Dunkelheit überhaupt andeuten würde. Es gibt keine Schwere, die von den Sorgen des Lebens kommt, wie wir es auf Erden kennen. Es war der höchst überwältigende und begehrenswerteste Ort, den man sich wünschen könnte, und dennoch wusste ich, dass der Herr mich in Seiner Gnade vor der Fülle des Lichtes, Lebens und Herrlichkeit beschützte, die man dort erfahren kann. Denn ich hätte eine derartige Heiligkeit, Reinheit und Kraft nicht aushalten können, während ich noch in diesem sterblichen Leib war.

Ich erhob mich, und aus irgendeinem Grund standen nur ungefähr 400 Menschen mit mir vor dem Thron. Sie kamen aus jeden Stamm, jeder Sprache und jeder Nation und repräsentierten die ganze Menschheit. Ich schaute zum Vater auf dem Thron und erkannte, ich konnte Sein Angesicht nicht sehen; stattdessen war Er von einer Wolke der Herrlichkeit bedeckt, und ich wusste, dies galt unserem Schutz.

Während ich in Ehrfurcht dastand und zu Seinem Thron schaute, hob Er Seinen rechten Arm und streckte ein Zepter zu dieser Gruppe aus. Seine Stimme sprach heraus aus Seiner Gegenwart (das ist die einzige Art, wie ich die hier erfahrene Kommunikation beschreiben kann): „Ich will euch jede Bitte gewähren, sogar bis zur Hälfte des Königreiches."

Ich muss dir erklären, dass ich im Zuge meines Lebens viele unbeantwortete Fragen vor dem Herrn ausgebreitet habe. An diesem Abend wollte ich eine Menge Fragen vor den Thron der Gnade bringen und den Herrn um Einsicht, Weisheit und Richtungsweisung ersuchen. Als ich mich selbst in dem Thronraum des Himmels wiederfand und der Vater anzeigte, dass Er meiner Bitte bis zur Hälfte des Königreiches nachkommen würde, fand etwas Außergewöhnliches statt. Alles von mir als wichtig Erachtete – jedes Ersuchen und jede Bitte – verschwand.

Als der Herr jenes Zepter ausstreckte und das Versprechen gab, kam aus meinem Inneren als einzige Entgegnung: „Alles von dir und nichts von mir. Ich möchte nur wie Jesus sein." Es gab weder Zögern noch irgendeinen Gedanken an meine Liste von Fragen und Bitten.

Drei Mal streckte der Herr Sein Zepter aus, und drei Mal kam meine Antwort ohne Zögern: „Alles von dir und nichts von mir. Ich will nur wie Jesus sein."

Nach diesem dritten Mal wurde mir wieder meine Umgebung im Lobpreis dort in Belfast bewusst. In diesem Moment dämmerte es mir, der Herr hätte mir in Seiner Großzügigkeit jeden meiner Herzenswünsche erfüllt, doch nicht eine dieser so „wichtigen" Bitten war mir überhaupt in den Sinn gekommen.

Geistliche Waffen

Aus dieser Erfahrung konnte ich einige Einsichten gewinnen. Ich erfuhr, dass der Herr während dieser Zeit eine Generation hervorruft, deren einzige Leidenschaft darin besteht, Jesus nachzueifern und so zu sein, wie Er, der reife Sohn Gottes, ist. Wir werden in dieser Zeit eine mündige Generation hervorkommen sehen.

Ich habe erkannt, das Bedeutende und Wichtige für uns ist oftmals nicht des Vaters Leidenschaft. Wir müssen unterscheiden lernen, was seine Wünsche für unsere Leben sind und diesen folgen. Lernen wir uns durch den Geist führen zu lassen, werden wir die Erfüllung Seiner Absichten in unseren Leben und auf dieser Erde erkennen. Es ist nicht falsch, Bitten und Fragen zu haben, und Ihn um Antworten zu suchen. T*rotzdem müssen wir einwilligen, unsere Bedürfnisse und Wünsche für Seine beiseite zu legen.*

Ich verstand, der Ausdruck „alles von dir und nichts von mir" hatte mit meinem Charakter zu tun. Wir werden unsere Persönlichkeit behalten, denn diese macht uns einzigartig, aber wir werden unsere Individualität verlieren und wie Christus sein. Wir werden in königlicher Autorität wandeln, mit dem geistlichen Bereich kommunizieren, und alles werden, was Gott über uns sagt.

Als ich über das gerade Geschehene nachdachte, noch in der Haltung der Anbetung und meine Hände im Lobpreis gehoben, nahm ich plötzlich ein Brennen im rechten Ringfinger wahr. Ich öffnete meine Augen, schaute auf meine rechte Hand und sah, dass Gott mir einen Siegelring an den Finger gesteckt hatte.

Ich muss wiederholen: Diese Erfahrung galt nicht nur mir, sondern der Herr redete zum ganzen Leib Christi und setzte diesen frei. Der Siegelring bedeutet Autorität. Er spricht von einem kommenden Zeitalter für die Familie, zu der du gehörst. Seitdem zeigt er: Sobald du privilegiert bist, den Ring zu tragen, steht das Haus, dem der Ring gehört, hinter allem, was du sagst und tust. Er spricht von Reife. Wir bewegen uns von der „Gib mir!“-Mentalität zur „Mach mich“-Realität! Mach mich zu was? Mach mich wie Jesus, welcher der Erstgeborene unter vielen Brüdern ist.

Stellt auch nicht eure Glieder der Sünde zur Verfügung als Werkzeuge der Ungerechtigkeit, sondern stellt euch selbst Gott zur Verfügung als Lebende aus den Toten und eure Glieder Gott zu Werkzeugen der Gerechtigkeit. (Römer 6:13)

Um wortgetreu zu sein, eure Glieder - eure Sinne - sollten Gott als Waffen der Gerechtigkeit zur Verfügung stehen. Denn wir kämpfen nicht gegen Fleisch und Blut; wir müssen unsere geistlichen Fähigkeiten, Gaben und Sinne Gott geben. Ein Teil dieser Hingabe ist unsere geheiligte Vorstellung. Stehst du morgens auf, gehe zu Römer 6:13 und bete: „Herr, ich heilige meine Augen, und ich gebe sie Dir als ein Werkzeug der Gerechtigkeit. Ich heilige meine Ohren; ich heilige meine Zunge; ich heilige meinen Geruch, meinen Tastsinn, meine Vorstellungen und meinen logischen, vernünftigen Sinn. Vater, heute gebe ich sie Dir als Werkzeuge der Gerechtigkeit.“

Die mit einem festen Sinn umgibst du mit Frieden, weil sie ihr Vertrauen auf dich setzen. (Jesaja 26:3 – Neues Leben Übersetzung)

Dieses Wort für *Sinn* ist im Hebräischen sehr interessant. Es ist das hebräische Wort *yetser*, und bedeutet „was in der Vorstellung geformt ist.“[19]

Umschreibt man Jesaja 26:3 würden wir lesen: *„Du wirst den in perfektem Frieden halten, dessen Vorstellung genaue Bilder von dir formt, was Vertrauen in dich widerspiegelt.“*

Es gibt eine eindeutige Verbindung zwischen der Reinheit des Herzens und geistlicher Sensibilität für die Schrift. Wir wissen, unser Kampf ist nicht auf fleischlichen Waffen gegründet, denn wir haben keinen fleischlichen Feind. Wir kämpfen nicht gegen Fleisch und Blut.

Denn die Waffen unseres Kampfes sind nicht fleischlich, sondern mächtig für Gott zur Zerstörung von Festungen; so zerstören wir überspitzte Gedankengebäude (Vorstellungen), und jede Höhe, die sich gegen die Erkenntnis Gottes erhebt, und nehmen jeden Gedanken gefangen unter den Gehorsam Christi. (1. Korinther 10:4+5)

Fleischliche Waffen haben im Himmel keine Macht. Sogar eine Nuklearexplosion besitzt keine Macht, wenn es zu einem geistlichen Kampf kommt. Gott hat unsere Waffen ermächtigt, um Festungen zu zerstören. Der Schlüssel für diesen Kampf besteht in der Ermahnung, Vorstellungen und jede Höhe niederzureißen, die sich gegen die Erkenntnis Gottes erheben.

Schlüssel, um zu sehen

Das Schlachtfeld ist nicht außen; es liegt im Inneren. Der Kampf ist kein äußerer Kampf; er ist innerlich. Er hat mit der Disziplinierung deines Sinnes und Gedankenlebens zu tun, um das Gedankenleben mit dem Willen Gottes, den Absichten Gottes und dem Wort Gottes in Einklang zu bringen. Matthäus 5:8 sagt: *„Glückselig, die reinen Herzens sind, denn sie werden Gott schauen.“*

19 James Strong, Strong's Exhaustive Concordance, #3336.

Die meisten von uns tendieren dazu, in die Vergangenheit zurück zu schauen und daran zu denken, wie wir an der „Reinheit im Herzen" vor Jahren vorbei gegangen sind. Das entspricht nicht nur nicht der Wahrheit, es ist auch nicht schriftgemäß. Wenn du von neuem geboren bist und im Blut Jesu gewaschen, hast du keine Vergangenheit – du hast ein reines Herz! Altes ist vergangen, und *alles* ist neu geworden (siehe 2. Korinther 5:17)! Habe ich gesündigt, habe ich vor 10 Minuten etwas dem Wort Gottes entgegen Gesetztes getan – aber dann meine Sünde bekannt und Buße über diese Sünde getan, besitze ich ein reines Herz. Das Kriterium ist das Blut Jesu. Wir alle haben Zugang zum Blut Jesu durch das Kreuz und durch das, was Er für uns tat; deshalb sind wir rein und gewaschen. Unsere Sünden wurden so weiß wie Wolle.

Gemäß dem Wort Gottes und durch die Reinigung mit dem Blut des Lammes haben wir reine Herzen – deshalb bist du berechtigt und kannst sehen. Noch einmal, für gewöhnlich begrenzen wir dies darauf, wenn wir gestorben sind (Gesegnet sind die Reinen im Herzen, denn sie sollen Gott sehen.) – Doch das ist nicht, was das Wort sagt.

In diesem Zusammenhang steht für das Wort sehen im Griechischen *optanomai*, was bedeutet: „mit weit offenen Augen auf etwas Beachtliches sehen." Dies ist das gleiche griechische Wort, von dem wir das Wort *Optiker* ableiten. Wir setzen Brillengläser oder „geistliche Brillen" auf, welche uns befähigen, mit weit offenen Augen auf etwas Bemerkenswertes zu schauen. Beginnst du in den Bereich des Geistes zu schauen, ist dies bemerkenswert. „Gesegnet sind die im Herzen rein sind (das bist du), denn du sollst *sehen.*"

Es zeigt uns den Zusammenhang zwischen einem reinen Herzen und der Kenntnis Gottes. Wir wollen ein reines Herz haben. Du wirst nicht nur Gott sehen, sondern auch gesegnet sein, denn jetzt bist du von der Welt gereinigt. Was deine Aufmerksamkeit auf sich zieht, hält dein Herz gefangen. Auf was du dich fokussierst, mit dem wirst du verbunden. Sprüche 22:11 sagt: *„Wer Reinheit* *des Herzens liebt, wessen Lippen wohlgefällig reden, dessen Freund ist der König.*" Deshalb schmückt Reinheit des Herzens die Rede deines Mundes; denn aus der Fülle des Herzens spricht der Mund, und der König wird dein Freund sein.

Wenn wir darüber reden, den Herrn von Angesicht zu Angesicht kennen lernen zu können, und über das Abenteuer, wie ich den Herrn erfuhr, möchte ich dich, den Leser, herausfordern, dem Herrn für alles zu glauben, was Er für dich hat. Meine Erfahrungen kamen durch eine leidenschaftliche Nachfolge Gottes hervor. Es geschah durch Beten, Fasten und durch das Studieren des Wortes. Ich teile diese Erfahrungen mit, so wie dich die Bibel mit dieser einfachen Tatsache provoziert und ermutigt - *dieses gehört jedem Gläubigen!*

Das Feuer Seiner Gegenwart

Dazu passend möchte ich ein weiteres Erlebnis beschreiben, das einige Jahre zurückliegt. Zu der Zeit predigte ich in einer Gemeinde in Kirkland, Washington. Während des Lobpreises hörte ich ein Geräusch, das mich an ein aufheulendes Hilfstriebwerk eines Düsenflugzeugs erinnerte, und sich über den Klang des Lobpreises erhob. (Ein Hilfstriebwerk wird gebraucht, um die Motoren einer Düsenmaschine, wie eine Boeing 747, zu starten). Zu dieser Zeit hatte ich meine Augen geschlossen, und ich wunderte mich, woher nur dieser Krach kam, denn wir befanden uns kilometerweit von einem Flugplatz entfernt. Als ich meine Augen öffnete, befand sich auf der Bühne vor mir eine Feuersäule - die Gegenwart Gottes. Ich hörte, bevor ich sah (zwei Sinne).

Es war wirklich beeindruckend! Nie zuvor hatte ich so etwas gesehen oder gehört. Natürlich hatte ich die biblischen Berichte über die Wüstenwanderung gelesen und über die Wolkensäule am Tag und die Feuersäule bei Nacht, aber ich hatte niemals erwartet, diese Manifestation selbst zu erleben.

Während ich diesen Anblick voller Begeisterung aufnahm, und mich fragte, was der Herr tun würde, sah ich zur Rechten der Feuersäule Jesus auf dem Thron. Als ich voller Ehrfurcht auf Ihn schaute, stand Er auf. Über die Jahre war ich durch Angesicht-zu-Angesicht-Begegnungen mit Jesus gesegnet worden, wobei Er sich selbst durch viele Facetten seines Charakters offenbart hatte: Ich traf Jesus, den Heiler, als Er während einer für mich sehr schweren Zeit kam und eine heilende Salbe über mir ausgoss; ich traf Jesus, den Tröster, der mich tröstete und mich während meiner Trübsal hielt. Ich hatte viele Stunden mit Jesus, meinem besten Freund, verbracht. Trotzdem entdeckte ich an diesem Abend eine neue Facette Seines Charakters. An diesem Abend traf ich Jesus, den Herrn der Herrlichkeit – Jesus, den Löwen aus dem Stamme Juda!

Er stand auf und schaute mir geradewegs in die Augen und sagte: „Berichte ihnen!“ In dem Moment, als Er das sagte, kam die Furcht des Herrn auf mich, und ich dachte, ich müsse auf der Stelle tot umfallen. Jede Zelle meines Körpers zitterte aus Ehrfurcht vor Gott.

Er fuhr fort: „Teile ihnen mit, das Gefäß ihrer Fürbitte ist fast voll, und sobald es gefüllt ist, beginne ich das auf diese Region auszugießen, um was sie meinem Geist entsprechend gebeten haben.“ Das war ein Befehl aus dem Munde des Herrn; es war keine Bitte! Ich konnte kaum warten, bis der Pastor mich freisetzte, damit ich tun konnte, was mir aufgetragen war.

Ich schaute weiter auf die Feuersäule, stand dort und zitterte vor Ehrfurcht, wartete auf das Ende des Lobpreises, damit ich das Aufgetragene tun konnte. Die Gegenwart Gottes war so greifbar, es war wie in einer Atmosphäre aus warmem Honig – so zäh, es war schwer, sich zu bewegen.

Ich sagte meinem Freund John: „Geh auf die Bühne!“

Er fragte: „Warum?“

Ich sagte ihm: „Die Gegenwart des Herrn ist dort.“

Deshalb ging er auf die Bühne zu, und als er etwa zwei oder drei Meter von der Feuersäule entfernt war, fiel er augenblicklich aufgrund der Kraft Seiner Gegenwart zu Boden.

Ich war fasziniert, diese übernatürliche Manifestation der Feuersäule zu sehen und zu hören, und dann ihre Auswirkungen auf eine Person im Natürlichen wahrzunehmen. Deshalb bewegte ich mich zu einem anderen Freund, Roy, und sagte: „Hey, geh nach oben, Gott ist dort!"

Roy ist jemand, der leidenschaftlich und hungrig nach Gott ist, und so bewegte auch er sich auf die Bühne zu. Wieder sah ich, als er etwa zwei oder drei Meter von der Feuersäule entfernt war, dass er unter der Kraft von Gottes Gegenwart fiel.

Ich sandte weiterhin Menschen in Richtung Feuersäule, um Gott auf diese spürbare Weise zu erleben, als der Pastor zu mir kam und sagte: „Wenn dies abgeschlossen ist, mach einfach weiter und beginne zu predigen."

Als ich mich der Bühne näherte, wusste ich nicht, wie ich mich überhaupt aufrecht halten sollte. Es gab vier Stufen zum Pult, und es war die schwierigste und anstrengendste Reise meines Lebens! Als ich schließlich in der Lage war, das Pult zu erreichen, hielt ich mich mit aller Kraft daran fest, um nicht umzufallen. In diesem Moment stand ich in der Feuersäule, der manifestierten Gegenwart Gottes. Jedes Atom meines Körpers surrte oder schwang, als würde ein Strom purer Energie durch mich fließen. Nur durch Gnade konnte ich predigen.

Als ich sprach, jagten Wellen der Salbung und der Kraft durch mich und flossen aus mir heraus. An diesem Tag wuchs mein Respekt, und ich bekam ein neues Verständnis über die Kraft seiner Gegenwart und die Furcht des Herrn. Ich spreche über keine fleischliche Angst. Die Furcht des Herrn ist eine Ehrfurcht, ein Respekt, eine Verehrung für Ihn. Es ist eine Intimität, die ich in diesem Ausmaß noch nie erfahren hatte.

Diese Erfahrungen veränderten mein Leben drastisch und halfen mir zu verstehen, wer Er ist. Es half, meinen Charakter zu bilden und begann mit einer Leidenschaft für Ihn. Es kommt durch die Anwendung des Wortes Gottes hervor, so wie ich es in diesem Buch beschrieben habe. Das ist nicht der Bereich für die wenigen mystischen Auserwählten, welche die Spitze der geistlichen Reife erreicht haben. Dies gehört jedem Kind Gottes!

Beginne mit einem reinen Herz

Welche Gaben du auch haben magst, sie alle werden verbrennen und vergehen – ob du nun nach unten oder nach oben gehst. Du brauchst keine Heilung, Prophetie, Worte der Weisheit usw. im Himmel. Diese Werkzeuge und Gaben sind für hier und jetzt. Obwohl wir der Bibel gemäß ernsthaft und leidenschaftlich um geistliche Gaben eifern sollen, ist das Wichtigste die Liebe. Liebe ist keine Sache und kein Gefühl; sie ist eine Person, und diese heißt Jesus. Verlange ernsthaft danach, so zu werden wie Er ist! Das wird dein Denkmuster verändern und dich in die Fülle Seiner Verheißungen für dein Leben treiben.

Möchtest du ein Freund Gottes sein, musst du die Reinheit des Herzens lieben. Das Wort sagt noch einmal: *„...so wie Er ist, so sind wir in dieser Welt.“* (1. Johannes 4:17) Nicht, wie Er war, sondern wie Er gerade jetzt ist. Er ist Liebe.

Sprüche 23:26 sagt: *„Gib mir, mein Sohn, dein Herz, und deine Augen lass an meinen Wegen Gefallen finden.“* Zuerst musst du Ihm dein Herz geben, dann kannst du sehen und Seine Wege erkennen.

Am Anfang meines Dienstes betete ich gewöhnlich: „Herr, ich möchte dieses tun, Herr, ich möchte jenes tun. Herr, ich möchte die Kranken gesund sehen und die Seelen errettet.“ Bis zu einem gewissen Grad segnete Gott dies, aber zu einer bestimmten Zeit in unseren Leben müssen wir sagen: „Gott, weißt Du, ich bin es leid zu tun, was ich will; was machst Du?"

Es ist so viel leichter zu sagen: „Vater, was tust Du heute? Ich möchte daran teilhaben", statt zu sagen: „Herr, komm, segne mich, und was ich heute vorhabe." Unser Gehorsam zu Ihm muss eine tägliche Hingabe und Nachfolge des Geistes Gottes sein. Bitte Ihn: „Herr, wie begehe ich diesen Tag? Was machen wir heute?"

Geistliche Erkenntnis beginnt folglich mit einem reinen Herz. Die Frage ist, was ist das Herz? Das Herz ist sowohl mit dem Geist, als auch mit der Seele verbunden. Das Herz ist sehr schwer zu definieren. Wir können das Herz mit dem Sinn erklären (beides, Vorstellung und logisch, vernünftiger Bereich), dem Willen und den Gefühlen. Alles, was du beobachtest, hörst oder siehst, wird auf die Festplatte deines Sinnes gebrannt und formt dich. Wenn wir nicht sortieren, was richtig oder falsch ist, worüber wir nachdenken, und worüber wir sprechen sollten, landen wir in einem Chaos. So wie ich zuvor sagte, Krisen formen nicht den Charakter - sie offenbaren den Charakter. Der Charakter wird in den Zeiten geformt, in denen wir mit dem Herrn allein sind, wenn du tust, was das Wort sagt und auf das fokussiert bist, was Gott dir aufträgt zu tun. Kommen dann die Krisen, kommt hervor, was in dir eingelagert wurde.

Demnach kann alles Beobachtete und Gesehene - alles, was in den Bereich unserer Sinne gelangt - auf die Festplatte unserer Sinne gebrannt werden. Für den Mann und die Frau Gottes, die wünschen, in Gott voran zu gehen, ist deshalb wichtig, die Augen, die Ohren, und den Sinn zu heiligen. Wir müssen sorgfältig prüfen, was unsere Leben beeinflusst. Wenden wir die Prinzipien des Wortes Gottes an, übernehmen wir Verantwortung für unser Gedankenleben und werden für den geistlichen Raum sensibilisiert. Ohne die Anwendung des Prinzips der Heiligung unseres Gedankenlebens, geht unsere geistliche Entwicklung nur willkürlich voran.

„Ich habe den HERRN stets vor Augen ...“ (Psalm 16:8) – Mit anderen Worten, behalte Ihn in vorderster Reihe deines Sinnes, an vorderster Front deines Herzens und setze deinen Fokus beständig auf Gott.

Wir alle aber schauen mit aufgedecktem Angesicht die Herrlichkeit des Herrn an und werden so verwandelt in dasselbe Bild von Herrlichkeit zu Herrlichkeit, wie es vom Herrn, dem Geist, geschieht.

(2. Korinther 3:18)

Das ist kein vages Versprechen, sondern eine klare Aussage. Siehst du auf Gott, formst du genaue Bilder von Ihm in deinem Herzen und deinem Sinn – so wirst du verwandelt. Du *wirst* verändert von Bild zu Bild, von Herrlichkeit zu Herrlichkeit. Du *wirst* verwandelt, verklärt und in das verändert, was du anschaust, ob du nun auf den Herrn siehst, oder auf etwas anderes. Was immer deine Aufmerksamkeit hat, hat dich.

Du wirst zu dem, was du beständig ansiehst. Hebräer 12:2 spricht davon, *„auf Jesus zu schauen.“* Hebräer 11:27 sagt von Mose: *„Er ging entschlossen seinen Weg, als sähe er Ihn.“* Der Schlüssel ist, die Augen offen zu halten, damit du sehen kannst. Warum ist es so wichtig, auf den Herrn zu sehen? Noch einmal, du wirst mit dem verbunden, auf was du siehst, und verwandelst dich entsprechend. Diese Schlüssel haben mich Jahre des Lernens gekostet. Sie kamen auf viele Weisen und durch verschiedene Mittel, bis ich schließlich die Offenbarung ergriff.

Heilige Meditation

Ich habe vieles von gut meinenden Christen gehört, die so etwas sagten, wie: „Meditation ist vom Teufel“ oder das ist „Östliche Mystik“ oder „New Age“. Ich wurde gewarnt, „die eigene Vorstellung einzusetzen“ sei nicht von Gott. All diese Äußerungen entspringen einem nicht informierten, fehlerhaften Denken, das die Aussagen der Bibel über Meditation nicht mit einbezieht. Es gibt so etwas wie biblische Meditation. Es steht fest, dass Josua aufgetragen wurde, Tag und Nacht über dem Gesetz zu meditieren (siehe Josua 1:8)!

Das Wort *meditieren* meint buchstäblich „still flüsternd äußern, grübeln, oder kauen". Anders gesagt, wenn ich über 2. Korinther 3:18 meditieren will – *„Wir alle aber schauen mit aufgedecktem Angesicht die Herrlichkeit des Herrn an und werden so verwandelt in dasselbe Bild von Herrlichkeit zu Herrlichkeit, wie es vom Herrn, dem Geist geschieht.* " –, bedeutet das: ich murmele es, ich wiederhole es, ich kaue darauf herum, ich denke so sehr darüber nach, dass es für mich real wird. *So meditiert man über dem Wort.*

Während ich über dem Wort meditiere, forme ich Bilder in meiner Vorstellung. Das geschieht zwangsläufig. Als würde ich in einen Spiegel schauen und ein Bild sehen – ich sehe die Herrlichkeit des Herrn. Schaue ich in diesen Spiegel, sehe ich nicht nur den Herrn, sondern der Spiegel reflektiert mein Bild, und so sehe ich den Herrn in mir! Ich murmele, ich kaue, ich grüble, und ich denke über dieses nach. … und dann? Etwas geschieht: ich fange an, mich zu verändern. *„Und wie wir das Bild des Irdischen getragen haben, so werden wir auch das Bild des Himmlischen tragen.* " (1. Korinther 15:49)

Also siehe dies mit anderen Augen; es geschieht nicht nur, nachdem du gestorben bist, sondern auch hier auf der Erde. Genauso, wie ich das Bild eines irdischen Menschen getragen habe, kann ich das Bild eines himmlischen Menschen tragen. Alles von Ihm und nichts von mir; das *will* ich nicht nur, ich muss unbedingt so sein wie Jesus. Das ist meine Leidenschaft, meine Bestimmung, mein Ziel. Alles andere wird diesem Ziel gegenüber zweitrangig.

Nachdem ich viele Erfahrungen im Herrn gemacht habe, nachdem ich das Wort Gottes in meinem Leben angewandt habe, und nachdem ich in diesem Bereich gewachsen bin, kann ich wirklich sagen: Es gibt nur noch eines, das mein Herz weiterhin gefangen hält. Es ist nicht, Engel oder den Himmel zu sehen. Auch nicht sich in übernatürlichen Zeichen, Wundern und Machttaten zu bewegen – *es ist Ihn zu kennen, und zu werden, wie Er ist.*

Die Vorstellung erlösen

Was bedeutet die Aussage: „*Und wie wir das Bild des Irdischen getragen haben, so werden wir auch das Bild des Himmlischen tragen*"? Beim Blick in den Spiegel kannst du deine eigene Reflexion sehen, du solltest aber den Herrn sehen. Also noch einmal zurück zu 2. Korinther: „*... schauen mit aufgedecktem Angesicht die Herrlichkeit des Herrn an*" (2. Korinther 3:18). Du wirst von Herrlichkeit zu Herrlichkeit in das gleiche Bild verwandelt.

Uns wurde gesagt, dass wir Sein Bild erblicken, wenn wir in den Spiegel Seines Wortes schauen. Aber schaust du in den Spiegel, wird doch dein Bild reflektiert, oder? Im Spiegel siehst du dich selbst – du solltest aber Jesus sehen. Lernen wir dieses genaue Bild Jesu in uns zu formen, geschieht etwas. Du wirst verändert und verwandelt. Schaust du mit den Augen deines Herzens auf den Herrn und siehst dich selbst im Spiegel in Sein Bild verwandelt, findet eine göttliche Umgestaltung statt. *Mit diesem Schlüssel kann man mit dem himmlischen Bereich in Verbindung treten.*

Den Herrn in dir zu betrachten, wird dich gemäß deiner Sicht in dasselbe Bild verwandeln. Ersetze dein Bild mit dem Bild des Herrn. Menschen haben immer wieder gefragt: „Sagst du: ‚Ich bin Jesus'?" Nein, du bist in Ihm, in Seinem Leib, aber du bist nicht Jesus. Du gehörst dir nicht länger selbst; du bist mit einem Preis erkauft; dein Leben ist nun verborgen in Christus. Sieh dich selbst in Christus, und sieh Ihn in dir. Lasst uns nicht überempfindlich und lächerlich werden; ich sage nicht, du oder ich seien Jesus, aber wir sind ein Teil des Leibes Christi.

Du wirst zu dem, was du anschaust, wie durch eine Umwandlung. Das Endergebnis einer nicht geheiligten Vorstellung wird im Römerbrief klar gezeigt: *„Denn obwohl sie von Gott wussten, haben sie ihn nicht als Gott gepriesen noch ihm gedankt, sondern sind dem Nichtigen verfallen in ihren Gedanken, und ihr unverständiges Herz ist verfinstert.“* (Römer 1:21)

Lernen wir dieses nicht zu nutzen, werden unsere Herzen durch nichtige Gedanken verfinstert. Es ist mir egal, wie sehr du voran drängst, oder was du in Übereinstimmung mit dem Wort tust – doch solange du nicht mit geheiligten Vorstellungen umgehen kannst, bist du in deiner Fähigkeit, alles zu erhalten, was Er für dich hat, verhindert oder verkrüppelt. Wir müssen den ganzen Ratschluss Gottes haben, und ich sage beim besten Willen nicht, ich hätte die volle Offenbarung dessen. Die habe ich nicht. Ich gebe dir lediglich meinen Teil. Gott wird dem in deinem Leben hinzufügen, wie er es für passend hält. Ich sage, wir müssen anfangen! Wir müssen etwas tun.

Wo ist Jesus gerade jetzt? Er ist in deinem Herzen, und um dies äußerlich deutlich zu machen, musst du den Herrn in dir ansehen. Du musst eine Brücke bauen, damit sich das Angeschaute mit dir verbindet und eine Aktivierung stattfindet. Ja, er ist in unseren Herzen. Er steht hier in diesem Raum. Er ist an allen Orten zur gleichen Zeit, aber ich möchte Ihn anschauen können. Ich möchte sehen können. Wie komme ich also von dort, wo ich bin, zu dem Ort, wo ich sein sollte? Ich kann damit anfangen, meine Vorstellung zu heiligen. Es wird nicht lange dauern.

Begibst du dich auf diese Reise und gehst einen Schritt, wird der Herr zwei Schritte gehen. Gehst du zwei Schritte, nimmt er vier. Leidenschaft können wir solange nicht verstehen, bis wir die Leidenschaft Gottes berührt haben; die lässt die unsrige kläglich aussehen. Er ist begeistert über dich. Wir müssen dies im Glauben tun. Komme mit einer geheiligten Vorstellung vor den Herrn: Schaue im Spiegel die Herrlichkeit des Herrn an; verbringe Zeit mit Ihm, beginne Jesus in dir zu sehen, behalte diese Ausrichtung bei und bete den Herrn an; dann geschieht tief in dir eine radikale Veränderung. Du wirst in dieses Bild verwandelt. Der Charakter Jesu wird die Oberhand in deinem Leben gewinnen, und du wirst zu dem, wonach dein Herz so lange verlangt hat.

In Seiner Autorität wandeln

Alles dreht sich nur darum, so wie Christus im Charakter, im Wesen und in Lauterkeit zu sein. Je mehr wir uns danach ausstrecken, desto weniger wird die Welt behaupten können, die Gemeinde wäre schwach und ineffektiv. Sie wird eher sagen: „Gott ist wahrlich in dir."

Das war Henochs Geheimnis. Deshalb wurde Henoch schließlich entrückt - die Schleier fielen ab. Welche Schleier? Schleier des Fleisches, der falschen Lehre, des religiösen Verständnisses und der Argumente, die alle dem Wort Gottes widersprechen. Der Schleier des Unglaubens muss als erster fallen.

Ich möchte dir ein Beispiel geben. Wir zitieren die Bibel, *„Alles vermag ich in dem, der mich kräftigt."* (Philipper 4:13). Dann weist dich eines Tages der Herr an, in ein fremdes Land zu gehen und das Evangelium zu verkünden. Zuerst schauen die meisten Menschen auf ihre Finanzen: „Also, ich weiß nicht, ich habe das Geld nicht." Statt Ihm zuzustimmen, kommen wir eher mit unserer langen Liste von Ausreden, weshalb wir nicht gehorchen können. Hattest du nicht behauptet, alles tun zu können? „Ja, aber ..." Unbedacht zitieren wir das Wort Gottes, doch wir wandeln nicht darin.

Gemäß unserer Position gehört jede biblische Verheißung uns. Aber wir haben dies nicht wirklich ergriffen und wandeln nicht darin. Warum? Weil wir es nicht wirklich glauben. Glaubst du wirklich, dass dein Gott allen deinen Nöten nach dem Reichtum Seiner Herrlichkeit begegnen wird, wirst du nie wieder dein

Bankkonto als deine Quelle betrachten. Niemals mehr wirst du deinen Beruf als Quelle ansehen. Du würdest nicht mehr umherlaufen und Menschen zarte Hinweise auf den Mangel in deinem Leben geben, damit sie sich zum Geben gedrängt fühlen. Du würdest dein Vertrauen auf Gott setzen. Du würdest frei und vergnügt geben, du würdest voller Freude geben. Du würdest dich nicht über die Miete des nächsten Monats sorgen, über Energiekosten oder Autokosten; deine Haltung und Antwort würde sein: „Mein Gott begegnet all meinen Nöten." Wir müssten keine Lehren aufbauen wie „gebe, um zu empfangen". Nein, du würdest nur Gott vertrauen. Wandeltest du in Christus, wie du es der Bibel gemäß solltest, würden dir all diese Dinge hinzugefügt werden (siehe Matthäus 6:33) - so, dass Du sie nicht fassen könntest.

Begreifst du, was ich sage? Würden wir dem Wort wirklich glauben, lebten und handelten wir anders. Folgen wir dem Herrn, wachsen wir jeden Tag mehr und mehr dort hinein. Deshalb muss der Schleier des Unglaubens zuerst fallen. Umso mehr das geschieht, desto klarer wird das Bild. Und je klarer das Bild wird, umso größer ist in dir die Offenbarung Christi, die Hoffnung der Herrlichkeit (siehe Kolosser 1:27).

Der siebte Tag

Vor fünf Jahren - ob im Leib oder außerhalb des Leibes, weiß ich nicht - betete ich den Herrn in meiner stillen Zeit an, als ich mich plötzlich in den Sternen wiederfand. Zuerst bemerkte ich eine erstaunliche Lobessymphonie, in der alle den Lobpreis Gottes sangen. Alles war lebendig und erhob seine Stimme.

Als ich mich verwundert umsah, bemerkte ich als nächstes, dass ich die Erde nirgends sah. Als ich den Herrn fragte, was Er mir sagen wolle, erhielt ich eine Offenbarung über die Physik der Verwandlung. Der Schleier des Unglaubens muss zuerst fallen.

Es hat aber auch Henoch, der Siebente von Adam an, von ihnen geweissagt und gesagt: „Siehe, der Herr ist gekommen mit seinen heiligen Myriaden, Gericht auszuüben gegen alle und alle Gottlosen zu überführen von allen ihren Werken der Gottlosigkeit, die sie gottlos verübt haben, und von all den harten Worten, die gottlose Sünder gegen ihn geredet haben." (Judas 1:14-15)

Wie bereits erwähnt, sind bei Gott tausend Jahre wie ein Tag (siehe 2. Petrus 3:8). Seit der Zeit Jesu bis zur Jahrtausendwende sind zweitausend Jahre – oder zwei Tage – vergangen. Jetzt befinden wir uns am frühen Morgen des dritten Tages. Von der Zeit Adams bis zur Jahrtausendwende sind sechs Tage vergangen, daher sind wir jetzt früh am Morgen des siebten Tages. Laut Judas 1:14 lebte Henoch in der siebten Generation nach Adam. An diesem siebten Tag sind wir eine Henoch-Generation. Wir können mit Gott gehen, und so wie er verwandelt werden, denn der Herr sieht nicht die Person an! Wie sieht die Möglichkeit Gottes in *deinem* Leben aus? Für was glaubst du Gott? Woran hast du dein Herz fest gemacht?

Klare Sicht hat mit Reinheit des Herzens zu tun. Es hat auch mit Tüchtigkeit zu tun, welche durch Übung kommt. Das bringt die Reinheit des Herzens hervor.

Gesalbt

Einmal predigte ich in einer Gemeinde in Fidschi bei einer ganzwöchigen Veranstaltung und holte mir einen schweren Bronchialkatarrh. Kannst du dir vorstellen, eine Erkältung auf einer Insel mit einem warmen tropischen Klima zu bekommen? Ich hatte ein wenig erhöhte Temperatur und schwitzte deshalb jede Nacht ohne Unterlass. Ich war völlig ausgebrannt. Jeden Abend ging ich nach dem Gottesdienst nach Hause und schwitzte in meinem Bett, fühlte mich halb tot und war von dieser Bronchitis völlig fertig, betete und glaubte dem Herrn für Heilung. Überdies hatten alle Kinder im Haus Windpocken.

Nachdem wir abgereist waren, brachte die Mutter alle drei kranken Kinder nach oben in das Bett, in dem ich geschlafen hatte, deckte sie zu, und sie waren augenblicklich von Windpocken geheilt.

Als ich ihr Zeugnis hörte, sagte ich: „Also, Moment mal, Gott - ich lag dort krank und sterbend. Warum funktionierte es nicht für mich?“

Er sagte: „Deine Salbung durchdrang und tränkte das Bett, als du jeden Abend gebetet hast und Fürbitte tatest. Ihr Glaube verband sich mit dieser Salbung, darum wurden ihre Kinder sofort geheilt.“

Stelle dir dies in einem größeren Zusammenhang vor. Du bist so von Gott fasziniert und in Ihn versunken, dass überall, wohin du auch gehst, es eine Freisetzung der Salbung oder Herrlichkeit Gottes gibt. Diese ruht auf dir und *jeder, der dir nahe kommt, wird von diesem Glanz beeinflusst.*

Wahre Kraft

Ein guter Freund hatte jahrelang Rückenprobleme. Als er einmal in unserer Umgebung predigte und sein Rücken sehr schmerzte, suchte er zwecks Linderung einen Masseur auf. Er ging in den Massagesalon unserer Kleinstadt, wo gewöhnliche Aromatherapien angeboten wurden und „New Age“-Musik lief. Auf seine Anwendung wartend, fragte er den Masseur: „Wie funktionieren denn all diese Räuchermittel?

Der Masseur sagte: „Nun, diese Aromatherapie spendet Kraft.“

Er fragte ihn: „Was hat es mit der Musik auf sich?“

Der Mann entgegnete: „Ja, darin liegt auch Kraft.“

Unser Freund sagte: „Tatsächlich? Möchten Sie wissen, was wirkliche Kraft ist?“

Der Mann sagte: „Natürlich."

So sagte unser Predigerfreund: „Sind Sie sicher?

Der Masseur sagte: „Ja!"

Als dieser den Rücken weiter massierte, sagte unser Freund: „Okay, also jetzt!" Bewusst setzte er die Salbung frei, und der Mann flog rückwärts an die Wand.

Der Masseur sagte: „Was war das denn?"

Mein Freund entgegnete: „Das ist *wahre Kraft.*"

Der Mann hatte niemals einen solchen Beweis wahrer Kraft in der Kirche erlebt, in der er aufgewachsen war. Deshalb hatte er die Kirche verlassen und sich der „New Age"-Bewegung angeschlossen. Eigentlich wollte er etwas über den wahren Gott erfahren, aber nichts in der Kirche überzeugte ihn davon, dass Gott real war. Deshalb ging er irgendwo anders hin.

Alles wird deutlich, sobald sich ein jeder Schleier löst, und das Königreich kommt immer klarer hervor. Matthäus 6:21 sagt: *„Denn wo dein Schatz ist, da wird auch dein Herz sein."* Und *„denn aus der Fülle des Herzens redet der Mund."* (Matthäus 12:34) Deshalb ist dort, wo dein Schatz ist, dein Herz. Und von hier aus redet der Mund.

Das Licht des Leibes ist das Auge. Ist dein Auge ehrlich, ist dein ganzer Leib erhellt. Gott ist Licht. Bleibt dein Auge auf Ihn fixiert, bist du voller Licht. Ist dein Auge böse, wirst du vollkommen dunkel sein. Dein inneres Licht ist deshalb dunkel, weil dein Auge auf etwas anderes als den Herrn fokussiert ist (siehe Matthias 6:22-23).

Dämonen austreiben

Einigen Freunden in Belfast, Nordirland, teilten wir mit, was uns der Herr bezüglich der jetzigen Zeit anvertraut hat: Gläubige werden so sehr mit Gott gefüllt sein, dass wenn sie nur die Straße entlang gehen, sich die Dämonen zeigen und Menschen befreit werden.

Sie hörten zustimmend zu, während sie uns nach dem Abendessen bei einem kurzen Spaziergang begleiteten. Auf unserem Weg tauchte ein Mann hinter mir auf und lief zu einer wenige Meter entfernten Telefonzelle. Sobald er die Telefonzelle erreicht hatte, drehte er sich um und kam auf uns vier zu. Mit starren Augen und außerirdischer Stimme sagte er: „Geht nach Hause." Dann lief er eilig davon.

Unsere Freunde waren erschrocken und sagten: „Was war das denn?"

Ich bemerkte: „Es ist nur ein Dämon; habt keine Angst davor."

Sie schauten uns auf diese bestimmte Weise an, die Unglauben und Zweifel über meinen offensichtlichen Mangel an gesundem Menschenverstand erkennen ließ.

Ich wandte mich meiner Frau zu, und wir lächelten. Wir wussten, der Herr musste ihnen die Wahrheit verständlich machen, die wir versuchten zu erklären. Wir waren nicht mehr als 40 Schritte gegangen, als wir auf zwei junge Mädchen trafen. Diese standen auf der Straße und unterhielten sich. Als wir uns ihnen näherten, sprangen sie erschrocken auf, schrien mit lauter Stimme und flohen, jede in eine andere Richtung.

Wieder fragten unsere Freunde: „Was war denn das?"

Dieses Mal teilte ich ihnen mit, was uns der Herr gesagt hatte. Sein Wort direkt vor ihren Augen demonstriert, reichte aus, um sie von der Zeit zu überzeugen, in die wir jetzt eintreten.

Wenden wir diese Prinzipien in unseren Leben praktisch an und tauchen in Seine Gegenwart ein, müssen wir auch für ungewöhnliche Manifestationen bereit sein. Wir sind übernatürliche Wesen; wir beginnen, dies zu begreifen und uns mit unserem Erbe in Jesus, dem Messias, zu verbinden. Erinnere dich: Jedes Mal, wenn Jesus in die Nähe eines dämonisierten

Mannes oder einer besessenen Frau kam, wurde sofort auf Ihn reagiert. Wir sind Sein Leib! Dies sollte die Norm sein, nicht die Ausnahme!

Ist dein Auge rein, wird dein ganzer Leib voller Licht sein. Was ist dein Auge? Es ist das Mittel, durch das du siehst. Das kann entweder mit deinen physischen Augen oder mit deinen geistlichen Augen geschehen. Deine Ausrichtung bestimmt welches „Auge" sich mehr auf dein Umfeld eingestellt hat. Falls dein Fokus rein ist, wird dein ganzer Leib licht sein. Fokussiert auf wen? Jesus!

Falls du mit der Übung beginnst, dich auf Jesus zu konzentrieren, indem du meditierst, dir etwas vorstellst und Ihm nachfolgst, eröffnet sich dir ein so großes Blickfeld, das all deine Erwartungen übersteigt. Erinnere dich: auf was du blickst, mit dem wirst du verbunden. Sobald die Verbindung da ist, folgt die Aktivierung!

7

Versetzung durch Glauben: Bereit sein

Bei der Weitergabe dieser Botschaft haben wir sehr oft und weltweit erlebt, dass die meisten Gottesdienstbesucher in den Geist genommen wurden, und viele wurden in den dritten Himmel versetzt. Ich glaube an das Wort Gottes, aber ich glaube auch, dass der Geist und das Wort zusammentreffen müssen, um Klarheit zu bringen. Erfahrungen in Gott sind wunderbar; aber Erlebnisse ohne das Wort zu haben ist etwas, wozu uns die Grundlage fehlt. Deshalb möchte ich dir beides geben.

In diesem Kapitel möchte ich über ein Thema sprechen, welches deinen Glauben herausfordert, und dich hoffentlich dazu antreibt, dem Herrn weiter zu folgen. Ich rede nicht über Veränderung durch Glauben - sondern über Versetzung durch Glauben. Versetzung bedeutet weggenommen zu werden. Einige Menschen nennen es Beförderung. Ich mag das Wort *Versetzung*.

Vorbereitung zur Versetzung

In Apostelgeschichte 8:39-40 siehst du ein Beispiel für eine übernatürliche Versetzung (ich nenne es „Philippus Airlines“). Als Philippus und der äthiopische Eunuch aus dem Wasser kamen, nahm der Geist des Herrn Philippus hinweg. Der Eunuch sah ihn nicht mehr und nahm seinen Weg freudig wieder auf. Die Bibel teilt uns mit, dass Philippus in Aschdod, etwa 48 km entfernt, gefunden wurde.

Ich lese begeistert das Wort Gottes, denn Jesus sagt, Er sieht die Person nicht an. Was Jesus sagt, glaube ich. Er ist das Wort, und Er lügt nicht. Geschichten, wie die zuvor mitgeteilte über Philippus' Entrückung, begeistern mich.

Vor ein paar Jahren weckte mich der Heilige Geist früh am Morgen (das war das erste Wunder), um mir eine Frage zu stellen. Meine Freunde bitte ich, mich nicht um fünf oder sechs Uhr morgens zu stören, weil ich mich dann mit Pastor Bettlaken in tiefer Fürbitte befinde!

Der Heilige Geist weckte mich also und sagte: „Bruce, kann ein Mensch durch Glauben versetzt werden?" Ich überdachte die Frage ein paar Minuten lang, bevor ich dem Heiligen Geist antwortete: „Ja, das glaube ich."

Er sagte: „Gut! Bereite dich vor."

Also, dachte ich, vorbereiten? *Wie bereitet man sich dafür vor?* Deshalb fragte ich den Herrn: „Wie bereitet man sich dafür vor?"

Die Antwort war ganz nahe. Er sagte: „Das habe ich dir gerade gesagt – durch Glauben."

Hebräer 11:5 sagt uns, Henoch wurde durch Glauben versetzt. Und ich sagte: „Okay, es kann durch Glauben geschehen."

Deshalb überlegte ich hin und her. Ich grub im Wort und untersuchte jede Schriftstelle, die dieses Thema eindeutig besprach, oder es nur berührte. Ehrlicherweise wusste ich nicht, wo ich beginnen sollte, außer bei den Geschichten, die der Herr schon im Wort Gottes vorgegeben hatte. Dann riefen eines Tages einige unserer Freunde an, die eine Bibelschule in Spokane gegründet hatten. Die Ehefrau sagte: „Weißt du, ich hatte letzte Nacht einen interessanten Traum, in dem du in der Schule über Versetzung durch Glauben lehrtest. Es herrschte große Begeisterung, denn die Studenten verstanden und ergriffen es wirklich!"

Ich sagte: „Tatsächlich? Welche Bibelstellen habe ich benutzt? Kannst du dich daran erinnern?"

Sie sagte: „Ja", und gab mir eine Liste von Bibelstellen. Durch einen Traum übernatürlich geleitet, führte der Herr meine Schritte zum Anfang dieses Studiums! Diese Begebenheit und andere Umstände machten offensichtlich, dass die Hand des Herrn im Spiel war, und Er sich die Vertiefung dieser Offenbarung von mir wünschte.

Während ich etwa ein Jahr später in Kanada predigte, begegneten wir einem Mann, der sich im Prophetischen bewegte. Er hatte eine Prophetie für uns und sagte: „Du weißt, dass ich ein Wort für dich habe. Der Herr sagt, gehe zurück ins Buch Jesaja; dort gibt es etwas für dich - es ist ein Schlüssel, um dich in die richtige Richtung zu führen."

Gerade hatte ich das Buch Jesaja studiert und überhaupt keinen Schlüssel entdeckt, aber ich sagte: „Okay, das kann ich tun." Als ich ein paar Wochen später nach Hause kam, setzte ich mich an meinen Schreibtisch, und der Herr erinnerte mich an diese Prophetie. Deshalb begann ich mit meinem Studium im Buch Jesaja. Als ich zu Kapitel 6 kam, erstaunte mich der dort von mir nun entdeckte Schlüssel (später werde ich diesen Schlüssel mitteilen)!

Ganz langsam hatte der Herr diese Offenbarung bis zu dem Moment entfaltet, als ich in den dritten Himmel, vor den Thron Gottes, erhoben wurde. Währenddessen legte mir der Herr einen Mantel um und sagte: „Das ist der Mantel der Gnade, um diese Offenbarung zu lehren und freizusetzen, was in zwei Phasen geschehen wird. In der ersten Phase, werden die, welche du lehrst, freigesetzt und in den dritten Himmel aufgenommen. Sie werden anfangen in den Bereich des Geistes zu sehen und auf neue Art zu handeln."

„Die zweite Phase besteht darin, dass du ab einem gewissen Punkt die Menschen sogar lehren wirst, wie sie körperlich, so wie Philippus, versetzt werden können. So soll mein Wort in der ganzen Welt gepredigt werden."

Zuerst wollte ich nachschauen, ob es in unserer Generation irgendwelche Zeugnisse über Entrückungen gab. Erstaunt entdeckte ich, es gibt Menschen, die von ihrer übernatürlichen Versetzung berichtet haben – nicht nur in die Himmel hinein, sondern auch an Orte in dieser Welt!

Eine der erstaunlichsten Aussagen kommt von einem Pastor aus Russland, der jeden Sonntagmorgen in drei Gemeinden predigt. Das Interessante daran ist, dass diese Gemeinden hunderte Kilometer voneinander entfernt liegen. In der ersten Gemeinde predigt er im Gottesdienst um 8 Uhr, beendet den Gottesdienst und geht um 10.15 oder 10.30 Uhr in sein Büro. Dort wird er übernatürlich zur nächsten Gemeinde gebracht, dort dient er, und so weiter, bis alle drei Gottesdienste beendet sind. Dann wird er nach Haus versetzt. Das tut er jeden Sonntag. Erstaunlich!

Schon zuvor habe ich über einen Afrikaner namens Richard aus Kenia berichtet. Eines Tages wies ihn der Heilige Geist an: „Pack deinen Koffer und gehe zum Flugplatz. Ich möchte, dass du nach London, England fliegst."

Er sagte: „Ja, Herr." Er packte seinen Koffer und begab sich zum Flugplatz. Als er in der Eingangshalle war, setzte er seinen Koffer ab und sagte: „Was soll ich jetzt tun, Herr?"

Offensichtlich hatte er kein Geld, aber im Glauben tat er genau das, was ihm der Herr gesagt hatte. Der Herr sagte: „Nimm deinen Koffer, gehe auf die Männertoilette und dort in die dritte Kabine auf der linken Seite."

So nahm er seinen Koffer und suchte die dritte linke Kabine auf. Er setzte seinen Koffer ab und wartete auf weitere Anweisungen. Der Herr sagte: „Jetzt hebe deine Hände und bete mich an."

Richard lobte den Herrn in der Herrentoilette mit lauter Stimme. Nach ein paar Minuten sagte der Herr: „Okay, jetzt gehe los!"

Er nahm seinen Koffer, und als er die Toilette verließ, befand er sich in dem Land, in das er bestimmt worden war.

Im Glauben wandeln

Durchschnittliches Christentum hat Schwierigkeiten mit dem Übernatürlichen, denn viele von diesen Christen haben noch nie eine übernatürliche Erfahrung gemacht und wurden gelehrt, dass Gott nicht mehr so handelt. Deshalb sind wir auch nicht die Art der Wortstudenten, die wir sein sollten, und haben Schwierigkeiten den Worten des Herrn zu glauben und sie für „bare Münze" zu nehmen. Das ist wahr! – Jesus sagt:

> **Wahrlich, wahrlich, ich sage euch: Wer an mich glaubt, der wird auch die Werke tun, die ich tue, und wird größere als diese tun, weil ich zum Vater gehe.** Johannes 14:12

Wir sind privilegiert, *„größere Werke als diese"* zu tun, denn Er ist zum Vater gegangen. Untersuchen wir die „Werke" Jesu, können wir auf Sein Leben vor Seiner Auferstehung schauen, sowie auf die Zeit danach, denn dies unterscheidet sich nicht voneinander. Er sagte nicht, wir würden nur die Werke tun, die Er vor dem Kreuz *tat*. Er sagte, die Werke, welche ich *tue*, werdet ihr ebenfalls tun. Warum? Weil Er gerade jetzt zur rechten Hand des Vaters ist, und in diesem Moment für dich und mich Fürbitte leistet. „Die Werke, die ich tue, werdet ihr auch *tun*."

Einiges, was Jesus tat, wagen wir nicht mal zu glauben, denn wir denken: „Also, *nein, nein, nein* – das kann nicht gehen. Das ist unmöglich." Bei Gott ist gar nichts unmöglich. Paulus sagte (mit meinen Worten): „Also, ich rühme mich jetzt, auch wenn ich das eigentlich nicht tun will. Ich kenne einen Mann in Christus, ob im Leib, oder außerhalb des Leibes, kann ich dir nicht sagen. Aber dieser Mann wurde in den dritten Himmel gebracht und sah Dinge, die nicht einmal erwähnt oder besprochen werden dürfen." (siehe 2. Korinther 12:1-2)

Jesus sieht die Person nicht an. Tat Er es für einen, wird Er es für jeden tun. Mit 17 Jahren las ich diese Schriftstelle in der Bibel, und etwas erhob sich in meinem Geist. Ich sagte: „Gott, das ist für mich." So folgte ich Ihm jahrelang bis der Heilige Geist kam und mich mit folgender Geschichte herausforderte:

Da nun Jesus erkannte, dass sie kommen und ihn ergreifen wollten, um ihn zum König zu machen, zog er sich wieder auf den Berg zurück, er allein. Als es aber Abend geworden war, gingen seine Jünger hinab an den See; und sie stiegen in das Boot und fuhren über den See nach Kapernaum. Und es war schon finster geworden, und Jesus war noch nicht zu ihnen gekommen; und der See wurde aufgewühlt, da ein starker Wind wehte. Als sie nun etwa fünfundzwanzig oder dreißig Stadien gerudert waren, sehen sie Jesus auf dem See daher gehen und nahe an das Boot heran kommen, und sie fürchteten sich. Er aber spricht zu ihnen: Ich bin es, fürchtet euch nicht! Sie wollten ihn nun in das Boot nehmen, und sogleich war das Boot am Land, wohin sie fuhren. (Johannes 6:15-21)

Sofort erreichten sie die Küste – eine etwa fünf bis sechs Kilometer lange Fahrt in einem Moment! Wir wissen, dass Jesus durch Glauben auf dem Wasser ging (siehe Matthäus 14:25-32). Währenddessen sprach Er mit Petrus, und der sagte: *„Herr, wenn du es bist, sage mir, zu dir zu kommen."* (siehe Matthäus 14:28) Jesus sagte: „Komm her, Petrus." Petrus ging es gut, bis sein Blick mehr auf den Wind und die Wellen gerichtet war als auf Jesus. Die Bibel sagt, er *begann* zu sinken. Halte deine Augen auf Jesus gerichtet! In dem Augenblick, in dem du deine Augen von Jesus abwendest und auf die Umstände schaust, beginnt dein Fall. Deshalb ergriff ihn Jesus und sagte: „Oh! Du Kleingläubiger."

Wir wissen, Jesus wirkte alles durch Glauben. Petrus machte, was Jesus durch Glauben tat und ging auf dem Wasser, bis er nicht mehr auf Jesus schaute. Er imitierte die Werke, die Jesus tat. Die Bibel sagt, wir können dies ebenso! Hier ist also ein Schlüssel, und ich möchte, dass du dies erkennst. Als Petrus Jesus auf dem Wasser gehen sah, sagte er: „Herr, falls du es bist – *falls* du es bist – bitte mich zu kommen." Ich möchte, dass du dieses jetzt gerade betest: „Herr, wenn du das bist, dann möchte ich es. Herr, wenn du das bist, bitte mich zu kommen!" Behalte das in deinem Herzen.

Petrus nun wurde im Gefängnis verwahrt; aber von der Gemeinde geschah ein anhaltendes Gebet für ihn zu Gott. Als aber Herodes ihn vorführen wollte, schlief Petrus in jener Nacht zwischen zwei Soldaten, gebunden mit zwei Ketten, und Wächter vor der Tür verwahrten das Gefängnis. Und siehe, ein Engel des Herrn stand da, und ein Licht leuchtete im Kerker; und er schlug Petrus an die Seite, weckte ihn und sagte: Steh schnell auf! Und die Ketten fielen ihm von den Händen. Und der Engel sprach zu ihm: Gürte dich und binde deine Sandalen unter! Er aber tat es. Und er spricht zu ihm: Wirf dein Oberkleid um und folge mir! Und er ging hinaus und folgte und wusste nicht, dass es Wirklichkeit war, was durch den Engel geschah; er meinte aber, eine Erscheinung zu sehen. Als sie aber durch die erste und zweite Wache gegangen waren, kamen sie an das eiserne Tor, das in die Stadt führte, das sich ihnen von selbst öffnete; und sie traten hinaus und gingen eine Straße entlang, und sogleich schied der Engel von ihm. Und als Petrus zu sich selbst kam, sprach er: Nun weiß ich in Wahrheit, dass der Herr seinen Engel gesandt und mich gerettet hat aus der Hand des Herodes und aller Erwartung des Volkes der Juden. (Apostelgeschichte 12:5-11)

Wie du sehen kannst, war Petrus im Gefängnis und ein Engel des Herrn kam, befreite ihn von seinen Ketten, öffnete übernatürlich die Gefängnistüren und Petrus ging hinaus. Er wurde vom Gefängnis in die Freiheit *befördert*! Du weißt, dass es Torwachen gab und Wachen für die Gefängniszellen, aber keiner sah ihn.

Erfahrungsberichte, keine Tradition

Auf einer DVD bezeugt Bruder Grubbs, er sei zwischen 1950 und 1987 (der Zeitrahmen des Interviews) übernatürlich von den Engel Gottes durch die ganze Welt gebracht worden und hätte auf der ganzen Erde gepredigt. Sobald seine Aufgabe erledigt war, hätten ihn die Engel nach Hause gebracht. Seine erzählten Geschichten und die Abenteuer in Gott sind mächtig – sie begeisterten mich!

Paul Harvey, eine Größe auf dem Gebiet der amerikanischen Nachrichten, schrieb 1951 einen Artikel über einen Mann, der bei der UN erschien und dann wieder verschwand. Bruder Grubbs berichtete über die Geschehnisse an diesem Tag, und wie ihn der Herr bei den Vereinten Nationen mit einem Engel verbunden hatte.

Wir müssen unseren Glauben herausfordern und *jetzt* an den Herrn und die Fülle unseres Erbes glauben, nicht an einen späteren Zeitpunkt oder an das Großartige nach und nach. Wir müssen das ganze Wort Gottes glauben, nicht nur die uns gewohnten Teile. Lasst uns wagen, auf das Wasser hinauszugehen und zu sagen: „Herr, wenn es Dein Wort ist, dann will ich es. Was auch immer du hast, Herr, ich will es."

Denn ich kenne ja die Gedanken, die ich über euch denke, spricht der HERR, Gedanken des Friedens und nicht zum Unheil, um euch Zukunft und Hoffnung zu gewähren. Ruft ihr mich an, geht ihr hin und betet zu mir, dann werde ich auf euch hören. Und sucht ihr mich, so werdet ihr mich finden, ja, fragt ihr mit eurem ganzen Herzen nach mir. (Jeremia 29:11-13)

Die meisten Christen kennen diese Verse, aber dennoch versagen wir, wenn es um die Erfassung des Inhaltes geht. Zusammengefasst bedeutet es: Du kannst so viel von Gott haben, wie du willst. Du musst Ihm nur leidenschaftlich folgen. In Gott gibt es absolut keine Begrenzung für dich, was auch immer du dir vorstellst - kein Limit! Einige Jahre bestand für mich die Herausforderung darin, den Herrn für etwas zu glauben, was ich noch niemals gesehen und gehört hatte. Dieser Aufruf ließ mich tiefer hineindrängen, weiter vorangehen, als ich jemals zu wagen gehofft hatte. Ich ermuntere dich mit dem gleichen Wort - glaube an das, was du nie zuvor gesehen und gehört hast!

Ich möchte all das haben, von dem der Herr gesprochen hat. Mir ist egal, was die Tradition sagt, oder wie menschengemachte Lehre versucht, mich zu begrenzen. Ich will all das, was der Bibel gemäß für mich verfügbar ist! Ich musste eine Menge Theologie verlernen, die ich in den Jahren meiner Bibelschule und bei Seminaren erfahren hatte. Theologie ist das Studium Gottes, aber manchmal haben Traditionen den gegenteiligen Effekt auf das anfangs Begehrte. Dann sind wir nett und hübsch in einer Tradition oder Lehre verpackt, die der Schrift widerspricht und behindern uns selbst dabei, die Möglichkeiten Gottes für unser Leben auszuschöpfen.

Traditionen sind nicht alle schlecht, aber einige Traditionen werden dich behindern. Ich *möchte* vom Heiligen Geist herausgefordert sein. Ich *will* das Wachstum meines Glaubens. Ich *begehre* all das zu werden, was laut Jesus für mich möglich ist, deshalb erwarte ich vom Heiligen Geist, mich zu führen und mich in alle Wahrheit zu leiten:

> **Wenn aber jener, der Geist der Wahrheit, gekommen ist, wird er euch in die ganze Wahrheit leiten; denn er wird nicht aus sich selbst reden, sondern was er hören wird, wird er reden, und das Kommende wird er euch verkündigen.** (Johannes 16:13)

Johannes sagte: *„…denn wie Er ist, sind auch wir in dieser Welt.“* (1. Johannes 4:17) Die Gemeinde hat sich 2.000 Jahre lang bemüht zu tun, was Jesus tat. Sie hat aber nicht erkannt, dass alles, was Er auf dieser Erde tat, dazu diente, uns zu dem zu machen, wie Er jetzt *ist*! Aber die Bibel sagt ganz klar, so wie Er ist, sind wir in dieser Welt. Also, wo ist Jesus gerade jetzt? Er ist gesetzt zur rechten Hand des Vaters; Er kann vom Himmel auf die Erde sehen. Er ist nicht krank; Er hat keine Schulden; Er hat keine Angst; Er ist nicht ruhelos; Er hat keinen Mangel und so weiter. Verstehst du das? Und die Schrift sagt, so wie Er ist, so sind wir in der Welt. Du siehst, wir leben unterhalb unseres Erbes und unseres Geburtsrechts in Christus - weit darunter. Heute bin ich entschlossener, als je zuvor, voran zu preschen, und so viel wie möglich von Ihm in diesem Leben zu erhalten.

Ein Besuch bei Natalia

In 1. Korinther 5:3 ist Interessantes geschrieben: *„Denn ich, zwar im Leibe nach abwesend, aber im Geist anwesend, habe schon als Anwesender das Urteil gefällt (als wäre ich anwesend) über den, der dieses so verübt hat.“*

Ein Erlebnis vor ein paar Jahren half mir, diese Schriftstelle zu verstehen und sogar, wie dieses geschehen könnte. Wir waren vor einigen Jahren Teil einer Konferenz in Coeur D'Alene, Idaho. Seit mir der Herr Offenbarungen über die übernatürliche Möglichkeit eines Gläubigen, durch Glauben versetzt zu werden, gegeben hatte, empfand ich zum ersten Mal Freiheit über dieses Thema zu lehren.

Während des Lobpreises und auch während der Zeit meiner Predigt war ich im Geist weggenommen worden. Mein geistlicher Mensch war oben aus meinem Kopf herausgezogen worden. Als ich aufstieg, über die Erde hinaus, wurde ich über den europäischen

Kontinent gebracht. Es war Nacht, und es war wolkig. Ich erinnere mich daran, auf eine Anzahl von Nationen heruntergeschaut und über die Schönheit der Stadtlichter aus solcher Entfernung gestaunt zu haben. Übernatürlich konnte ich die äußeren Umrisse jeder Nation, zu der ich hinabsah, erkennen.

Besonders eine Nation schien heller als die anderen erleuchtet zu sein, deshalb fragte ich den Engel bei mir, auf welche Nation ich schaute. Er teilte mir mit, dies sei Lettland in Osteuropa.

Dann stiegen wir zu einer bestimmten Stadt hinab (zu welcher Stadt, weiß ich nicht) und kamen durch das Dach eines Apartmentkomplexes. Wir hielten vor der Tür Nr. 212 an. Als ich dort stand und mich über unsere Aktion wunderte, hörte ich hinter der Tür ein weinendes Kind.

Ich sollte die Tür öffnen, dann ging ich durch das kleine Wohnzimmer in ein Hinterzimmer, wo ein kleines Mädchen an ihrem Bett kniete und betete.

Das Mitleid des Herrn überwältigte mich, als ich näher kam. Durch den Geist Gottes wusste ich sofort ihren Namen, so kniete ich mich neben sie, nahm sie in den Arm und gab ihr Trost.

Als ich mich mit ihr unterhielt, erfuhr ich ihre Geschichte. Ihr Name war Natalia. Ihre Eltern waren gerade aus dem Haus gegangen, um Nahrung aufzutreiben, denn sie hatten schon einige Zeit nichts mehr zu essen. Beide Elternteile konnten in dieser Stadt keine Arbeit finden. Sie hatten kein Geld mehr, kein Essen und sollten die Wohnung räumen. Natalia weinte und schrie zu Gott, Er solle eingreifen.

Ich konnte mit ihr beten und sie in ihrer Sprache trösten – die ich nicht verstand, aber Gott verstand sie. Als wir fertig waren, wurde ich augenblicklich in den Gottesdienst zurückversetzt, wo ich im Natürlichen noch lehrte.

Schon vor dieser besonderen Konferenz hatte ich den Eindruck, dass etwas Ungewöhnliches geschehen würde, und wir dieses übernatürliche Geschehen entweder mit bloßen Augen oder auf Kamera erkennen würden. Ich hatte dieses im Hinterkopf, als ein befreundeter Fotograf zur Konferenz kam. Er verfügt über einige sehr beeindruckende Digitalkameras.

Ich sagte ihm, er könne gerne Bilder von allem machen, was ihn beeindruckte, während jedem Konferenzteil, bei dem er dabei sein wollte. Zu jener Zeit zeigte er mir keine der Fotos, und um ehrlich zu sein, ich vergaß all dieses. Aber irgendwann im Juni erinnerte ich mich plötzlich daran, dass ich seit dieser Neujahrskonferenz nichts von ihm gehört hatte.

An dem Abend, als ich im Geist weggenommen wurde (die soeben erzählte Geschichte), hatte er ein Foto gemacht, mit dem er nach seinen eigenen Worten nichts anfangen konnte. Auf diesem Foto war ich vollständig durchsichtig – du kannst direkt durch mich hindurch sehen. Dieses übernatürliche Ereignis hatte er mit seiner Digitalkamera festgehalten.

Wie bereits erwähnt, ich lege hier nur Grundlagen.

Fahrten mit dem Himmelswagen

Und es geschah, während sie miteinander gingen und redeten, siehe da; ein feuriger Wagen und feurige Pferde, die sie beide voneinander trennten! Und Elia fuhr im Sturmwind auf zum Himmel. (2. Könige 2:11)

Bei einigen Gottesdiensten, an denen wir teilnahmen, wurden wir Zeugen eines ungewöhnlichen übernatürlichen Phänomens, ähnlich der vorangegangenen Schriftstelle. Ein Feuerwagen kam in den Raum. Viele Gottesdienstbesucher sahen und fühlten diese Manifestation und wurden durch den Einfluss dieser himmlischen Begegnung verwandelt.

Die erste solcher Begegnungen geschah während einer Konferenz in der gleichen Gemeinde in Coeur d'Alene, Idaho, ein Jahr nach der berichteten Versetzung. Mir ist klar geworden, dass Visionen Sprache sind. Es gibt Zeiten, in denen ich das Gesehene direkt mitteilen kann. Zeitweise muss ich aber weise sein bei der Vermittlung dessen, was der Herr durch eine Vision sagt, damit die Menschen empfangen können, was ihnen der Herr versucht mitzuteilen.

An diesem besonderen Abend sah ich diesen Wagen in das Heiligtum fahren. Die Pastoren, John und Ruth Filler, und ich sprachen vor der Konferenz miteinander, denn wir hatten das Empfinden, dass der Herr unser eingefahrenes Denken während dieser Zeit herausfordern wollte.

Ich sagte: „Pastor John, ich habe ein starkes Empfinden, dass wir bei dieser Konferenz herausgefordert werden, die Begrenztheit unserer Erfahrung zu verlassen."

Wir wussten so wenig! Als ich diesen Feuerwagen sah und die übernatürlichen Wesen, die ihn zogen (die Pferde) prüfte ich sofort den Geist, indem ich fragte: „Ist Jesus, der Messias, Mensch geworden?"

Nach empfangener Zustimmung fragte ich den Herrn: „Was sagst du, Vater?"

Er sagte: „Setze zwei Stühle in den Wagen."

Ich wandte mich an die Pastoren und sagte: „John, die Begrenzung verlassen, richtig?"

Er sagte: „Ja, keine Begrenzung mehr."

Ich sagte: „Okay."

Ich bat zwei der Ordner, zwei Stühle an den Ort vor die Versammlung zu platzieren, auf den ich deutete. Sobald sie dort waren, sagte ich: „Was jetzt, Herr?"

Er sagte: „Lass Pastor John und seine Frau Ruth auf den Stühlen Platz nehmen."

Noch einmal wandte ich mich zu den Pastoren und sagte: „Keine Begrenztheit?"

Wieder sagten sie: „Ja, weg mit den Begrenzungen."

Ich sagte: „Okay, ihr beide kommt und setzt euch hierhin."

Später erzählte John mir, dass er während des Weges dachte: „Was macht er nur?"

Also, sie saßen auf den Stühlen mit dem Gesicht in Fahrtrichtung. Sobald sie sich gesetzt hatten, wurden sie im Geist weggenommen. Ruth hatte ein erstaunliches Erlebnis, sie sah, wie Philippus den äthiopischen Eunuchen taufte, und dann unter anderem, wie Philippus nach Aschdod versetzt wurde. John wurde zu den Sternen gebracht und kam in den dritten Himmel. Ihr gesamtes Erlebnis dauerte etwa eine Stunde, währenddessen fuhr ich mit der Predigt fort und sah gelegentlich nach ihnen, um zu verfolgen, was geschah.

Schließlich zeigte mir der Herr, ihr Erlebnis war ans Ende gekommen. Ich bat John, uns mitzuteilen, was während dieser Stunde geschehen war. Von der Erfahrung so aufgelöst, konnte er nicht sprechen, ohne zu weinen. Manchmal bat er darum, das Erlebte erst verarbeiten zu dürfen, bevor er uns weiter erzählte.

Komm heraus aus deiner Begrenztheit!

Gut, wenn dich dieser Bericht fordert. Ich hoffe, du studierst das Wort. Geh ins Wort und erlaube ihm dich zu provozieren, alles zu werden, wozu du geschaffen wurdest! Nur weil ich diese Erlebnisse mitteile, muss das nicht bedeuten, dass du sie als gesetzt annehmen musst. Aber du hast das Wort zu studieren. Verstehe, was das Wort Gottes sagt, und empfange durch Glauben von Gott all das, was dir gehört!

Wir haben uns selbst behindert, in so manches von Gott Gegebene einzutreten, weil wir uns konfessionelle Schranken auferlegt haben. Wir argumentieren, die Bibel sei in vielem nicht länger relevant, und Gott würde solches nicht mehr wirken. Fliehe vor derartiger Mentalität und solchen religiösen Denkweisen! Man kann den Herrn nicht von Seinem Charakter trennen! Er ist ein übernatürlicher Gott, und wir sind nach Seinem Bild geschaffen. Wir haben das Potenzial, in die Fülle der verliehenen Sohnschaft einzutreten!

Ich versuche, keinen Menschen herabzusetzen. Dennoch möchte ich unbiblische Traditionen und religiöse Systeme offenlegen, die Gott aus dem Bereich unserer Erfahrungen ausgrenzt und Gottes Volk in Gefangenschaft halten.

Lukas 11:52 besagt, die Pharisäer entwendeten den Schlüssel der Erkenntnis durch menschliche Traditionen. Mit anderen Worten: Durch ihre Traditionen behinderten sie andere, in die Fülle der Erkenntnis Gottes hineinzukommen, und hielten Gott um Armeslänge von den Menschen entfernt und diese genauso von Gott. Wir müssen die uns lieb gewonnenen und bequemen Traditionen neu beurteilen und uns ernsthaft fragen: „Herr, halten mich diese Traditionen von der Fülle deiner Verheißungen und von der Intimität mit Dir, ab! Falls sie das tun, brauche ich Hilfe. Ich weiß nicht, wie ich aus diesem religiösen Käfig ausbrechen kann, aber Vater, Du weißt es. Zeig mir, wie es geht. Zeige mir, wie ich in Deine Verheißungen hineindrängen kann."

Gerade habe ich einige Beispiele von Versetzungen im Wort Gottes aufgezeigt - körperliche und geistliche, durch Engelsbesuche, durch den Heiligen Geist und durch Jesus selbst. Es gibt verschiedene Mittel in der Bibel, so wie Elia im Feuerwagen, Jesus und das Boot, ein Engel öffnet die Gefängnistüren und so weiter. Weil all diese klar in der Bibel aufgezeichnet sind, brauchen wir uns nicht zu fragen, ob dies möglich ist. Vielmehr müssen wir erforschen, ob der Herr auch uns als Gruppe oder Einzelperson dazu berufen hat. Mit Erwartung und Vorfreude sollten wir in unserem geistlichen Leben vorangehen. Wir müssen anfangen zu glauben, dass alles möglich ist. Der Schlüssel ist unser Glaube.

8

Versetzung durch Glauben: Gehen

Wir wollen Gott vertrauen. Er ist unser Vater. Bitten wir Ihn um Brot, wird Er uns keinen Stein geben. Bitten wir Ihn um Hilfe bei der Entwicklung unseres Gehörs, damit wir Seine Stimme hören, lässt Er nicht den Teufel kommen und dich querbeet betrügen. Nein, die *Liebe* des Vaters spricht: „Mein Kind, Ich werde dich weder verlassen noch aufgeben."

Petrus sagte: „Herr, wenn Du es bist, bitte mich zu kommen." Jesus begeistert es, wenn wir äußern: „Herr, ich möchte mich auf diese Reise begeben, in dieses Abenteuer, genannt Glaube." Er ist so ergriffen, dass Er dir auf der Stelle begegnen, mit dir gehen, dich ausbilden und lehren will. Um zu zeigen, auf welche Weise das Herz des Vaters schlägt, verwende ich dieses Beispiel: Wenn du Kinder hattest und dein Kind bei den ersten Schritten fiel, standst du nicht da und hast das Kind für seine Dummheit und Unbeholfenheit beschimpft. Nein, du warst begeistert, weil es den Versuch unternommen hat. Jetzt vervielfache das Millionen Mal – so ist das Herz des Vaters.

Die Wege finden

Begibst du dich auf den Weg des Glaubens, ist Er begeistert über deinen Versuch, so zu werden wie Papa und alles zu werden, vom dem Er sagt, du könntest es sein. So schlägt Sein Herz gerade jetzt für dich! Er sitzt dort mit klopfendem Herzen und sagt: „Auf geht's! Komm! Du kannst das. Nimm mein Wort und glaube es! Gebrauche es, und du wirst sehen, dass du es tun kannst."

So spricht der Herr: Tretet auf die Wege, seht nach den Pfaden der Vorzeit, wo denn der Weg zum Guten sei, und geht ihn! So werdet ihr Ruhe finden für eure Seelen. Aber sie sagen: Wir wollen ihn nicht gehen. (Jeremia 6:16)

Das ist eine der ersten mir vom Herrn gegebenen Schriftstellen, um mir größere Einsicht in die Versetzung durch Glauben zu geben. Trotzdem musste ich tief graben. Oberflächlich schaust du dir diesen Vers an und erhältst eine vage diesbezügliche Einsicht in die Gedanken des Herrn. Als ich aber das ursprünglich Hebräische eingehend studierte, setzte ich die Bedeutungen jeder dieser Worte zusammen. Bei der Umformulierung der Schriftstelle, ergab sich dieser Schatz: *„Dies sagt der Herr: Stehe an der wenig betretenen Straße und schau genau hin. Verlange ernsthaft nach dem gut verborgenen Fluchtpunkt, der ewig und fortwährend ist. Frage, wo sich die wenig betretene Straße befindet und reise und entschwinde auf ihr, und du wirst Ruhe finden für deine Seele."*

Um auf diesen uralten Wegen gehen zu können, müssen wir zuerst erkennen, wo diese sind! Wir müssen lernen, mit Einsicht zu wandeln. Heute wird vieles in der Gemeinde veröffentlicht, sogar Lehren von Dämonen, die, falls wir das Wort Gottes nicht solide handhaben und nicht gelernt haben, zwischen Gut und Böse zu unterscheiden – uns übernehmen. Deshalb ist es zwingend, Gott um Unterscheidung zu suchen.

Zweitens müssen wir Gott um Glauben bitten, dass Er uns das geben will, von dem Er sagt, es gehört uns. Deshalb sagte er: „Frage, wo die Straße weniger betreten ist, nimm sie und entschwinde auf ihr."

Der dritte Schlüssel ist dieser: Es ist ein Ort des Friedens und der Ruhe; kein Ort der Angst oder der Anstrengung mit eigenen Kräften und eigenem Verständnis; es ist kein Ort der Sorge. Es ist der Ort des Friedens und der Ruhe in Gott. Deshalb erkenne, bitte und glaube, dann wirst du reisen, entschwinden und Ruhe finden.

Lektion eins

Nachdem ich neun Monate studiert, gebetet und gefastet hatte, empfand ich, für die erste Lektion der Versetzung durch Glauben bereit zu sein. Ich sagte: „Herr, ich denke, ich bin bereit für meine erste Lektion."

Ich lebe im Staat Washington und wuchs in der kleinen Stadt Edmonds, nördlich von Seattle, auf. Gelegentlich kehre ich dorthin zurück, um Familie und Freunde zu besuchen und um zu predigen. Zur Zeit meines ersten Erlebnisses wohnte ich in Spokane, Washington, etwa 520 km von Edmonds entfernt. An einem guten Tag mit normalem Straßenverkehr dauert die Fahrt fünf bis sechseinhalb Stunden.

An diesem ungewöhnlichen Tag wollte ich mit einem Freund nach Spokane zurückfahren. Ich hatte ihm von dem neuen Abenteuer mit dem Herrn erzählt. Deshalb bat ich ihn am Morgen, mit mir zu beten und den Herrn zu bitten, uns nach Spokane zurückzubringen. Wir nahmen uns bei den Händen und beteten: „Herr, versetze uns von Edmonds nach Spokane."

So dauerte, was normalerweise fünfeinhalb bis sechs Stunden benötigt, weniger als zwei Stunden! Bei unserer Fahrt erinnere ich mich an jede Ausfahrt; ich erinnere mich durch den Snoqualmie Pass gefahren zu sein und in Ellensburg angehalten zu haben, um Benzin zu tanken und Mittag zu essen. Ich erinnere mich an die Einfahrt in Spokane, ungläubig und verwundert, wie der Herr die Zeit verkürzt hatte, damit wir unser Ziel in so kurzer Zeit erreichen konnten.

Wie ging das vonstatten? Zu jener Zeit hatte ich keine Vorstellung, wie so etwas möglich sein konnte. Aber eines weiß ich – Hiskia wurden 15 weitere Lebensjahre gegeben, und die Sonnenuhr wanderte um 10 Grad zurück (siehe Jesaja 38:8). So kann Gott die Zeit nach Seinem Willen verlängern oder verkürzen. Er ist weder durch die Zeit begrenzt, noch durch die Lichtgeschwindigkeit.

Christen, ich möchte euch etwas sagen – im geistlichen Bereich seid auch ihr nicht begrenzt! Ihr seid im Bilde Gottes erschaffen worden. Als Sohn oder Tochter Gottes seid ihr nicht durch die Naturgesetze eingeschränkt, wie viele geglaubt haben. Der Herr kann höhere Gesetze einsetzen, und Er hat das getan – das Gesetz des Geistes des Lebens in Jesus! Kürzlich las ich, dass Physiker ein Teilchen von einem Ort zum anderen versetzt oder befördert haben. Menge und Masse stellen die nächste Hürde dar, aber ihr wissenschaftliches Verständnis bestätigt, es ist möglich. Wir aber wissen schon über diese Möglichkeit aus dem Wort Gottes.

Sechs Monate lang kaute ich an diesem Erlebnis herum, betete und studierte. Beständig bat ich den Herrn um Erleuchtung über die Art und Weise. Ich wusste schon um die Möglichkeit, weil ich sie erfahren hatte. Ich wusste, dass Physiker ein wenig Erfolg in diesem Bereich verzeichnen konnten, deshalb schränkte mich nicht die Möglichkeit ein. Ich wollte das *wie* erkennen, um besser begreifen zu können, was Er mich lehrte.

Gott erinnerte mich an eine Heimsuchung vor einigen Jahren, als Er mir einen Schlüsselbund mit drei Schlüsseln gegeben hatte. Einer davon war der Schlüssel von Jesaja 22:22 – der Schlüssel des Hauses Davids; was du öffnest, kann keiner schließen, und was du schließt, kann keiner öffnen. Der Heilige Geist fragte mich: „Wo ist das Haus Davids heute?"

Ich sagte: „In Jerusalem."

Er sagte: „Wo noch?"

Augenblicklich begriff ich! Jesus sitzt auf dem Thron Davids (siehe Lukas 1:32). Ich sagte: „Er ist im Himmel."

Er sagte: „Genau."

Der zweite mir gegebene Schlüssel befand sich in Lukas 11:52 – der Schlüssel der Erkenntnis. Der dritte Schlüssel war der Schlüssel des Königreiches. Dieser Schlüssel war sehr schlicht und trotzdem reich verziert; er konnte sein Aussehen und seine Größe entsprechend der momentanen Herausforderung verändern.

Dann sagte er: „Nun, vergiss die Schlüssel nicht!"

Ich sagte: „Ja, Sir."

Er sagte: „Es gibt Eingänge oder Pforten, die du in der Bibel studiert hast. Eingänge oder Pforten kann man durch den Gebrauch eines Schlüssels öffnen! *Benutze die Schlüssel!*"

Es gibt nur eine Art, einen geistlichen Schlüssel zu verwenden - sprich das Wort!

Der Tod des Stolzes

Aufgrund meines Verlangens, Versetzung zu verstehen, hatte ich sämtliche Türen, Tore, Schranken, Fenster, Pforten im Wort Gottes studiert. All diese sprechen von Zugängen (Eingängen und Ausgängen) in den geistlichen Raum, als auch über ihren natürlichen Gebrauch. Zum Beispiel ist eine Tür ein Portal oder ein Eingang. Sie symbolisiert einen Eingang zu einem anderen Bereich oder einen Ausgang von einem solchen und den Übergang von einem geographischen Punkt zum anderen. Ein Tor symbolisiert den Eingangsweg oder ein Portal, das den Zugang zwischen Gottes sichtbarer und unsichtbarer Welt erlaubt.[20] Entsinne dich an die Schriftstelle, die wir in Kapitel 2 schon betrachtet haben:

Im Todesjahr des Königs Usija, da sah ich den Herrn sitzen auf hohem und erhabenem Thron, und die Säume seines Gewandes füllten den Tempel. Serafim standen über ihm. Jeder von ihnen hatte sechs Flügel: mit zweien bedeckte er sein Gesicht, mit zweien bedeckte er seine Füße, und mit zweien flog er. Und einer rief dem anderen zu und sprach: Heilig, heilig, heilig ist der Herr der Heerscharen! Die ganze Erde ist erfüllt mit seiner Herrlichkeit! Da erbebten die Türpfosten in den Schwellen von der Stimme des Rufenden, und das

20 Paula A. Price, The Prophet's Dictionary (New Kensington, PA: Whitaker House, 2006), 232.

Haus wurde mit Rauch erfüllt. Da sprach ich: Wehe mir, denn ich bin verloren. Denn ein Mann mit unreinen Lippen bin ich, und mitten in einem Volk mit unreinen Lippen wohne ich. Denn meine Augen haben den König, den HERRN der Heerscharen, gesehen. Da flog einer der Serafim zu mir; und in seiner Hand war eine glühende Kohle, die er mit einer Zange vom Altar genommen hatte. Und er berührt damit meinen Mund und sprach: Siehe, dies hat deine Lippen berührt; so ist deine Schuld gewichen und deine Sünde gesühnt. Und ich hörte die Stimme des Herrn, der sprach: Wen soll ich senden, und wer wird für uns gehen? Da sprach ich: Hier bin ich, sende mich! Und er sprach: Geh hin und sprich zu diesem Volk: Hören, ja, hören sollt ihr und nicht verstehen! Sehen, ja, sehen sollt ihr und nicht erkennen!

(Jesaja 6:1-9)

Beim Lesen dieser Schriftstelle stellt sich mir unter anderem folgende Frage: Warum musste König Usija sterben, damit Jesaja den Herrn sehen konnte? Als ich tiefer grub, sah ich mir 2. Chronik 26:1-22 an, wo das Leben von König Usija beschrieben wird. Dieser wurde im Alter von 16 Jahren zum König gekrönt. Am Anfang machte er sich von Gott völlig abhängig; in jenen frühen Jahren suchte er Ihn fortwährend zur Erlangung von Weisheit und Verständnis, wie das Volk regiert werden sollte. Aufgrund seiner Anerkennung Gottes, und weil er sein Volk zu Gott leitete, ließ ihn der Herrn in jedem Bereich seines Lebens wachsen.

Irgendwann fand Stolz einen Weg zu seinem Herzen, als er sich über die Gebote des Herrn stellte, und er dem Herrn Räucherwerk opferte, anstatt dies der Priesterschaft zu gestatten. Wegen seines Stolzes wurde er mit Lepra geschlagen; in diesem Zustand blieb er bis zu seinem Tode. Der Stolz führte in seinem Fall zu einer äußerlichen Manifestation, der Lepra. Ebenso habe ich diese Wurzel vieler Beschwerden oft bei jenen gesehen, die zum Gebet kamen – wenn es nach geistlicher Lepra aussah. Dieses im Sinn behaltend, können wir Jesaja 6:1 so lesen: „In dem Jahr, als *Stolz* starb, sah ich den Herrn."

Gemeinde, verstehe, dass die Aussage Jesu: „Nimm dein Kreuz und folge mir nach“, genau das meint. Wir müssen das gekreuzigte Leben umarmen. Es genügt nicht zu sagen: „Ich bin ein Christ und werde in den Himmel kommen.“ Dank sei Gott für dieses kostenlose Geschenk, aber der Herr möchte *mehr* als das! Er schaut in jedem von uns nach Christus ähnlichen Charakteren aus. Und das bedeutet, dass *wir* etwas zu tun haben. Wir müssen erwählen, geheiligt und abgesondert zu sein. Wir müssen erwählen, das gekreuzigte Leben zu umarmen, dem fleischlichen, sinnlichen Wünschen gestorben zu sein, und uns in die Fülle der Verheißungen Gottes zu drängen. Das ist unsere Wahl, und je leidenschaftlicher wir dem nachgehen, desto weiter gelangen wir in die Fülle der Verheißungen Gottes hinein. Das Wort besagt, wir können in *allem* in Ihn hinein wachsen. Das Problem besteht aber darin, dass wir nicht mal in irgendetwas von Ihm hinein gewachsen sind. Warum? Weil wir nicht gewillt waren, den Preis zu bezahlen.

Zugang durch Demut

Ich möchte dir einige andere Werke Jesu mitteilen, die wir ebenso tun können. Jesus wurde nicht groß angesehen. Er wurde geschmäht und verfolgt, dennoch erwiderte Er kein Wort und verteidigte Sich nicht selbst. Jesus verließ den Reichtum des Himmels, kam zur Erde und nahm die Gestalt eines Dieners an, um Menschen zu gewinnen, in den Himmel zurück zu kommen.

Siehst du, dies sind die Werke Jesu, aber wir weigern uns, dem nachzueifern! Wir wollen direkt zu den Wundern springen und zum *Wow*-Effekt! Das ist Stolz. Der wahre Weg eines Christus ähnlichen Charakters ist zuerst anzunehmen, was Jesus tat, dann in Jesu Werken zu wandeln, und schließlich zu dem zu werden, wovon Jesus über uns sprach. Jesus wuchs in Nazareth auf. Nazareth meint buchstäblich „Heiligung, Absonderung und Krönung".[21] Sein ganzes Leben – das Hauptaugenmerk Seiner Charakterentwicklung – geschah an einem Ort genannt *Absonderung und Heiligung*, um Ihn krönen und für seine Bestimmung freisetzen zu können. Dies ist die Vorgabe aus dem Lebensweg Jesu. Diese müssen wir bereitwillig annehmen.

In dieser Atmosphäre wuchs Jesus auf der Erde auf; ebenso ist es unser Weg, um wie Er zu werden. So sah ich in dem Jahr, als *Stolz starb*, den Herrn auf dem Thron sitzen, hoch und erhoben, und der Saum Seines Kleides erfüllte den Tempel. Darüber standen Seraphim, jeder hatte sechs Flügel. Erinnere dich, sechs ist die Zahl des Menschen, deshalb bemerke: Mit Zweien bedeckte er sein Gesicht – Demut in der Gegenwart Gottes. Mit Zweien bedeckte er seine Füße. Das bedeutet, mein Wandel muss umsichtig und geheiligt sein. Und es bedeutet, wandelst du mit Gott, werden Menschen die Frucht daraus erkennen. Dennoch ist dies eine Privatsache zwischen dir und Gott und ein Prozess des Werdens. Dann flog er mit Zweien – er erhob sich.

Und einer rief dem anderen zu: „Heilig! Heilig! Heilig ist der Herr der Heerscharen. Eines Tages wird die Welt mit Seiner Herrlichkeit gefüllt sein!" Richtig? Bist du noch bei mir? Besagt das Wort dies? *Nein!* Es sagt, dass die ganze Erde bereits voll von Seiner Herrlichkeit ist. Wenn die ganze Erde mit Seiner Herrlichkeit gefüllt ist, warum bitten wir dann Gott um die Freisetzung Seiner Herrlichkeit? Warum haben wir keinen Teil an der bereits anwesenden Herrlichkeit oder beteiligen uns nicht daran? Weil wir nicht sehen und erkennen; aufgrund unseres Unverständnisses. Du siehst, jene Herrlichkeit – jene Salbung – füllt die ganze Erde bereits für uns mit dem Potenzial Gottes, in das wir eintreten können.

Dr. Billie Brim, die das Buch *Das Blut und die Herrlichkeit* geschrieben hat, reiste Anfang der 1970er Jahre oft hinter den Eisernen Vorhang. In den Untergrundgemeinden predigte sie das

21 Roswell D. Hitchcock, Hitchcock's New and Complete Analysis, Nazareth.

Evangelium. Dort begegnete sie auch einem Ehemann und seiner Frau, und sie wurden gute Freunde. So wie sie erzählt, predigte dieser Mann über viele Jahre das Evangelium in ganz Russland, indem er an die verschiedenen Orte *versetzt* wurde.

Dann gingen die Seraphim um den Thron und riefen: „Heilig! Heilig! Heilig ist der Herr.“ Als erstes dachte ich: *Langweilig!* In Ewigkeit haben sie eine Bestimmung - den Thron Gottes zu umrunden und auszurufen: Heilig! Heilig! Heilig! Heilig! Heilig! Heilig! Heilig! Aber weißt du, eigentlich gibt es eine bessere Übersetzung. Sie gehen um den Thron Gottes herum, und jedes Mal, wenn sie herum gehen, sagen sie: *„Wow! Wow! Oh! Wow!“* Denn bei jeder Umrundung sehen sie eine neue Facette von Gottes Charakter, die sie noch niemals zuvor gesehen haben - während der ganzen Ewigkeit. Du und ich werden Gott immer neu erkennen.

Die Türpfosten wurden erschüttert. Die Türpfosten - von welcher Tür? Das Portal und seine Pfosten - die Tür, die ihm Zugang von der Erde in den Himmel gab - wurden buchstäblich von dessen Stimme, der rief, erschüttert, und das Haus wurde erfüllt mit Rauch, bzw. der Herrlichkeit Gottes. Der Rauch spricht von der Herrlichkeit Gottes; er spricht vom Räucherwerk vor Gottes Thron, welches die Gebete der Heiligen sind.

Hier haben wir das Bild eines Eingangs, eines Portals oder eines Zugangs zum Himmel. Die Bibel sagt, dass Shiloh ein Ort war, der Gottes Namen trug, und Gottes Gegenwart war an diesem geographischen Ort. Die Menschen jener Generation wussten, wenn sie mit dem Herrn in Verbindung treten oder vom ihm hören wollten - wenn sie wirklich verzweifelt von Gott hören mussten –, wie sie Offenbarung von Gott erlangen konnten. Sie gingen an einen verborgenen Ort, wie Shiloh, wo sie einige Zeit verbringen, schlafen und träumen konnten, um durch einen Traum oder eine Vision von Gott zu hören. Dies war für sie der normale Weg, um mit Gott zu kommunizieren.

Dünne Orte

Frühe keltische Christen in Irland und Wales wussten, dass Orte wie Shiloh *dünne* Orte genannt wurden, wo der Schleier zwischen dieser Realität und jener Realität so dünn war, dass der Himmel durch Gebet, Heiligung, Fürbitte und Anbetung buchstäblich in Reichweite war. Aufgrund der geschaffenen Atmosphäre war es leicht mit dem geistlichen Raum in *Verbindung* zu treten.

Der Heilige Geist hat mir schon seit einigen Jahren mitgeteilt, dass sich diese Generation an einem sehr dünnen Ort befindet – einem Ort, an dem der Schleier zwischen dieser Realität und der geistlichen Realität so dünn wird, dass diese fast greifbar ist. Wir können diese Lücke durch Glauben überqueren und auf eine Art kommunizieren, wie wir es noch nie zuvor getan haben.

Da sprach ich: Wehe mir, denn ich bin verloren. Denn ein Mann mit unreinen Lippen bin ich, und mitten in einem Volk mit unreinen Lippen wohne ich. Denn meine (körperlichen) Augen haben den König, den HERRN der Heerscharen, gesehen (das Wort sehen meint buchstäblich sehen, erkennen, begreifen, eine Vision haben). (Jesaja 6:5)

Moment mal! Niemand kann Gott sehen und leben. Die Wahrheit ist, etwas starb. „In dem Jahr, als *Stolz* starb, sah ich…" Fleisch kann niemals mit dem Heiligen in Verbindung treten, aber wenn das Fleisch stirbt, können wir eintreten. Wo *Stolz* stirbt, können wir uns verbinden. Eine grundsätzliche christliche Lehre ist die Umarmung des gekreuzigten Lebens – ich bin tot und nicht länger lebe ich, sondern Christus lebt in mir!

Verkündigte ein Prophet ein *Wehe*, bedeutete dies, es stand fest, es war in Stein gemeißelt. Gericht würde nun kommen. Es gab keine Umkehr mehr. Spricht ein Prophet ein *Wehe* für sich selbst aus, ist dies außergewöhnlich. Etwas geschah in Jesaja, das ihn dazu brachte, seinen Zustand im Lichte der Person und Gegenwart

Gottes zu erkennen. Als er an diesen Ort der Offenbarung kam, als er Stolz in diesem Ausmaß sterben sah, und die Offenbarung Gottes kam, begriff er, wie böse er wirklich war.

Diese Erkenntnis seiner Unreinheit hing an seinem Mund – was er sprach! (Worte sind Schlüssel). Die Bibel sagt, aus der Fülle des Herzens redet der Mund (siehe Matthäus 12:34). Deshalb sagte er: „Ich bin ein Mann mit unreinen Lippen, ich vergehe."

Das flog einer der Serafim zu mir; und in seiner Hand war eine glühende Kohle, die er mit einer Zange vom Altar genommen hatte. Und er berührte damit meinen Mund und sprach: Siehe, die hat deine Lippen berührt; so ist deine Schuld gewichen und deine Sünde gesühnt. (Jesaja 6:6-7)

Schau dir hier die Abfolge an. Stolz stirbt, es gibt eine Offenbarung seines wahren geistlichen Zustandes, und als Jesaja seinen geistlichen Zustand begriff, fand eine Umwandlung statt, als Gott sühnte, reinigte und jenes fortschaffte, was uns daran hindert, in die Fülle seiner Verheißung einzutreten.

Jetzt ist Jesaja eingetreten und hat Zugang zum Thronsaal Gottes. Du kannst dir die Verwunderung vorstellen, den Herrn der Herrlichkeit zu sehen und die Aktivitäten im Thronsaal! Er muss vollkommen von Ehrfurcht ergriffen gewesen sein und vor Staunen überwältigt.

Als er dort stand, hörte er ein Gespräch mit: *„Und ich hörte die Stimme des Herrn, der sprach: Wen soll ich senden, und wer wird für uns gehen?"* (Jesaja 6:8)

Dieses hätte er niemals gehört, wenn er nicht das *Sterben des Stolzes* erfahren hätte, die Sühnung und Beseitigung seiner Sünde, wenn nicht der Heiligungsprozess abgeschlossen und er in den Thronraum Gottes eingelassen worden wäre. Seine Perspektive hatte sich geändert! Er hörte von den Strategien, die im Himmel für die Erde entstanden, und bekam ein Gespür von Gottes Regierung in Ausführung. Er sah Dinge aus Gottes Perspektive!

Und der Herr sagte dieses: „*Wen soll ich senden, und wer wird für uns gehen?*“ Das Wort für *gehen* im Hebräischen ist *yalak*. Dieses ist das gleiche, was in Jeremia 6:16 benutzt wird – es bedeutet: „zu reisen und zu verschwinden.“ Der Herr sagte: „Wer wird *reisen* und für uns *verschwinden*?“

Jesaja stand dort, hörte das Gespräch mit an und sagte: „Hier bin ich, sende mich.“ Und der Herr drehte sich zu ihm um und sagte: „Reise und verschwinde und erzähle den Menschen!“

Jesaja wäre niemals in dieses Gespräch eingeweiht worden, er hätte niemals die Gelegenheit für dieses übernatürliche Erlebnis gehabt, wäre der Stolz nicht gestorben; wäre er nicht geläutert, gewaschen und gesühnt worden, um Zutritt zum Thronsaal Gottes zu haben und zu hören, was im Himmel geschah. So konnte er mit dem Herrn sprechen, sich anbieten und einen Auftrag von Gott erhalten. Erkennst du das? Jesus sagte es auf folgende Weise – das ist eine weitere Zusage, die dir gehört. – Er sagte, das, was Er tat, kannst du auch tun (siehe Johannes 14:12). Er sagte: „Ich tue nur das, was ich den Vater tun sehe“ (siehe Johannes 5:19). Verstehst du das? Ein Schlüssel, um im Übernatürlichen zu wandeln, ist zu erkennen, dass du Zutritt zu diesem Bereich hast. Außerdem hast du den Bund der Neugeburt, damit du *sehen* kannst, was der Vater wirkt, die himmlischen Strategien hörst und eintrittst und teil hast an dem, was Er heute auf der Erde tut.

Eine Braut für Isaak

Wie können wir demnach in dieser Art wandeln und mit dem Himmel kommunizieren? Wir umarmen das gekreuzigte Leben. Es ist nicht so schwer, wie es klingt, denn Gott hat immer gesagt,

Er wird Seine Stärke an unsere Schwäche setzen (siehe Jesaja 40:29). *„Aber die auf den HERRN hoffen, gewinnen neue Kraft."* (Jesaja 40:31) Das besagt buchstäblich, dass die, welche auf Gott warten, ihre Kraft *ersetzen*. Demnach ist hier der Schlüssel: Wenn du es willst, ist Gott deine „Fähigkeit". Triffst du die Entscheidung, führt Gott den Austausch herbei, denn wir sind nicht fähig, mit unserer eigenen Stärke in die Fülle der Verheißung Gottes einzutreten. So muss die Erfüllung des Bundes geschehen, und der Bund ist genau das - meine Stärke für deine Stärke; meine Mittel für deinen Mangel; mein Verständnis und meine Weisheit für deinen Mangel an Verständnis und Weisheit.

Und Abraham war alt, hochbetagt, und der HERR hatte Abraham in allem gesegnet. Da sagte Abraham zu seinem Knecht (Elieser: „Helfer" oder „Tröster"), dem Ältesten seines Hauses, der alles verwaltete, was er hatte: Lege doch deine Hand unter meine Hüfte! Ich will dich schwören lassen bei dem HERRN, dem Gott des Himmels und dem Gott der Erde, dass du meinem Sohn nicht eine Frau von den Töchtern der Kanaaniter nimmst, in deren Mitte ich wohne. Sondern du sollst in mein Land und zu meiner Verwandtschaft gehen („yalak": reisen und verschwinden) und dort eine Frau für meinen Sohn, für Isaak, nehmen!

Der Knecht aber sagte zu ihm: Vielleicht wird die Frau mir nicht in dieses Land folgen („yalak": reisen und verschwinden) wollen. Soll ich dann deinen Sohn in das Land zurück bringen, aus dem du ausgezogen bist?

Da sagte Abraham zu ihm: Hüte dich wohl, meinen Sohn dorthin zurück zu bringen! Der HERR, der Gott des Himmels, der mich aus dem Haus meines Vaters und aus dem Land meiner Verwandtschaft genommen und der zu mir geredet und der mir dies geschworen hat: Deinen Nachkommen will ich dieses Land geben, der wird seinen Engel vor dir her senden, dass du eine Frau für meinen Sohn von dort holen kannst. Wenn aber die Frau dir nicht folgen („yalak": reisen und verschwinden) will, so bist du frei von diesem Schwur. Nur sollst du meinen Sohn nicht dorthin zurück bringen. Und der Knecht legte seine Hand unter die Hüfte Abrahams, seines Herrn, und schwor ihm in Hinsicht auf dieses Wort.

Dann nahm der Knecht zehn Kamele von den Kamelen seines Herrn und zog hin und nahm allerlei Gut seines Herrn mit sich. Und er machte sich auf und zog nach Aram-Naharajim, zu der Stadt Nahors. Und er ließ die Kamele niederknien draußen vor der Stadt am Wasserbrunnen um die Abendzeit, zur Zeit, da die Schöpferinnen heraus kommen. Und er sagte: HERR, Gott meines Herrn Abraham, lass es mir doch heute begegnen, und erweise Gnade an meinem Herrn Abraham! Siehe, ich stehe an der Wasserquelle, und die Töchter der Leute der Stadt kommen heraus, um Wasser zu schöpfen. Möge es nun geschehen: Das Mädchen, zu dem ich sagen werde: „Neige doch deinen Krug, dass ich trinke!", und das dann sagt: „Trinke! Und auch deine Kamele will ich tränken", das soll es sein, das du für deinen Knecht Isaak bestimmt hast! Und daran werde ich erkennen, dass du an meinem Herr Gnade erwiesen hast.

Und es geschah – er hatte noch nicht ausgeredet -, und siehe, da kam Rebekka heraus, die dem Betuel geboren war, dem Sohn der Milka, der Frau Nahors, des Bruders Abrahams; sie trug ihren Krug auf ihrer Schulter. Und das Mädchen war sehr schön von Aussehen, eine Jungfrau, und kein Mann hatte sie erkannt. Sie stieg zur Quelle hinab, füllte ihren Krug und stieg wieder herauf. Da lief ihr der Knecht entgegen und sagte: Lass mich doch ein wenig Wasser aus deinem Krug schlürfen!

Und sie sagte: Trinke, mein Herr! Und eilends ließ sie ihren Krug auf ihre Hand herunter und gab ihm zu trinken. Und als sie ihm genug zu trinken gegeben hatte, sagte sie: Auch für deine Kamele will ich schöpfen, bis sie genug getrunken haben. Und sie eilte und goss ihren Krug aus in die Tränkrinne, lief noch einmal zum Brunnen, um zu schöpfen, und schöpfte so für alle seine Kamele. Der Mann aber sah ihr zu, schweigend, um zu erkennen, ob der HERR seine Reise würde gelingen lassen oder nicht.

Und es geschah, als die Kamele genug getrunken hatten, da nahm der Mann einen goldenen Ring, ein halber Schekel sein Gewicht, und zwei Spangen für ihre Handgelenke, zehn Schekel Gold ihr Gewicht; und er sagte: Wessen Tochter bist du? Sage es mir doch! Gibt es im Haus deines Vaters Platz für uns zu übernachten?

Da sagte sie zu ihm: Ich bin die Tochter Betuels, des Sohnes der Milka, den sie dem Nahor geboren hat. Und sie sagte weiter zu ihm. Sowohl Stroh als auch Futter ist bei uns in Menge, auch Platz zum Übernachten.

Da verneigte sich der Mann und warf sich nieder vor dem HERRN und sprach: Gepriesen sei der HERR, der Gott meines Herrn Abraham, der seine Gnade und Treue gegenüber meinem Herrn nicht hat aufhören lassen! Mich hat der HERR den Weg zum Haus der Brüder meines Herrn geführt. Das Mädchen aber lief und berichtete diese Dinge dem Haus ihrer Mutter.

Nun hatte Rebekka einen Bruder, der hieß Laban. Und Laban lief zu dem Mann hinaus an die Quelle. Und es geschah, als er den Ring sah und die Spangen an den Handgelenken seiner Schwester und als er die Worte seiner Schwester Rebekka hörte, die sagte: „So hat der Mann zu mir geredet", da kam er zu dem Mann; und siehe, er stand noch bei den Kamelen an der Quelle. Und er sprach: Komm herein, du Gesegneter des HERRN! Warum stehst du draußen? Habe ich doch schon das Haus aufgeräumt, und auch für die Kamele ist Platz da.

Da kam der Mann ins Haus; und man sattelte die Kamele ab und gab den Kamelen Stroh und Futter, ihm aber Wasser, um seine Füße zu waschen und die Füße der Männer, die bei ihm waren. Dann wurde ihm zu essen vorgesetzt. Er aber sagte: Ich will nicht essen, bis ich meine Worte geredet habe.

Und er sagte: Rede!

Da sagte er: Ich bin Abrahams Knecht. Der HERR hat meinen Herrn sehr gesegnet, so dass er groß geworden ist. Er hat ihm Schafe und Rinder gegeben, Silber und Gold, dazu Knechte und Mägde, Kamele und Esel. Und Sara, die Frau meines Herrn, hat meinem Herrn einen Sohn geboren, nachdem sie schon alt geworden war; dem hat er alles, was er hat, übergeben. Mein Herr aber hat mich schwören lassen und gesagt: Du sollst für meinen Sohn nicht eine Frau von den Töchtern der Kanaaniter nehmen, in deren Land ich wohne; sondern zu dem Haus meines Vaters und zu meiner Sippe sollst du gehen und dort für meinen Sohn eine Frau nehmen! Und ich sagte zu meinem Herrn: Vielleicht will die Frau mir nicht folgen („yalak": reisen und verschwinden). Da sagte er zu mir: Der HERR, vor dessen Angesicht ich gelebt habe, wird seinen Engel mit dir senden und wird deine Reise gelingen lassen, dass du für meinen Sohn eine Frau aus meiner Sippe und aus dem Haus meines Vaters nimmst. Dann bist du frei von dem Schwur: Wenn du zu meiner Sippe kommst und wenn sie sie dir nicht geben, dann bist du entlastet von dem Schwur. So kam ich heute zu der Quelle und sprach: HERR, Gott meines Herrn Abraham, wenn du doch Gelingen geben wolltest zu meinem Weg, auf dem ich gehe! Siehe, ich stehe bei der Wasserquelle. Möge es nun geschehen, dass das Mädchen, das heraus kommt, um zu schöpfen, und zu dem ich sage: „Gib mir doch ein wenig Wasser aus deinem Krug zu trinken!", und das dann zu mir sagt: „Trinke du, und auch für deine Kamele will ich schöpfen", dass dies die Frau sei, die der HERR für den Sohn meines Herrn bestimmt hat" Ich hatte in meinem Herzen noch nicht ausgeredet, siehe, da kam Rebekka heraus mit ihrem Krug auf ihrer Schulter; und sie stieg zur Quelle hinab und schöpfte. Da sagte ich zu ihr: Gib mir doch zu trinken! Und eilends ließ sie ihren Krug von ihrer Schulter herunter und sagte: Trinke, und auch deine Kamele will ich tränken. Da trank ich, und sie tränkte auch die Kamele. Und ich fragte sie und sprach: Wessen Tochter bist du? Und sie sagte: Die Tochter Betuels, des Sohnes Nahors, den Milka ihm geboren hat. Und ich legte den Ring an ihre Nase und die Spangen an ihre Handgelenke. Dann verneigte ich mich und warf mich vor dem HERRN nieder und dankte dem HERRN, dem Gott meines Herrn Abraham, der mich den rechten Weg geführt hatte, die Tochter des Bruders meines Herrn für seinen Sohn zu nehmen. Und nun, wenn ihr Gnade und Treue an meinem Herrn erweisen wollt, so teilt es mir mit; und wenn nicht,

so teilt es mir auch mit! Und ich werde mich zur Rechten oder zur Linken wenden.

Da antworteten Laban und Betuel und sagten: Vom HERRN ist die Sache ausgegangen; wir können dir nichts sagen, weder Böses noch Gutes. Siehe, Rebekka ist vor dir: Nimm sie und geh hin („yalak": reisen und verschwinden), dass sie die Frau des Sohnes deines Herrn werde, wie der HERR geredet hat!

Und es geschah, als Abrahams Knecht ihre Worte hörte, da warf er sich zur Erde nieder vor dem HERRN. Und der Knecht holte silbernes Geschmeide und goldenes Geschmeide und Kleider hervor und gab sie der Rebekka; und Kostbarkeiten gab er ihrem Bruder und ihrer Mutter. Dann aßen und tranken sie, er und die Männer, die bei ihm waren, und übernachteten. Aber am Morgen standen sie auf, und er sagte: Entlasst mich zu meinem Herrn!

Da sagten ihr Bruder und ihre Mutter: Lass das Mädchen noch einige Tage oder zehn bei uns bleiben, danach magst du gehen.

Er aber sagte zu ihnen: Haltet mich nicht auf, da der HERR meine Reise hat gelingen lassen; entlasst mich, dass ich zu meinem HERRN ziehe!

Da sagten sie: Lasst uns das Mädchen rufen und ihren Mund befragen. Und sie riefen Rebekka und sagten zu ihr: Willst du mit diesem Mann gehen („yalak": reisen und verschwinden)?

Sie sagte: Ich will gehen („yalak": reisen und verschwinden).

(1. Mose 24:1-58)

In dieser Passage aus der Schrift ist Abraham ein Bild auf Gott den Vater. Sein Knecht wird hier nicht benannt, wird aber vorher in Kapitel 15 bezeichnet. *Elieser* steht für den Heiligen Geist. Elieser meint buchstäblich „Tröster und Helfer."[22] Isaak steht, wie du weißt, für Jesus.

22 Roswell D. Hitchcock, Hitchcock's New and Complete Analysis, Elieser.

Abraham war betagt, im fortgeschrittenen Alter, und der Herr hatte Abraham in allem gesegnet. Abraham trug Elieser, seinem ältesten Diener, der alles verwaltete, auf, in einen Bund mit ihm zu treten, damit er eine Braut für seinen Sohn Isaak finden sollte.

Keine Umkehr

Ein dienendes Herz verfügt über den ganzen Besitz des Vaters. Das ist ein Schlüssel. Es ist ein Diener – ein leibeigener Diener – der dafür abgesondert wurde, allen Besitztum Gottes zu verwalten, nicht nur einen Teil. Deshalb sagte Abraham zum ältesten Diener seines Hauses, der seinen ganzen Besitz verwaltete: „Bitte lege deine Hand unter meine Hüfte, und ich möchte, dass du mir schwörst – wir werden mit dem Herrn, dem Gott der Himmel und dem Gott der Erde, einen Bund schließen – dass du keine Frau für meinen Sohn aus den Töchtern der Kanaaniter nimmst, unter denen ich wohne, aber du sollst *yalak* – reisen und verschwinden – in mein Land und zu meiner Familie und eine Frau für meinen Sohn Isaak, nehmen.

Daraufhin sagte der Diener zu ihm: „Vielleicht will die Frau nicht mit in dieses Land *reisen* und *verschwinden* – vielleicht will sie nicht mit mir *yalak*. Soll ich dann deinen Sohn in das Land bringen, von wo du kamst?

Nun, wir wissen, dass Jesus nicht erneut gekreuzigt wird. Abraham sagte: „Bestimmt nicht. Hüte dich, meinen Sohn dorthin zurückzubringen. Er geht nicht zurück. Die Braut kommt zu ihm. Der Herr, der Gott des Himmels, der mich aus meines Vaters Haus und aus dem Land meiner Familie genommen hat, und der zu mir sprach und mir schwor: „Dir und deinen Nachkommen gebe ich dieses Land“, der wird seine Engel vor dir her senden, und du wirst eine Frau für meinen Sohn von dort nehmen. Falls die Frau nicht mit dir *reisen* und *verschwinden* wird, sollst du von diesem Schwur freigesetzt sein; nur bringe meinen Sohn nicht zurück.“

Dieses ist interessant. In 1. Mose 22 prüfte Gott Abrahams Glauben. Das geschah am dritten Tag, und der Test beinhaltete: „Abraham, liebst du den Gott der Verheißung mehr, als die Verheißung Gottes? Isaak war Gottes Verheißung für Abrahams und Sarahs Leben. Er war der Bund, den Gott geschlossen hatte. Er sagte: *durch deinen Samen*. Die meisten Menschen wissen nicht, dass Isaak 30 bis 33 Jahre alt war, als er ihn auf den Berg Morija brachte und opfern wollte, an dem Ort der Kreuzigung Jesu. Es heißt, dass Abraham wieder herunterkam, aber es wird nichts über die Rückkehr Isaaks gesagt. Am nächsten Ort, von dem wir von Isaak hören, trifft er seine Braut. Jesus ging für zwei Tage fort. Er verschwand und der nächste Ort, wo wir Ihn sehen werden, ist, wenn die Braut und der Bräutigam zusammen kommen. In diesen wenigen Kapiteln sehen wir ein Bild vom Evangelium.

„Und der Knecht legte seine Hand unter die Hüfte Abrahams, seines Herrn, und schwor ihm in Hinsicht auf dieses Wort (und schloss einen Bund mit ihm). *Dann nahm der Knecht zehn Kamele von den Kamelen seines Herrn und zog hin.“* Nach biblischer Zahlenkunde ist Zehn die Zahl der Prüfung. Schauen wir uns dieses an, können wir deshalb sagen: Okay, zehn Kamele - diese Kamele werden zur Prüfung für irgendetwas gebraucht.

Alle Güter seines Herrn waren in seiner Hand, und er stand auf, *reiste* und *verschwand* nach Mesopotamien, in die Stadt Nahors. Dort ließ er seine Kamele außerhalb der Stadt bei einem Wasserbrunnen zur Abendzeit niederknien. Das war die Zeit, zu der die Frauen herauskamen und Wasser schöpften.

Dies ist interessant: Der Brunnen hieß *Lati Roi*, was buchstäblich bedeutet „der Brunnen des Lebendigen, der mich sieht,“ oder „der Brunnen Seiner Gegenwart.“ Wir wissen, dass *Wasser* oft das Wort Gottes sowie den Heiligen Geist bezeichnet, deshalb spricht „der Brunnen des Lebendigen, der mich sieht“ davon, tief aus dem Fluss des lebendigen Wassers, der in uns ist, zu schöpfen.

Darüber hinaus

Er ließ seine Kamele niederknien, dann sagte er:

> **HERR, Gott meines Herrn Abraham, lass es mir doch heute begegnen, und erweise Gnade an meinem Herrn Abraham! Siehe, ich stehe an der Wasserquelle, und die Töchter der Leute der Stadt kommen heraus, um Wasser zu schöpfen. Möge es nun geschehen: Das Mädchen, zu dem ich sagen werde: „Neige doch deinen Krug, dass ich trinke!", und das dann sagt: „Trinke! Und auch deine Kamele will ich tränken", das soll es sein, das du für deinen Knecht Isaak bestimmt hast! Und daran werde ich erkennen, dass du an meinem Herr Gnade erwiesen hast.**
>
> (1. Mose 24:12-14)

Ich möchte, dass du dies jetzt verstehst. Elieser kommt zum „Brunnen des Lebendigen, der mich sieht." Elieser ist ein Bild für den Heiligen Geist. Als solcher hält er Ausschau und sucht nach etwas in dieser Bundesperson, diesem Familienmitglied Abrahams. Nach was er sucht, ist das Herz eines Dieners – eines Leibeigenen. Stolz ist gestorben! Demut ist offensichtlich.

Tatsächlich kannst du an diesem „Brunnen des Lebendigen, der mich sieht" nur das ausschütten, was du in dein Gefäß hinein getan hast. Du musst das Wasser dieses Wortes aus der Quelle herausholen, damit du es zu dir nehmen kannst!

> **Und es geschah – er hatte noch nicht ausgeredet –, und siehe, da kam Rebekka heraus, die dem Betuel geboren war, dem Sohn der Milka, der Frau Nahors, des Bruders Abrahams; sie trug ihren Krug auf ihrer Schulter.** (1. Mose 24:15)

Das ist interessant. Sie trugen ihn auf der rechten Schulter; die rechte Schulter spricht von göttlicher Regierung. Erinnere dich noch einmal: der Krug ist ein Tonkrug – das symbolisiert das Fleisch. Wir haben hier also einen mit Wasser gefüllten Tonkrug, platziert in göttlicher Regierung; und die rechte Hand spricht von größerem Segen. Sie kommt heraus, um Wasser zu holen. Der

Diener läuft, um ihr zu begegnen. In Vers 17 sagt er: „Lass mich bitte ein wenig aus deinem Krug trinken." Sie sagte: „Trinke, mein Herr!" Dann lässt sie schnell den Krug in ihre Hand gleiten und gibt ihm zu trinken.

Schnell reagierte sie auf den Heiligen Geist. Aufgrund ihrer augenblicklichen Reaktion auf eine Not, war ihr dienendes Herz klar erkennbar. Sie hatte keine Angst, wie sie vielleicht aussehen würde. Sie fürchtete sich nicht davor, was Leute sagen könnten – diese Frau spricht mit diesem fremden Mann, dem sie noch nie begegnet war. Sie war schnell und gehorsam, denn sie hatte ein dienendes Herz.

Und als sie ihm genug zu trinken gegeben hatte, sagte sie: Auch für deine Kamele will ich schöpfen, bis sie genug getrunken haben. Und sie eilte und goss ihren Krug aus in die Tränkrinne, lief noch einmal zum Brunnen (des Lebendigen, der mich sieht), um zu schöpfen, und schöpfte so für alle seine Kamele. (1. Mose 24:19-20)

Jetzt hör zu: Wir mögen denken: Okay, sie gab ein paar Wasserkrüge für die Kamele dazu. Kamele können zwischen 70 und 140 Liter Wasser trinken. Sie hatten die Wüste gerade 950 km weit durchquert. Sie waren durstig! Und es gab zehn durstige Kamele, die Wasser wollten! Kannst du das ausrechnen? Wir sprechen nicht über eine fünfminütige Arbeit. Wir sprechen über jemanden, der, aufgrund seines dienenden Herzens, gewillt war, den ganzen Weg zu gehen und das Notwendige zu tun, um das Problem zu lösen.

Den Test bestehen

Die meisten Menschen im Königreich Gottes sind gewillt, den halben Weg oder einen Teil des Weges zu gehen, nur wenige wollen laufen und dran bleiben, bis der ganze Kurs geschafft ist. Hörst du mich? Es geht nicht um eine momentane *Leidenschaft* – es ist eine lebenslange *Leidenschaft*. Das Wort sagt, wir befinden uns alle in einem Lauf. Ich war ein Langstreckenläufer. Ich lief die eine Meile und die zwei Meilen, und nachdem ich fast alle Runden geschafft hatte – als ich noch eine Runde oder eine halbe Runde laufen musste – war dort die Ziellinie. Ich konnte sie sehen. Ich musste wirklich tief graben, musste jede letzte Kraftquelle nehmen, von der ich nicht einmal wusste, dass ich sie während des Laufes hatte, denn dort war die Ziellinie, und die wollte ich erreichen.

Gemeinde, ich möchte dir mitteilen: Die Ziellinie ist heute in Sicht. Wir müssen im Brunnen Seiner Gegenwart tief graben. Wir müssen tief graben und mit allem, was in uns ist, hinein drängen, um die Fülle der Verheißung Gottes zu erreichen, denn sie ist in Sicht. Die Erfahrung der Versetzung ist ein Teil dessen, du musst jedoch das gekreuzigte Leben umarmen. Du musst ein dienendes Herz bekommen.

Wie sehen diese Kamele für uns aus? Sie schürfte tief aus dem „Brunnen des Lebendigen, der mich sieht, dem Brunnen seiner Gegenwart." Das erste Kamel war das Kamel von Krankheit. Sie nahm ihren Wasserkrug und zog aus dem Brunnen seiner Gegenwart, und sie goss aus – *durch die Wunden von Jesus, wurde ich geheilt* (siehe 1. Petrus 2:24). Und sie goss aus, bis dieses Kamel zufrieden und voll war, und sie erzielte den Sieg – dieser Test war geschafft.

Das nächste war das Kamel des Mangels, und sie zog Wasser aus dem Brunnen seiner Gegenwart – *mein Gott aber wird alles, wessen ich bedarf, erfüllen nach seinem Reichtum in Herrlichkeit in Christus Jesus* (siehe Philipper 4:19). Sie blieb dran Wasser aus dem Brunnen seiner Gegenwart zu schöpfen, vielleicht bis zu 140 Liter, bis dieses Kamel zufrieden und gefüllt war.

Bei allen zehn Kamelen sorgte sie dafür, dass sie mit dem Wasser des Wortes gesättigt waren, dem Wasser aus dem Brunnen Seiner Gegenwart. Indem sie das tat, begegnete sie der Herausforderung des vor ihr liegenden Testes. Das ist unser Beispiel für jeden Test und jede Versuchung auf unserem Weg! Wie schöpfen wir das Wort Gottes aus dem Brunnen Seiner Gegenwart, der in uns ist? Wir sprechen und setzen es frei, damit es ausführt, was Er darüber sagt. Und wenn wir es 100 Mal oder 360 Mal tun müssen, du *sprichst Sein Wort*. Wir sind Menschen des Wortes.

Reine Dienerschaft

Der Mann Elieser schwieg weiter, wunderte sich über sie und wollte wissen, ob der Herr seine Reise gelingen ließ. Gab es schon solche Zeiten in deinem Leben, wo es scheint, als würde der Himmel schweigen, und du könntest keinen Durchbruch bekommen – du hörst gar nichts? Sofort beginnst du dich zu fragen, ob du den Herrn ärgerlich gemacht hast, ob es Sünde in deinem Leben gibt. Und in den größten Versuchungen fragst du dich, ob du überhaupt errettet bist. Manchmal beobachtet der Heilige Geist deine Erwiderung auf den vor dir liegenden Test. Er sieht nur auf deine Reaktion. – Er ist nicht fortgegangen! Er ist genau dort! Es liegt eine himmlische Erwartung über dir; diese sieht den Sieg im Voraus, wenn du weiter aus dem Überfluss des in dich hineingelegten Depots ziehst – das Wasser aus dem Brunnen Seiner Gegenwart. Der Herr erwartet Sieg! Niemals Niederlage! Jeder Test deines Lebens beabsichtigt, einen weiteren Sieg zu erlangen und unserem Vorgänger Jesu nachzueifern!

Elieser blieb still.

Und es geschah, als die Kamele genug getrunken hatten, da nahm der Mann einen goldenen (Nasen) Ring, ein halber Schekel sein Gewicht, und zwei Spangen für ihre Handgelenke, zehn Schekel Gold (die Zahl des Tests) ihr Gewicht; und er sagte: Wessen Tochter bist du?

(1. Mose 2:22-23)

Die Nase spricht von Einsicht. Gold symbolisiert Reinheit, Heiligkeit und die Furcht Gottes. Es gab eine einsichtige Reinheit in diesem dienenden Herz, und nachdem sie jetzt den Test bestanden hat, wird sie auf die nächste Ebene ihrer Erkenntnisfähigkeit von Reinheit, Heiligkeit und der Furcht des Herrn erhoben.

Er legte Gold um ihre Hand; ihre Hand spricht von Dienerschaft – reine Dienerschaft mit unverfälschtem Herzen. Mit reiner Einsicht und Leidenschaft diente sie und tränkte die Kamele. Sie stellte sich dem Test, überwand und bestand; und es gab eine Belohnung.

Deshalb lasst uns weiter unten schauen, wo er sich wiederholt:

Und nun, wenn ihr Gnade und Treue an meinem Herrn erweisen wollt, so teilt es mir mit; und wenn nicht, so teilt es mir auch mit! Und ich werde mich zur Rechten oder zur Linken wenden. Da antworteten Laban und Betuel und sagten: Vom HERRN ist die Sache ausgegangen; wir können dir nichts sagen, weder Böses noch Gutes. Siehe, Rebekka ist vor dir: Nimm sie und geh hin (reise und verschwinde), dass sie die Frau des Sohnes deines Herrn werde, wie der HERR geredet hat!

(1. Mose 24:49-51)

Dann gab er ihrem Bruder und ihrer Mutter Kostbarkeiten, und er und die Männer aßen und tranken und blieben über Nacht. Am nächsten Tag sagten ihre Mutter und ihr Bruder:

Da sagten ihr Bruder und ihre Mutter: „*Lass das Mädchen noch einige Tage oder zehn bei uns bleiben ...*“ (1. Mose 24:55)

Und Elieser, der Diener sagte: „*Haltet mich nicht auf, da der HERR meine Reise hat gelingen lassen; entlasst mich, dass ich zu meinem HERRN ziehe* (reise und verschwinde). *Da sagten sie: Lasst uns das Mädchen rufen und ihren Mund befragen.*“ (1. Mose 24:56+57)

Erinnere dich – reine Einsicht, reine Dienerschaft, ein dienendes Herz. Dann riefen sie Rebekka und sagten zu ihr: „Willst du mit diesem Mann *reisen* und *verschwinden*?" Und sie sagte: Ich will *reisen* und *verschwinden*." Deshalb sandten sie sie fort (siehe 1. Mose 24:58).

Jetzt habe ich dir einige Schlüssel gegeben. Ich könnte dir hier Unzähliges aus den hebräischen Worten zeigen, die über mein Thema – Versetzung durch Glauben – sprechen. Aber einige Schlüssel müssen wir verstehen. Wir müssen das gekreuzigte Leben umarmen. Wir müssen Gott erlauben, unsere Motive zu reinigen, unsere Gespräche zu reinigen und das zu behandeln, mit dem wir uns noch nicht auseinandergesetzt haben. Wir müssen ein dienendes Herz bekommen – nicht nur das eines Dieners, sondern das eines Leibeigenen – und erkennen, dass alle Besitztümer unseres Lebens nicht uns gehören; wir sind nur Verwalter, weil Ihm alles gehört. Sogar die Gabe und die Berufung auf deinem Leben – besonders über diese – bist du nur ein Verwalter. Es ist nicht dein Dienst; es ist Sein Dienst, den Er dir zur Verwaltung gegeben hat. Es ist nicht *deine* Gabe; es ist Seine Gabe, die er dir erlaubt, zu verwalten und zu gebrauchen. Es ist nicht *dein* Talent; es ist Sein Talent und Er erwartet eine Rückgabe. Du sollst alles verwalten, womit Er dich geschmückt hat.

Vor Gott sind alle gleich. Alle Verheißungen – sogar das Abenteuer der Versetzung durch Glauben – gehören dir. Ist dir dieses klar, kannst du weiter auf das Ziel zulaufen, und dann *wirst* du es erreichen. Bist du bereit, kann Er etwas tun; triffst du die Entscheidung, bringt Er die Veränderung. Alles ist denen möglich, die glauben! Ich muss noch einmal betonen, ich habe nicht gesagt: „Du musst mit 250 Kilo Glauben an die Sache gehen!" – wenn du nur ein paar Gramm bekommen hast." Die Bibel spricht davon, dass du das Maß des Glaubens gebrauchen sollst, das du bekommen hast (siehe Römer 12:3). Nur danach schaut Er aus. Ich spreche nicht von Ebenen und Maßgrößen des Glaubens. Wie viel Glauben hatte denn Lazarus? Keinen! Er war tot und schon begraben. Aber Jesus glaubte. Gott der Vater und Jesus, der Sohn, werden dich an jedem Stand des Glaubens abholen, und dich von dort aus auf diese Reise mitnehmen.

Der zweite Himmel

Der Herr ließ mich Weiteres bei der Versetzung durch Glauben erleben und erlernen. Etwa ein Jahr nach meinem Erlebnis mit der Fahrt von Seattle nach Spokane; nach sehr viel mehr Studium, Gebet und Fasten, und nachdem ich wenig mehr Verständnis über das „Wie“ und „Warum“ der Versetzung gewonnen hatte, sagte ich: „Okay, Herr. Ich bin für die nächste Lektion bereit.“

Ich wusste so wenig! Ich befand mich in meinem Zimmer und betete Gott an, und ganz plötzlich empfand ich diesen Sog. Als ich meine Augen öffnete, stand ich in den Sternen. Ob im Leib, oder außerhalb des Leibes, kann ich dir nicht sagen. Ich weiß nur, ich erfuhr etwas Übernatürliches, und es war zum Greifen nah.

Zuerst bemerkte ich, dass die Sterne den Lobpreis Gottes sangen. Sie waren lebendig und dynamisch! Alle Schöpfung singt das Lob Gottes. Das wahrhaftige Wort vollständig zu erleben, versetzte mich ins Staunen.

Nach einiger Zeit bemerkte ich (dies ist eine schlechte Wortwahl, da Zeit während eines derartigen Erlebnisses nicht wichtig ist), dass ich weder Erde noch Mond sehen konnte. Nichts war vertraut. Es gab nur diese Weite des Universums mit der Schöpfung, welche Gott pries.

Als ich über diese Entdeckung nachdachte, sah ich plötzlich entfernt, zu meiner Rechten, etwas, das wie eine in der Weite des Weltraumes aufgehängte Tür aussah.

Ich hörte die Stimme des Herrn sagen: „Geh weiter!"

Mein erster Gedanke war: „Geh weiter? Wie mache ich das?" Wenigstens wusste ich einen Glaubensschritt zu gehen, und indem ich daran *dachte*, auf die Tür zuzugehen, bewegte ich mich augenblicklich durch den Eingang hindurch. Ich fand mich vor einem kleinen, leeren Büro wieder. Sofort kam ein „Wissen" vom Geist Gottes, dass ich mich in Sydney, Australien, befand. (Seitdem war ich dort und habe das Gelände, auf das ich versetzt wurde, wiedergefunden.)

Die Sonne ging gerade auf. Es war sehr früh an einem Samstagmorgen, deshalb war draußen noch kein Straßenverkehr zu hören. Ich schaute mich im Büro um und bemerkte hinter mir den Eingang zur Toilette. Auf dem Boden lag grauer, abgenutzter Teppichboden, und ich bemerkte die mit Isolierband gekennzeichneten Flächen, wo einst die Schreibtische standen.

Ich sagte: „Wow! Das ist cool, Herr; Ich wollte schon immer nach Australien!"

Als ich mich wieder dem Eingangsbereich des Büros zuwandte, und durch Fenster und Türen sah, erblickte ich rechts gegenüber ein schwarzes Gebäude mit Marmorfassade und getönten Fenstern und links gegenüber ein graues Gebäude, ebenfalls mit Marmorfassade und getönten Fenstern. Die leere Straße lag davor.

Ich sagte: „Herr, das ist großartig," und ich ging zur Eingangstür um eine kleine Besichtigungstour zu unternehmen.

„Nein, das war deine Lektion; jetzt geh zurück!" Er sprach hörbar.

Natürlich war ich ein wenig enttäuscht, aber jetzt stand ich vor einem anderen Dilemma: Wie konnte ich zurückkommen? Wie bereits erwähnt, konnte ich, nachdem ich den Herrn gehört hatte, einen Glaubensschritt gehen. Deshalb bewegte ich mich auf die Tür zur Toilette zu, und als ich durchgegangen war, befand ich mich wieder Zuhause, zurück in meinem Zimmer.

Über ein Jahr betete ich jetzt und kaute auf diesem Erlaubnis herum. Ich sagte: „Vater, wie konnte das geschehen?"

Er sagte: „Erinnere dich an die *Schlüssel.*"

„Ja, Herr."

„Was öffnen Schlüssel?"

„Türen."

Ich sagte: „Okay." Dann fragte ich: „Was geschah, als Paulus in den dritten Himmel genommen wurde?"

Er sagte: „Das ist eine andere Türart und ein weiterer Schlüssel."

Ich fragte: „Vater, was hatte es zu bedeuten, in den Sternen zu sein?"

Er sagte: „Studiere etwas Geschichte."

Deshalb fragte ich: „Herr, wo soll ich anfangen?"

Er führte mich zur alttestamentlichen Pseudepigrahie. Dabei handelt es sich um eine Büchersammlung, die nicht im Kanon der Bibel aufgenommen wurde, und die Bücher von Henoch beinhalten.

Der Herr gab mir den Auftrag, Henochs Bücher zu lesen, was ich deshalb tat. Es verblüffte mich sehr, dass Henoch das Evangelium, angefangen von 1. Buch Mose bis zur Offenbarung, verstand. An mehreren Stellen in der Bibel wird er erwähnt.

Unter anderem entdeckte ich, dass Henoch mit Gott wandelte, in die Sterne versetzt wurde und die Türen und Eingänge des Himmels sah! Ich war fasziniert.

Ich sagte: „Okay, Herr, wie kann ich das mit dem Wort Gottes und dem, was wir heute erleben können, verbinden? Denn das ist doch sehr weit „draußen"?"

Er sagte: „Das ist ganz einfach. Es wird zweiter Himmel genannt." Ich begriff! Um vom ersten Himmel (wo wir wohnen) in den dritten Himmel zu kommen, wo Jesus lebt, gehst du durch den zweiten Himmel - wo ich die Öffnung sah. Der zweite Himmel ist der Herrschaftsbereich der dämonischen und gefallenen Engel. Der dritte Himmel ist der Bereich Gottes.

Seit dieser Zeit nahm mich der Herr mit auf Reisen in den geistlichen Bereich. Er zeigte mir, wie Versetzung durch Glauben wirklich funktioniert. Einer der Schlüssel, den wir schon zuvor besprachen, ist das Beispiel aus Jesaja 22:22. Du öffnest, was kein Mensch schließen kann, indem du im Glauben sprichst und proklamierst!

Jesus sagte, was Er tut, werden wir auch tun. Er trat ein, Er trat aus - von jenem in diesen Bereich, von diesem in jenen Raum.

Dies Abenteuer erwartet jedes Kind Gottes, das zu glauben wagt, dass Sein Wort wahr ist! Wir können und werden als übernatürliche Wesen in einer natürlichen Welt wandeln und freien Zugang zu allem haben, was das Blut Jesu für uns bewirkt hat.

Du triffst die Wahl - Er bringt die Veränderung!

Du wirst willig - Er ist deine Fähigkeit!

9

Die Herrlichkeit in uns

Herr, ich bete, dass Du dieses Wort in jeder Person, die dieses hört, belebst. Und ich danke dir, Herr, dass Du uns zu einer königlichen Priesterschaft am Ende der Zeit, erwählt hast, Vater, um die Güte, die Gnaden, die Errettung Gottes allen Nationen zu zeigen. Und wenn wir an diesem Wort teilhaben, Vater, mögen wir mit Überfluss gefüllt sein, nicht nur mit dem Wort, sondern mit der Offenbarung Deines Wortes, welches Leben freisetzt. Ich bete, Vater, dass Du das Himmlische in den Leben jener, die dieses lesen, beleben wirst. Setzte sie frei, Vater, damit erfüllt wird, zu was Du sie gesandt hast. Ich preise Dich, Vater. Noch etwas, Herr – das Wichtigste – wir sprechen das Blut Jesu aus über jeden einzelnen Leser dieses Buches und dieser Worte. Dies ist Same, der nicht ausgerissen wird, in Jesu Namen. Amen.

Ich beginne mit Römer 13:14. Diese Schriftstelle ist den meisten von uns vertraut. Viele haben sie wahrscheinlich schon zitiert und trotzdem liegt in dieser bestimmten Schriftstelle eine Bedeutung, die wir gerade jetzt begreifen müssen. Dieser Vers besagt: *„... sondern zieht an den Herrn Jesus Christus und sorgt für den Leib nicht so, dass ihr den Begierden verfallt.“* (Römer 13:14; LU)

Das Wort *zieht an* ist das griechische Wort *endueo.*[23] Es ist dasselbe griechische Wort, das dafür benutzt wird, wenn der Heilige Geist auf dich kommt und du mit Kraft von oben bekleidet wirst (*endueo*). Es bedeutet „bekleidet zu sein, im Sinne davon in einer Kleidung zu versinken.“ Ich möchte es dir bildhaft vor

23 James Strong, Strong's Exhaustive Concordance, 1746.

Augen stellen. Es ist wie bei kleinen Kindern, die sich eines Tages wie Mama und Papa kleiden wollen und deshalb deren Kleidung anziehen. Sie können sich kaum bewegen, denn sie sind in dieser Kleidungsmasse eingewickelt. Du magst nur noch ihre Augen oder ihr Lächeln sehen, denn sie haben sich ganz darin verloren – sie sind versunken in ihrer Kleidung.

So ist es auch, wenn du den Herrn Jesus anziehst – du bist so versunken in Ihm, dass die Menschen von dir nur noch deine Augen sehen. Alles andere ist Jesus! Genauso ist es, wenn du mit dem Heiligen Geist bekleidet bist – du bist *endueot* mit dem Heiligen Geist, du bist versunken in Ihm, und das Einzige, was andere vielleicht noch sehen, sind deine Augen. Wir müssen die Bedeutung der Aussage, den Herrn Jesus Christus anzuziehen, verstehen. Er sagt: „Verliere dich in Jesus." – Sei verloren in Ihm!

Diese Schriftstelle enthält noch eine Wahrheit: Ziehen wir den Herrn Jesus an, treffen wir für das Fleisch keine Vorsorge mehr. Das Wort *Vorsorge* bedeutet buchstäblich, du machst dir um die Angelegenheiten des Fleisches keinerlei Gedanken, noch planst du diesbezüglich im Voraus. Natürlich ist es in der heutigen Zeit sehr leicht, von den Sorgen über die natürlichen Belange des Fleisches völlig eingenommen und getrieben zu sein. Die aktuellen Ereignisse in der Welt lassen uns die Schrift gerade jetzt besonders gut verstehen.

Wenn wir lernen, in Jesus einzutauchen, werden wir uns nicht mehr um die Angelegenheiten des Fleisches sorgen. Wir werden keine Gedanken daran verschwenden, weil wir so sehr mit Ihm verschmolzen sind. Bei einer so realen Versorgung des Himmels werden wir uns nicht mehr darum kümmern, was in der Welt geschieht. Jesus sorgte sich nie darüber, ob die Wirtschaft anzog oder absackte, ob es einen Mangel an Essen oder Finanzen gab. In Seinem irdischen Wandel sehen wir Ihn niemals für irgendetwas Bedenken äußern. Warum? Weil Er im Heiligen Geist versunken war und keine Voraussicht für das Fleisch pflegte.

Darin ist die Liebe bei uns vollkommen, dass wir Zuversicht haben am Tag des Gerichts; denn wie Er ist, so sind auch wir in dieser Welt.

(1. Johannes 4:17)

Als Gläubige haben wir die meiste Zeit versucht, so zu leben, wie Er *war*. Während dies zunächst Sinn macht, eine gute Grundlage und ein richtiger Startpunkt ist, müssen wir nun schauen, wie Jesus gerade jetzt ist, und was Er gerade jetzt tut. So können wir uns auf das Potenzial Seiner Verheißung zu bewegen, um so zu sein, wie Er in der Welt ist.

Wie ist Jesus denn gerade jetzt? Er ist in Herrlichkeit. Ich versichere dir, Er sorgt sich nicht darum, was Er essen wird, wo Er schlafen wird, was Er anziehen wird oder ob Er genug Glauben hat. Verstehst du, was ich sagen will? Unsere Bibel enthält alles, was wir für das Leben und für den göttlichen Wandel brauchen. Sie trägt jede Verheißung, die wir brauchen. Aber wenn wir nicht anwenden, was uns so freizügig gegeben wurde, werden wir niemals darin wandeln. Seelisch berührt zu sein, bedeutet noch nicht den Empfang oder die Annahme einer Verheißung.

Tue, was Er tut!

Es besteht ein Unterschied zwischen seelischer Zustimmung oder Kenntnisnahme und dem Wandel in der Fülle eines Versprechens. Johannes sagte: „So wie Er jetzt ist, so bist du in der Welt." Diese Denkweise mag für dich neu und schwer verständlich sein, dennoch ist es eine Tatsache. So wie Er gerade jetzt ist, so bin auch ich. Wird diese Wahrheit angenommen und empfangen, wird sie sich in unseren Gedanken, Worten und Taten widerspiegeln.

Wir sind aber noch nicht ganz in das völlige Vertrauen und Erkennen hineingewachsen, so dass diese Verheißungen in unseren Leben offensichtlich geworden wären, aber wir wachsen hinein. – Jesus sagte:

Wahrlich, wahrlich, ich sage euch: Wer an mich glaubt, der wird die Werke auch tun, die ich tue, und er wird noch größere als diese tun; denn ich gehe zum Vater. (Johannes 14:12)

Weißt du, was Er gerade jetzt für dich tut? Zuerst bereitete Er einen Platz für dich vor, damit du da sein kannst, wo Er ist. Deshalb ist unser erstes Beispiel für ein „Werk", das wir tun können, einen Platz für Ihn vorzubereiten.

Einige haben gesagt: „Er lebt schon in meinem Herzen, Bruder." Das stimmt! Aber wie viel besitzt Er von deinem Herzen? Hast du Ihm gerade mal das Foyer der Burg deines Herzens gegeben? „Komm herein, aber berühre nichts, denn ich kontrolliere gerne mein eigenes Leben." Verstehst du, was ich damit sage?

Als Zweites lebt Er seit jeher, um für uns zu bitten. Deshalb sollten wir Ihm einen Platz bereiten, indem wir dem Geist Gottes erlauben, uns unsere Herzen zu offenbaren, uns umzugestalten und dann selbst beständig Fürbitte zu leisten. Denn so wie Er ist, so bist du gerade jetzt.

Das Wort Gottes lehrt uns, dass wir jetzt zusammen mit Christus an himmlische Plätze versetzt sind. So wie Er ist, so bist du, und du bist zusammen mit Ihm gesetzt worden.

Kann ein Mensch an zwei Plätzen gleichzeitig sein? Ja, ganz bestimmt. Du bist dort, zusammen mit Ihm gesetzt an himmlischen Plätzen, und du bist hier in diesem natürlichen Bereich. Du bist in den geistlichen Bereich hineingeboren worden, in das Königreich Gottes, als du Jesus angenommen hast. Genauso, wie du in diesen natürlichen Raum geboren wurdest und in diesem Bereich mit deinen fünf Sinnen gehandelt hast, so beginnst du seit deiner Neugeburt in diesem Bereich mit deinen geistlichen Sinnen zu handeln, welche Gott dir bei deiner Geburt gab. Du *kannst* sehen, du *kannst* schmecken, du *kannst* fühlen, du *kannst* riechen. Verstehst du das?

Leider haben wir uns so an den natürlichen Bereich gewöhnt und sind so geübt, darin zu wirken, dass wir die Realität des geistlichen Raumes verneinen, welcher doch der eigentliche Raum ist. Dies hier ist nur ein Schatten, und du kannst deine natürlichen Sinne nicht einsetzen, um im geistlichen Raum zu handeln und zu wirken.

Wenn Er sagt, dass wir tun können, was Er tut (Gegenwartsform) – „die Werke, welche ich tue," nicht die Werke, welche ich *tat* – kannst du sie ebenso tun. Können Wände Jesus draußen lassen? Können Wände Jesus drinnen behalten? Kann dieser Bereich Ihn daran hindern, aus dem geistlichen Bereich oder der geistlichen Dimension in den natürlichen Bereich oder die natürliche Dimension einzutreten? Nein, Gott ist nichts unmöglich, und wie Er ist, so sind wir in dieser Welt.

Beginnst du darüber nachzudenken, mag es dich zunächst durcheinander bringen, aber es wird dich auch ausrichten. Gott ist nichts unmöglich, und denen, die glauben, ist ebenso nichts unmöglich.

Wüstenerfahrungen

Mose aber weidete die Herde Jitros, seines Schwiegervaters, des Priesters von Midian. Und er trieb die Herde über die Wüste hinaus und kam an den Berg Gottes, den Horeb. (1. Mose 3:1)

Mose war am Hofe Pharaos aufgewachsen, gelehrt in aller Weisheit Ägyptens, und war der nächste in der Linie des Pharaos – er war gewandt in Wort und Tat. Eines Tages kam ihm in den Sinn: „Moment mal! Das ist mein Volk, welches in Gefangenschaft und Sklaverei ist!" Und er wusste im Herzen, dass er eine Bestimmung zur Befreiung seines Volkes aus der Gefangenschaft hatte. Und so tat er, was alle von uns zu irgendeinem Zeitpunkt in unserem christlichen Wandel taten: Mit seinem eigenen Verständnis und dem Arm seiner eigenen Stärke versuchte er, sein Schicksal zu erreichen und zu erfüllen.

Wohin führte das? In die Wüste. Warst du schon mal dort? Ich wette, ja. Jetzt finden wir ihn also als Hirte mitten in der Wüste. Ich habe mit vielen Pastoren gesprochen, die dort eine Gemeinde hatten. Vierzig Jahre war er Hirte in der tiefsten Wüste. Hebräer 11:27 besagt, dass er standhaft aushielt, als *sähe* er Ihn (den Herrn). Nehmen wir uns die Zeit, graben im Wort und studieren es in diesem Zusammenhang, verstehen wir, dass Mose Gott von Angesicht zu Angesicht kannte - er war der Freund Gottes. So verbrachte er vierzig Jahre in der Wüste, nur um die Zeit mit dem Herrn zu verbringen, mit Ihm von Angesicht zu Angesicht zu reden. Das ist kein schlechter Tausch.

In seinem Wüstendienst wird für Mose ein Ort, der Berg Horeb heißt, zu einer Weggabelung seines Lebens. Der Berg Horeb ist ein interessanter Ort - er ist der Berg Gottes. *Horeb* bedeutet „Trostlosigkeit und Verzweiflung."[24] Wie kann das der Berg Gottes sein? Ganz einfach, wo triffst du Jesus? Du begegnest ihm, wenn du mit dir selbst am Ende bist! Und manchmal, sogar nachdem du Jesus angenommen hast, kommst du zum Berg Horeb in deiner Wüstenerfahrung zurück.

Das ist derselbe Berg Horeb, wo Elia letztendlich landete, nachdem er vor Isebel geflohen war. Nun kommt Mose zum Berg Horeb. Durchforschen wir die Bibel, finden wir heraus, dass viele der Patriarchen zu diesem selben Platz der absoluten Trostlosigkeit und Verzweiflung kamen. Paulus sagte selbst: „Wir verzweifelten am Leben, weil wir übermäßig beschwert wurden. Gott, nimm uns einfach mit nach Hause!" (siehe 2. Korinther 1:8)

24 Roswell D. Hitchcock, Hitchcock's New and Complete Analysis, Horeb.

Hier ist Mose an dem Ort der Trostlosigkeit und Verzweiflung, und er sieht, was er zuvor noch nie gesehen hat. Er sieht einen brennenden, glühenden Busch und ein Engel steht direkt daneben. Und er sagt: „Ich werde das überprüfen. So etwas habe ich noch nie gesehen."

Also, ich denke, ich würde das auch überprüfen. Viele Menschen würden aber nur abwinken: „Ohne mich, das kann Gott nicht sein." Aber einige von uns sind neugierig und denken: „Das ist ja interessant." So kommt Mose zu diesem Ort in der verlassensten Wüste und ist am Ende seiner eigenen Kraft. Weißt du, dass Jesus oft in die Wüste ging, um allein mit seinem Vater zu sein? Und viele Christen haben auf ihrer christlichen Reise entschieden: „Also, ich mag keine Wüstenerfahrungen, sie sind zu schwierig." Bist du denn noch ganz bei Trost? Genau dort begegnest du Gott. Wenn alles behaglich und gemütlich ist und nach deiner Pfeife tanzt, denkst du selten an Gott. Unser Christsein in Amerika hat uns nicht wirklich viel gekostet, aber das wird sich ändern. Während wir auf die letzten Tage zugehen, wird Verfolgung zunehmen. Christen sollten nicht von neuen Gesetzen überrascht sein, welche die Nachfolge Christi kostspieliger machen.

Mose aber geht zum Busch, und aus dem Feuer heraus spricht Gott und sagt zu ihm: *„Zieh deine Sandalen von deinen Füßen, denn die Stätte, auf der du stehst, ist heiliger Boden!"* (2. Mose 3:5). Die Werke des Fleisches - symbolisiert durch Schuhe, von Menschen gemacht - werden diesen heiligen Ort nicht betreten. Und so hatte Mose an diesem vielversprechenden Tag eine Begegnung von Angesicht zu Angesicht mit Gott, der ein verzehrendes Feuer ist.

Gebrauche, was du hast

Lebensabschnitte der Gebrochenheit, Trostlosigkeit und Verzweiflung führen demnach zur Reinigung und Läuterung deines Charakters, um Ihn in einer intimeren Weise zu kennen.

Darum sagte Paulus, er freue sich in Prüfungen, Tests und Drangsalen (siehe 2. Korinther 7:4). Nicht, weil er von so vielen Steinen getroffen wurde (so wie ich lange dachte), sondern weil diese eine große Intimität zwischen Gott und ihm hervorbrachten. König David sagte, einen zerbrochenen und reuevollen Geist wird Er auf keinem Fall zurückweisen (siehe Psalm 51:17). Bis dein Leben letztendlich eine bestimmte Gebrochenheit aufweist, wirst du ständig stolpern und fallen. Und je mehr Salbung du ohne Gebrochenheit hast, desto heftiger wird das Desaster, denn ohne Gebrochenheit leitet dich Stolz zum Fall (siehe Sprüche 16:18).

Unser himmlischer Vater ist am Charakter interessiert. Die Gebrochenheit in den Leben Seiner Menschen ist eine der Möglichkeiten, welche den Charakter formen. So begegnete Mose Gott, der ein verzehrendes Feuer ist, und das veränderte sein Leben. Mich fasziniert, wie er nach seiner Zeit am Hof des Pharaos, im Sprechen geübt und in allen Weisheiten Ägyptens gelehrt, auf die Weisung des Herrn: „Gehe zurück nach Ägypten und hole mein Volk heraus", entgegnete: „Ich weiß nicht, wie man spricht." (siehe 2. Mose 4:10)

Im Wesentlichen sagte er: „Herr, was ich dachte zu haben, was ich dachte zu wissen, und die Stärke meines Fleisches zählen nichts." Was er ausdrücken wollte, war: „Herr, ich weiß jetzt wirklich nicht, wie man von deinem Geist geführt wird, denn ich habe mich immer auf mich selbst verlassen."

Und Gott sagte: „Lass mich dir helfen. Was hast du in deiner Hand?" Du erkennst, Christ, wir finden immer Entschuldigungen, warum wir nichts für den Herrn tun können. Ich nahm einmal 43 Leute zu einem Missionseinsatz auf Fidschi mit. Ich empfehle, dies niemals zu tun! Begrenze die Anzahl auf höchstens 10 Personen. Jedenfalls nahm ich 43 Leute mit, wovon einige Jugendliche aus dem Programm *Master's Commission* stammten. Sie waren die besten! Ich konnte sie überall mit hinnehmen. Sie waren zu elft und hatten sich gefragt, ob sie mitreisen sollten oder nicht. Deshalb hatte ich sie etwa eine Woche vor diesem Entscheidungsprozess gefragt: „Wie sieht es aus?“

Sie sagten: „Wir beten.“

Ich sagte: „Gut, für was betet ihr?“

Sie sagten: „Die Finanzen.“

Ich sagte: „Hört sofort damit auf! Ihr müsst herausfinden, ob es Gottes Wille ist, dass ihr geht. Steht das fest, werden die Finanzen kommen. Bittet ihr aber um Geld, betet ihr in die falsche Richtung.“

Wir stellen somit immer den Wagen vor das Pferd. Gott sagt nicht: „Wenn du die Gelder hast, dann geh“, denn dann braucht man keinen Glauben. Du musst Seinen Willen herausfinden, und dich dann in diese Richtung bewegen. Dort wird dir Gott immer begegnen. Bei jedem Mal, wenn wir in den letzten 10 bis 12 Jahren um die Welt gereist sind, hatte ich niemals die Gelder dafür. Aber sobald ich von Gott hörte, sagte ich zu denen, die uns eingeladen hatten: „Ja! Wir kommen.“ Jedes Mal ist der Herr den Nöten begegnet.

In Seiner Gegenwart leben

Gott, der ein verzehrendes Feuer ist, hat für dein Leben – einmal, zweimal, vielleicht viele Male – besondere Begegnungen mit ihm vorgesehen. Bei den meisten von uns sind es viele Male. Und dann sehen wir dies:

> **Als nun Mose auf den Berg stieg, bedeckte die Wolke den Berg. Und die Herrlichkeit des HERRN ließ sich auf dem Berg Sinai nieder, und die Wolke bedeckte ihn sechs Tage; und am siebten Tag rief er Mose mitten aus der Wolke heraus zu.** (2. Mose 24:15-16)

Das mag ich. Folgendes muss ich aber erklären, und ich gebe dies immer gerne gratis dazu. 2. Petrus 3:8 sagt mit meinen Worten: „Ein Tag bei dem Herrn ist wie tausend Jahre, und tausend Jahre sind wie ein Tag". Geschichtlich können wir von Jesus bis auf Adam 4.000 Jahre zurückgehen. Von Adam bis zur letzten Jahrtausendwende sind jetzt 6.000 Jahre vollendet, und wir befinden uns früh am siebten Tag. Am siebten Tag sprach Gott zu Mose aus der Wolke und sagte: „Komm herauf!" Erinnere dich an Typen und Symbole – Gott spricht gerade jetzt zu Seinem Volk. Es ist Zeit, in die *Herrlichkeit* zu kommen. Aber du kommst nicht durch die Wolke in die Herrlichkeit, sondern zuerst musst du eine Begegnung mit Gott, dem verzehrenden Feuer, haben.

Die Herrlichkeit des Herrn auf dem Gipfel sah in den Augen der Kinder Israels gemäß Vers 17 wie ein verzehrendes Feuer aus, aber für Mose war es eine Wolke. Das ist interessant. Mose hatte schon eine Begegnung mit Gott, als dem verzehrenden Feuer, und sah die Herrlichkeit wie eine Wolke.

Wir haben einen guten Freund, Bruder Dean Braxton, der vor ein paar Jahren für eine Stunde und 45 Minuten klinisch tot war. Jemand fragte ihn einmal: „Bruder Braxton, wie sieht der Thron Gottes aus?"

Er sagte: „Willst du mich veralbern? Wenn du im Thronsaal Gottes bist, schaust du nicht auf den Thron? Du bist nicht mal am Thron interessiert! Aber ich werde dir erzählen, woraus er gemacht ist. Nicht, weil ich auf diesen Aspekt des Himmels geachtet hätte, sondern weil man eine „Ahnung" hat, wenn man da ist. So „ahnte" ich einfach, was ich zu jener Zeit erlebte. Der Thron, auf dem Gott saß – manche Leute sagen, er sei aus Quarz, Granit oder einem etwas anderem, ähnlichen Material. Es war eine Wolke der Herrlichkeit."

Jetzt denke einmal darüber nach: Jesus fuhr auf einer Wolke in den Himmel. Er saß schon auf Seinem Thron. Der Herr wird in einer Wolke zurückkehren, um zu herrschen und zu regieren.

Was geschieht, wenn die Wolke der Herrlichkeit in das Haus kommt? Der König der Herrlichkeit kommt in das Haus, denn die Herrlichkeit ist die Atmosphäre des Himmels genauso wie sie der Thron des Himmels ist.

Mose ging für 40 Tage und 40 Nächte auf den Berg, und der Herr schrieb auf Steintafeln das Gesetz, nach dem Sein Volk leben sollte. Mose kam den Berg hinab, und als Erstes sah er das vom Volk gemachte goldene Kalb, und die Anbetung dieses goldenen Kalbes. Das erste Mal in der Geschichte richtete das Gesetz Sünde, als Mose die Gesetzestafeln in gerechtem Zorn zerbrach.

Kurz danach kehrte er zurück auf den Berg, um weitere 40 Tage und 40 Nächte in der Gegenwart des Herrn zu sein. Dies sind zusammen 80 Tage und 80 Nächte in der Herrlichkeit - von Angesicht zu Angesicht mit Gott, ohne Essen und Trinken - in nur kurzer Zeitspanne: die vielen anderen Male nicht mit erwähnt, als Mose mit dem Herrn von Angesicht zu Angesicht sprach. Im Alter von 120 Jahren hatte Moses Kraft nicht abgenommen, seine Sehstärke war perfekt, und er war weder krank noch geschwächt (siehe 5. Mose 34:7).

Und trotzdem war ihm nicht erlaubt, ins verheißene Land zu kommen. Was tat er stattdessen? Er ging in die Wüste und sagte: „Herr, ich komme nach Hause!" Und er verließ seinen Körper. Es heißt, der Teufel kämpfte mit Michael um diesen Körper (siehe Judas 1:9). Warum? Weil er nicht verwest wäre. Der natürliche Todesprozess, die Verwesung, und der Verfall waren so vermindert, so verlangsamt, dass dieser Körper wahrscheinlich, so wie der von Adam, tausend Jahre existiert hätte.

Es ist auch in dir!

Jesus war mit Herrlichkeit bekleidet. Wenn das Ewige mit dem Sterblichen in Kontakt kommt, geschieht etwas. Dann verleugnest du die Ewigkeit, dieses ewige Licht, oder jene ewige

Herrlichkeit nicht. Nein, es geschieht etwas Erquickendes mit deinem sterblichen Körper. Und egal in welchem Umfang Tod, Verwesung und Zersetzung von dieser Herrlichkeit beeinflusst sind, sie können nicht mehr wirken.

Während Jesus hier auf der Erde wandelte, hatte Er dieses Verständnis und diese Offenbarung. Tatsächlich sagte Jesus: „Kein Mensch kann mir mein Leben nehmen." (siehe Johannes 10:17) Wie konnte Er das sagen? Weil Er die Herrlichkeit verstand. Er begriff, dass Er eine Bestimmung zu erfüllen hatte, und solange Er dem Willen des Vaters gehorsam war, befand Er sich in der Herrlichkeit Gottes.

Keiner brachte Jesus um. Er legte Sein Leben nieder, weil Er mit Liebe und Gehorsam zu Gott erfüllt war (siehe Johannes 10:17+18). Niemand konnte Ihm das Leben nehmen. Christ, so wie Er ist, bist du in der Welt. Verstehe diese Offenbarung - niemand kann dir dein Leben nehmen! Trotzdem kannst du es freiwillig niederlegen, als Dienst für andere und, um deine Bestimmung zu erfüllen.

Es geschah auch, sooft Mose zum Zelt hinausging, standen alle Leute auf, und sie traten jeder an den Eingang seines Zeltes und sahen Mose nach, bis er in das Zelt hineinkam. Und es geschah jedes Mal, wenn Mose in das Zelt kam, dann stieg die Wolkensäule herab und blieb am Eingang des Zeltes stehen; und der HERR redete mit Mose. Und das ganze Volk erhob sich, und sie warfen sich nieder, jeder am Eingang seines Zeltes. (2. Mose 33:8-10)

Begreife dies – Mose kannte Gott von Angesicht zu Angesicht. Die Herrlichkeit ist die Atmosphäre des Himmels. Wenn die Atmosphäre des Himmels kommt, ist der König des Himmels auch dort. Und jedes Mal, wenn diese Herrlichkeit kam, redete Er einfach mit Gott von Angesicht zu Angesicht.

Kommt die Herrlichkeit Gottes mit irgendetwas Sterblichem in Berührung oder Kontakt, wird das Naturgesetz des Todes und der Verwesung umgekehrt. Bei *allem*! Bei jedem Geschaffenen! Was wurde in dieser Welt nicht geschaffen? Alles wurde geschaffen. – „Lass mich richtig verstehen, Bruder. Sagst du, dass die Herrlichkeit alles, was tot, verwest und verfallen ist, beleben kann?" Genau das sage ich. „Du sagst mir also, wenn ich einen rostigen alten Wagen da draußen habe, und ich bete und setze die Herrlichkeit frei, ich einen brandneuen haben werde?" Genau das sage ich. Das ist das Potenzial, zu dem wir in der Herrlichkeit Zutritt haben. Weil die Herrlichkeit Gottes *Leben* bringt und wiederherstellt, was Tod, Verwesung und Zerfall weggenommen haben, wird alles, was mit Tod, Verwesung und Zerfall behaftet ist, gewaltig auf das *Leben* reagieren.

Was geschieht wohl bei der Heilung, wenn du für einen Kranken gebetet hast? Du hast die Herrlichkeit Gottes freigesetzt, und Tod, Verwesung und Zerfall sind ausgelöscht! Sie sind fort – sie sind ausgerottet! Was denkst du, passiert, wenn Tote auferstehen? Tod, Verwesung und Zerfall werden ausgelöscht.

Wir haben Gott mit unserem Verstand so unendlich begrenzt. – Also Bruder, für leblose Objekte hat das aber keine Bedeutung! Es meint aber *alles* Erschaffene. Was ist mit Schimmel? Was ist mit Moder? Was ist mit faul riechenden Gerüchen? Ja, auch diese sind gemeint! Denn die Herrlichkeit ist nicht nur die Atmosphäre des Himmels und der Himmelsthron, sondern auch der Duft des Himmels. Die meisten von uns haben von Ionisatoren gehört, die Gerüche zerstören. Ich möchte dir etwas über die Ionisatoren des Himmels mitteilen – setze die Herrlichkeit frei und schlechte Gerüche verschwinden. Funktioniert das? Oh ja! Das tut es! Meine Frau Reshma und ich haben das an vielen Orten unserer Reisen getan.

Du hast von der „*shekinah*"-Herrlichkeit Gottes gehört. Es ist ein hebräisches Wort und meint buchstäblich „ausruhen oder wohnen" und ist bezogen auf die Manifestation des rötlichgoldenen Glanzes von Gottes Gegenwart, wenn sie bei Seinem Volk auf der Erde ruht oder wohnt. Blieb die Feuersäule und die Wolke beim Volk Israel, war es die *„shekinah“*-Herrlichkeit Gottes. Ihre Farbe war rötlich-gold. Dies entspringt aus der Wurzel *shachem*, was bedeutet „Intimität oder Nachbar.“[25]

Jetzt hör gut zu! Jesus sagte: *„Ich nenne euch nicht mehr Sklaven ... euch aber habe ich Freunde genannt.“* (Johannes 15:15) Du bist in Christus. Du bist mit Ihm gesetzt an himmlische Orte, deshalb bist du schon in der Herrlichkeit. Und Jesus ist in deinem Herzen, deshalb ist die Herrlichkeit in dir. Warum rufen wir dann immer: „Herr, sende deine Herrlichkeit? Herr, sende deine Herrlichkeit!“ Laut Jesaja 6:4 ist die ganze Erde mit Seiner Herrlichkeit gefüllt. Und wir rufen weiter in Unwissenheit: „Herr, gib mir nur ein bisschen Herrlichkeit.“

25 The Zodervan Pictoral Bible Dictionary (Grand Rapids, MI: Zondervan, 1967), shachem.

10

Freigesetzte Herrlichkeit

Hier möchte ich von meiner Entdeckungsreise erzählen, die Herrlichkeit zu finden und freizusetzen. Es ist ganz einfach und so normal, dass es lustig ist. Ich mag keine Mücken und war es leid, in tropischen Ländern lebendig gefressen zu werden. Ich habe fest geglaubt, dass sie jedes Mal bei meiner Ankunft die Essensglocke läuteten und Mücken aus allen umliegenden Ländern gekommen waren, um zu singen: „Bruce steht auf dem Menü." Danach flogen sie fort und sangen: „Es ist Kraft ... in dem Blut ..."

Es frustrierte und entgeisterte mich total, überall Zielscheibe dieser Plagegeister zu sein! Ich sagte: „Vater, ich habe nichts dagegen, all diese tropischen Orte zu besuchen, wo ich schwitze, es heiß ist und ich ausgewrungen werde, aber bitte gib mir etwas – gib mir eine Strategie, um diese Mücken loszuwerden. Ich habe genug davon, zu alldem noch lebendig gefressen zu werden."

Eines Tages hörte ich, wie der Herr vor einem Gottesdienst im Freien zu meinem Herzen sprach: „Setze die Herrlichkeit frei." Ich predigte in York, Pennsylvania, stand in der Abendkühle unter einem Baldachin in der Nähe eines Flusses – mit eingeschalteten Lichtern. Ich dachte: „Oh! Herr! Ich weiß, dass das kein Vergnügen wird! Bitte gib mir eine Strategie. Was soll ich tun?"

Er sagte: „Setze die Herrlichkeit frei."

Ich sagte: „Okay." So ging ich auf die Bühne, legte meine Bücher ab und sagte bei mir: „Vater, ich setzte die Herrlichkeit Gottes zu meiner Verteidigung frei."

An diesem Abend konnte ich zusehen, wie die Mücken hoch flogen, aber dann von mir fort. Sie konnten sich mir nicht nähern. Ich war fasziniert! Die Leute müssen gedacht haben, ich hätte meinen Verstand verloren, denn ich habe mehr die Mücken beobachtet, als zu lehren und das Wort mitzuteilen. Ich vergaß sogar, über was ich sprach! Die Mücken konnten nicht in meine Nähe kommen!

Eine Frau, vorne links sitzend, wurde von den Mücken lebendig gefressen. Sie sagte immer wieder: „Das verstehe ich nicht! Mücken kommen mir eigentlich niemals nahe!"

Dort stand ich, lachte lautlos und sagte: „Gott, das ist cool!" Ich freute mich so sehr (für mich), war vollkommen erstaunt und sagte: „Herr, wozu ist das noch gut?" Wie ein Kind war ich glücklich über ein neues Spielzeug.

Folgendes zeigte mir der Herr aus der Schrift über die Herrlichkeit:

Dann wird der HERR über der ganzen Stätte des Berges Zion und über seinen Versammlungen eine Wolke schaffen bei Tag und Rauch sowie Glanz eines flammenden Feuers bei Nacht; denn über der ganzen Herrlichkeit wird ein Schutzdach (Baldachin, Schutz) sein. (Jesaja 4:5)

Gemeinschaftlich seid ihr der Berg Zion. Einzeln bist du ein persönlicher Wohnort. Der Herr sagt, Er will über deinem ganzen Sein einen Baldachin der Herrlichkeit schaffen.

Das Wort *Rauch* ist im Hebräischen *ashan*. Es meint buchstäblich „der Schrecken Jahwes oder der Zorn Jahwes." Aber es ist der Schrecken und der Zorn Gottes gegen den sündigen Menschen.[26]

Du bist der Erlöste des Herrn. Während dies der Schrecken und der Zorn Gottes gegenüber den Unerlösten ist, bewirkt er bei den Erlösten Freude und Erstaunen. Wir werden dadurch zu Ihm gezogen – in Ehrfurcht, Anziehung und Zuversicht.

26 James Strong, Strong's Exhaustive Concordance, 6227.

Während der vierzigjährigen Wüstenzeit platzierte der Herr bei Tag eine Wolke und bei Nacht das Feuer über die Kinder Israel. Einerseits waren diese durch die Gegenwart Gottes bedeckt und getröstet. Anderseits kannten die Feinde Israels den Schrecken! Diese Rauchwolke und dieses Feuer bei Nacht waren Israels Schutz!

Der Begriff *flammendes Feuer* kommt von einem sonst nicht gebrauchten Stammwort und bedeutet „zu glänzen wie in einem scharf geschliffenen Messer."[27] Erinnere dich, das ist dein Schutz! Gott wird den Schrecken Jahwes zu deinem Schutz auf deine Feinde legen. Er wird dich unter dem Baldachin seiner Herrlichkeit bedecken. Du wirst angezogen und an Seine Seite gebracht! Du wirst erstaunt sein und dich freuen! Aber den Feinden Gottes wird es Angst und den Schrecken Gottes bringen.

Die Nacht ist Teil des natürlichen Ablaufs unseres 24-stündigen Zyklus, aber sie spricht auch vom Ende der Zeiten. Dann wird Dunkelheit die Erde bedecken und große Finsternis über den Menschen sein. Dieses flammende, nächtliche Schwert ist dein Schutz! Es gibt zwei Stellen in der Bibel, wo du dieses flammende Schwert siehst. Du kannst es im Garten Eden in 1. Mose sehen, als der Herr die zwei Cherubim anwies, den Weg nach Eden zu bewachen. Dann findest du es in der Offenbarung, wie es aus Jesu Mund kommt.

Es zeigt ebenso an, dass du als ein Gefäß – ein Kanal durch den diese Herrlichkeit auf der Erde freigesetzt wird – etwas tun musst. Kein Mensch kann mein Leben nehmen! – Jetzt gerade habe ich es verwendet. – Keiner Waffe, die gegen mich gerichtet ist, wird es gelingen! – Und wieder habe ich es verwendet.

Das Wort für *Schutz* ist *huppa*. Es meint buchstäblich „ein Baldachin; bedecken, verhüllen, umgeben und schützen."[28] Das beste Bild für diese umgebende Herrlichkeit ist meines

27 James Strong, Strong's Exhaustive Concordance, 3852.

28 James Strong, Strong's Exhaustive Concordance, 2646.

Erachtens ein Beispiel aus der Fernsehserie *Star Trek*, wo sie ihre Schutzschilde aufrichten. Nichts kann hindurchdringen! Das ist wie bei der Herrlichkeit! Der einzige Unterschied ist, dass die Herrlichkeit Gottes nicht bei jedem Angriff schwächer wird, und du keine Angst vor einem eventuellen Versagen haben musst! So kann dieses hebräischen Wort *huppa* verbildlicht werden. Es umgibt dich, es umhüllt dich, es bedeckt und beschützt dich. Vor was? Vor Tod, Verwesung und Zerfall.

Das Virus H1N1 kann den Baldachin von Gottes Herrlichkeit nicht durchdringen. Kugeln können die Herrlichkeit nicht durchschlagen. Bomben können sie nicht zerstören. Das kann man so fortsetzen – Krankheit, Schwäche usw. Verstehst du die Bedeutung der Herrlichkeit? So wie Er ist, sind wir jetzt in dieser Welt, und was Er tut, kannst du ebenfalls tun (siehe Johannes 4:17; 14:12).

Leben unter Seinem Baldachin

Jesus wandelte in dieser Welt ohne Krankheit, und keine Schwäche plagte Ihn. Wir wissen aus der Bibel, dass Er auf jede Art und Weise erprobt wurde, die wir auch durchlaufen müssen. Er überwand in jedem Bereich (siehe Hebräer 4:15). Kannst du dich daran erinnern, dass sie Jesus von der Klippe werfen wollten, weil Er den religiösen Geist mit Seinen Worten so aufgebracht hatte? Der Baldachin der Herrlichkeit Gottes verhüllte Ihn, und Er ging durch ihre Mitte – sie sahen Ihn nicht einmal.

Und ein Laubdach wird zum Schatten dienen bei Tag vor der Hitze, und als Zuflucht und Obdach vor Wolkenbruch und Regen. (Jesaja 4:6)

Das Wort *Schatten* meint buchstäblich „Schutz.“[29] Das Wort für *Hitze* im Hebräischen ist *Horeb*. Buchstäblich bedeutet *Horeb* „Trostlosigkeit und Verzweiflung.“[30] Es spricht ebenso von der Hitze der Sonne.

29 James Strong, Strong's Exhaustive Concordance, 6738.

30 James Strong, Strong's Exhaustive Concordance, 2721.

Wer im Schutz des Höchsten wohnt, bleibt im Schatten des Allmächtigen. Ich sage zum HERRN: Meine Zuflucht und meine Burg, mein Gott, ich vertraue auf ihn! Denn er rettet dich von der Schlinge des Vogelstellers, von der verderblichen Pest. Mit seinen Schwingen deckt er dich, und du findest Zuflucht unter seinen Flügeln. Schild und Schutzwehr ist seine Treue. Du fürchtest dich nicht vor dem Schrecken der Nacht, vor dem Pfeil, der am Tag fliegt, vor der Pest, die im Finstern umgeht, vor der Seuche, die am Mittag verwüstet. Tausend fallen an deiner Seite, zehntausend an deiner Rechten – dich erreicht es nicht. Nur schaust du es mit deinen Augen, und du siehst die Vergeltung an den Gottlosen. Denn du hast gesagt: „Der HERR ist meine Zuflucht!"; du hast den Höchsten zu deiner Wohnung gesetzt; so begegnet dir kein Unglück, und keine Plage naht deinem Zelt.

(Psalm 91:1-10)

Befindest du dich unter dem Baldachin von Gottes Herrlichkeit, bist du unter dem Schatten, dem Schutz, der Abdeckung des Allmächtigen. Ich hoffe, du verstehst das! Erinnere dich – Mose verbrachte insgesamt 80 Tage ohne Essen und Trinken in der Herrlichkeit. Warum? Weil die Infusion mit Leben seinen sterblichen Körper in dieser Herrlichkeit so durchdrang, dass er nicht hungrig war. Ebenso sagte Jesus: *„Ich habe eine Speise zu essen, die ihr nicht kennt."* (Johannes 4:32) – Verstehst du jetzt?

Gott sagt, dieser Baldachin Seiner Herrlichkeit – diese Umgebung, diese Bedeckung – wird dich vor der Stunde der Trostlosigkeit und Verzweiflung bewahren. Erinnere dich, tausend fallen an deiner Seite, und zehntausend an deiner Rechten, und sie werden dich anschauen und sagen: „Warum in aller Welt hast du keine Angst? Warum bist du nicht besorgt? Warum bist du nicht aufgebracht und ängstlich?" Weil mein Gott mich vor Trostlosigkeit und Verzweiflung bewahrt. Mein Gott versorgt all meine Nöte nach dem Reichtum Seiner *Herrlichkeit*. Ich habe volle Genüge.

Also, Bruder, kommt eine Hungersnot, ein Mangel – Halleluja! Bricht der Feind wie eine Flut herein, wird der Herr ein Banner errichten! (siehe Jesaja 59:19) Durch Mangel drängen wir uns in das Wort der Wahrheit hinein und wachsen zu Ihm auf. Christen, ihr werdet die Antwort für die kommenden Tage haben, denn ihr kennt Jesus und wisst den Reichtum der Herrlichkeit anzuwenden.

Beim Abendessen werdet ihr über einem leeren Topf beten, und er wird sich mit Essen füllen! Dann könnt ihr sagen: „Kommt herein, Brüder; kommt herein, Leute."

Und sie werden fragen: „Wie machst du das? Woher kommt das Essen?" Dann wirst du ihnen das Königreich Gottes nahe bringen!

Das Wort *bedeckt* in Jesaja 4:6 bedeutet „ein geheimer, verborgener Ort."[31] „Der im verborgenen Ort des Allerhöchsten wohnt ..." – Begreifst du das? Der geheime, verborgene Ort. *Wow!* In Johannes 1:4 heißt es: *„In ihm war Leben, und das Leben war das Licht der Menschen."* Das Wort *Leben* ist *zoe*; es bedeutet das Leben Gottes. In dir ist Gottes Leben, denn du bist in Ihm, und so wie Er ist, so bist du.

Heilende Kraft in der Herrlichkeit

Jahrelang habe ich gegrübelt und den Herrn gefragt: „Vater, Dein Wort lehrt uns klar, Heilung ist das Brot der Kinder. Ich bin dankbar, wenn ich wegen einer Heilung zu Dir kommen kann. Aber Herr, was gehört einem reifen Sohn?"

Welches Beispiel haben wir von einem reifen Sohn? Jesus! Er bewegte sich in göttlicher Gesundheit. Warum? Weil Er in der Herrlichkeit wandelte.

„Okay, Vater, wie komme ich dann von meinem bisherigen Wandel in das für mich Vorgesehene?" Einfach! Durch Glauben! Fang mit Mücken an.

---

31 James Strong, Strong's Exhaustive Concordance, 4563.

Im November besuchten wir Reshmas Familie auf Fidschi. Meine Leute hatten ihre Familie noch nicht kennengelernt, deshalb begleitete uns eine kleine Gruppe. Unsere Pastoren, Barry und Kay Hill, und einige unserer Freunde, ihre Kinder und ein Enkel kamen mit. Wegen der Mücken war Fidschi in der Vergangenheit für mich sehr schwierig gewesen. Ich sagte: „Okay, Vater. Soweit es mich angeht, liegt ein großer Test vor uns! Bei jedem Besuch auf Fidschi war ich die Mahlzeit des Monats für alle Mücken der Insel gewesen. Ich werde das anwenden, was du mir offenbart hast und prüfe so Dein Wort. Dadurch werde ich wissen, ob ich dich richtig gehört, oder mich geirrt habe."

Sobald wir aus dem Flugzeug ausstiegen, proklamierte ich: „Vater, ich setze die Herrlichkeit frei!" Während unseres zweiwöchigen Besuches wurde ich nicht einmal gebissen! Für manche Leute mag das kein Wunder sein, aber für mich war es besser, als die Toten aufzuwecken!

Ich bin gefragt worden, ob ich diese Offenbarung meinen Reisebegleitern mitteilte, und die Antwort ist „nein", das habe ich nicht. Jemand fragte: „Wieso hast du es ihnen nicht erzählt?" Weil ich zu jener Zeit noch lernte und übte. Zuerst muss es in mir geformt sein, bevor ich es freisetzen kann. Hätte ich es nicht selbst erfahren, würde ich nur eine Theorie weitergeben. Ich weiß nicht, wie es dir geht, aber ich bin die Theorien in der Gemeinde satt. Ich möchte jemanden sehen, der seinen Worten Taten folgen lässt und das Gesagte durch Beweise bekräftigen kann. – So übe ich weiter.

Wieder sagte ich: „*Wow!* Herr, was kann dies noch bewirken?

Vor drei Jahren teilte mir der Zahnarzt mit, dass einige benötigte Behandlungen 12.000 Euro kosten würden! Ich sagte: „Und dazu meinen Erstgeborenen, stimmt's? 12.000 Euro?"

Dann sagte ich: „Nein, ich werde nach Hause gehen und darüber beten."

„Vater, ich glaube an Wunder. Ich bin gerade vom *vielleicht* zum *Amen* übergegangen, Herr."

Drei Jahre lang blieb ich standhaft, vertraute und kämpfte im Glauben. Dann im Januar, nach unserer Rückkehr von Fidschi, sprach der Herr zu mir: „Ich will, dass du dich für eine Zeitlang hinsetzt und hineindrängst."

Außer an Reisetagen stand ich jeden Tag auf, um Zeit mit dem Herrn zu verbringen, um zu studieren und zu schreiben. Eines Morgens rebellierte plötzlich mein Mund. Hattest du jemals Zahnschmerzen? Mir tat nicht nur ein Zahn auf einer Seite weh; nein, das wäre zu leicht gewesen! Vier Zähne machten zur gleichen Zeit Ärger – in allen vier Quadranten meines Kiefers.

Drei Wochen! Ich betete und folgte der Verheißung Gottes auf Heilung drei Wochen lang! Schließlich, nach diesen Wochen des Kampfes war ich erschöpft, und es kam mir in den Sinn zu fragen: „Vater, was sagst du dazu?"

Er sagte: „Setze die Herrlichkeit frei!"

Jetzt – innerlich, wohl bemerkt, nicht laut – sagte ich: „Herr, ich setze die Herrlichkeit in diesen Zähnen frei."

Es war sensationell! Als hätte jemand einen Stecker gezogen; aller Schmerz versickerte einfach und kam niemals zurück. Ich sagte: „Herr, warum hast Du mir das nicht vor drei Wochen mitgeteilt?"

Er sagte: „Warum hast du nicht gefragt?"

Ich hatte es vergessen. Ich lehre in der ganzen Welt: Unsere erste Reaktion auf jede Situation sollte sein, Gott zu fragen und mit Ihm zu sprechen. Und ich hatte es vergessen!

Wieder sagte ich: „*Wow!* Vater, was kann sie noch bewirken?" Das wird immer besser! Im Mai hatte mein Vater seinen vierundsiebzigsten Geburtstag, und wir wollten ein Grillfest für ihn ausrichten. Er mag gegrillte Steaks, und ich grille gerne. So wollte ich an jenem Morgen den Rasen mähen und alles für die eingeladenen Gäste herrichten. Wir haben ein ziemlich großes Grundstück und im Frühjahr gab es Schwärme von Mücken. Deshalb sagte ich: „Vater, ich werde meinen Glauben ausüben und die Herrlichkeit über dem ganzen Grundstück freisetzen."

Was geschieht, wenn du Essen nach draußen zum Grillen bringst? Ding! Ding! Ding! Ding! Die Suppe ist fertig! Aber dieses Mal war kein einziges Insekt da! Nicht eine Mücke, kein Käfer – vier Stunden lang, als wir draußen saßen und Spaß hatten.

Ich sagte: *Wow!* Was kann sie noch bewirken? Herr, wird sie mit jeder anderen Plage fertig?"

Sie tut es wirklich! Dämonen hassen die Herrlichkeit.

Überschattet

Apostelgeschichte 17:28 sagt, „... denn in Ihm leben wir". Getrennt von Christus gibt es kein Leben. Es gibt kein *zoe*, die Art, wie Gott lebt; und es gibt kein Leben, welches für Irgendjemanden bedeutsam wäre. Deshalb leben und bewegen wir uns und haben unser Sein in Ihm. Unsterblichkeit und Herrlichkeit sind in dem Licht, welches Jesus ist. Du bist in Ihm, und Er ist in dir, und wie Er ist, so bist du in dieser Welt. Es ist dasselbe Licht, welches das Licht des Lebens – die Herrlichkeit Gottes – ist. Es gestattet weder Zerfall, Verwesung, Moder, Fäule, Verderben, Rost, Schimmel, Verunreinigung, noch schlechte Gerüche.

Hier ist ein weiteres Beispiel der Herrlichkeit aus dem Wort. Die Kinder Israels wanderten 40 Jahre in der Wüste, und ihre Kleidung nutzte sich niemals ab. Und wenn die Herrlichkeit gegenwärtig war – so wie es bei ihnen 40 Jahre lang war – fiel jeden Tag übernatürliches *Manna* vom Himmel, um sie zu sättigen. Sie hatten „Fleisch" zum Essen, das wir nicht kennen. Interessant.

Es gab einen Mann (ich habe seinen Namen vergessen) der in den 1940ern, 1950ern und bis in die 1960er Jahre hinein regelmäßig in Afrika oder anderen tropischen Ländern diente. Er hatte eine Offenbarung über den Schutz des Baldachins der Herrlichkeit Gottes, und er setzte um, was er über die Freisetzung der Herrlichkeit erfahren hatte. Abends diente dieser Mann oft in Strohhütten-Gemeinden mitten im Nirgendwo, und Petroleumlampen waren die einzige Beleuchtung. Warst du jemals in einem heißen und feuchten Dschungel, so weißt du, dass man nachts mit Lampen jedes denkbare, dem Menschen bekannte Insekt anlockt!

Da er aber die Herrlichkeit als Schutzbaldachin verstanden hatte, konnten sich diese Insekten den Lampen bis auf 10 Meter nicht nahen! Nicht nur das, sondern auch die Gottesdienstbesucher gingen in den Glanz der Herrlichkeit hinein und waren augenblicklich geheilt!

Dieser Mann kaufte im Kaufhaus einen Anzug, denn in jenen Tagen galt dies als normale Bekleidung für Prediger. Sieben Jahre lang stapfte er durch den Dschungel, hielt Gottesdienste in den Tropen und predigte das Evangelium, und während dieser sieben Jahre wurde dieser Anzug nicht einmal gewaschen! Zog er ihn aus, roch er sogar noch ganz neu – genauso frisch, wie an dem Tag, als er ihn gekauft hatte!

Wie kann das sein? Schimmel, Verwesung, Zerfall, Fäulnis – diese berührten seine Kleidung nicht, denn er besaß jene Offenbarung über die Herrlichkeit. Ich sagte: „Herr, wenn das für ihn gilt, gilt es auch für uns." (Meine Damen, bitte entschuldigt, aber ihr könnt nicht mehr so viel einkaufen gehen. Ihr müsst lernen, die Herrlichkeit freizusetzen!)

Johannes 6:54 sagt: „Wer mein Fleisch isst, und mein Blut trinkt, hat ewiges Leben" (frei übersetzt). Jesus sagte in Johannes 8:12: „Ich bin das Licht der Welt. Wer mir folgt, wird nicht in

Dunkelheit wandeln." (frei übersetzt) Der Galaterbrief zeigt in 3:13 auf: „Christus hat uns erlöst vom Gesetz, als er zum Fluch wurde. Denn es steht geschrieben: Verflucht ist jeder, der an einem Baum hängt." (frei übersetzt)

Was ist der Fluch? Sünde, Krankheit und Tod. Die Zerstörung und die Zersetzung durch den Fluch wurden durch das Blut Jesu ausgelöscht. Warum? Weil das Leben im Blut ist, und Er ist das Leben und das Licht der Welt. Die Herrlichkeit überwindet Sünde, Krankheit, Tod, Zerstörung, Verwesung - all dieses.

In Apostelgeschichte 2 wird von vielen Zeichen, Wundern und Machttaten erzählt, die durch die Apostel getan wurden, denn der Pfingsttag war gekommen und sie waren bekleidet mit Kraft. *Endueot* - sie waren in den Heiligen Geist eingetaucht. Also, Er ist in Herrlichkeit und wir sind in Ihm. Deshalb gab es an diesem besonderen Tag plötzlich eine Freisetzung der Herrlichkeit.

In Apostelgeschichte 3 wurde ein sehr ungewöhnliches Wunder an einem seit der Geburt gelähmten Mann getan. Er wurde geheilt.

Nachdem die Jünger in Apostelgeschichte 4 das Evangelium verkündet hatten und daraufhin geschlagen und ins Gefängnis geworfen worden waren, wurden sie freigelassen. Es wurde ihnen verboten, jemals wieder in diesem Namen zu sprechen. Deshalb gingen sie hinaus und beteten; der Ort des Gebets wurde erschüttert, und sie wurden wieder mit dem Heiligen Geist und Kraft erfüllt.

In Apostelgeschichte 5 findet eine erstaunliche Veränderung statt. Nach der *endueo* oder dem Eintauchen in die zweite Dosis der Kraft (Herrlichkeit), ging Petrus die Straße lang und Menschen wurden geheilt, sobald sein Schatten auf sie fiel. Denken wir an einen Schatten, ist er das Ergebnis einer auf ein festes Objekt fallenden Lichtquelle, der „Fußabdruck" dieses blockierenden Objektes. In diesem Fall vermittelt das Wort *Schatten* diese

Bedeutung nicht. Es meint buchstäblich „einen Ausfluss und einen Glanz“ der aus Petrus‘ Innerem kam, und jeder, der in diesen Bereich des Glanzes kam, war geheilt.

Das Wort *überschatten*, was in der King James Bibel benutzt wird, meint buchstäblich „in einen Schleier der Brillanz einwickeln“. Wenn du und ich als Gläubige lernen, das in uns liegende Depot der Herrlichkeit freizusetzen, werden wir ungewöhnliche Manifestationen in den uns umgebenden Menschen sehen, wenn sie von dieser Herrlichkeit berührt und verändert werden.

Charles Finney wandelte darin, ohne die Bedeutung zu kennen. Ging er die Stadt hinunter, um zum Zug zu kommen, gab es einen solchen Ausfluss des auf ihm liegenden Glanzes der Herrlichkeit, dass Menschen niederfielen und nach Errettung schrien. Es gibt einen neuen Evangelisationskurs! Nicht, wie viele Traktate kannst du weitergeben oder wie viele Schriftstellen kannst du zitieren. Nein, wie viel von Jesus kannst du freisetzen? Wir leben in einer neuen Zeit. Es geht ums *werden* – *alles* zu werden, von dem Er sagt, dass wir es sind!

Setze frei, was in dir ist

> **Und er sprach zu ihnen: Wahrlich, ich sage euch: Es sind einige von denen, die hier stehen, die den Tod nicht schmecken werden, bis sie das Reich Gottes in Kraft haben kommen sehen.** (Markus 9:1)

Der nächste Vers beginnt, „*Und nach sechs Tagen …*“ Was kommt nach sechs? Sieben! Also am siebten Tag:

> **… nimmt Jesus Petrus und Jakobus und Johannes mit und führt sie für sich allein auf einen hohen Berg. Und er wurde vor ihnen umgestaltet; und seine Kleider wurden glänzend, sehr weiß, so wie kein Bleicher auf der Erde weiß machen kann. Und es erschien ihnen Elia mit Mose, und sie unterredeten sich mit Jesus.** (Markus 9:2-4)

Hier ist eine Anwendung der Freisetzung von Herrlichkeit. Wenn dich das nicht begeistert, wird es nichts anderem gelingen. Diese Herrlichkeit in Jesus leuchtete so aus ihm heraus, dass sogar Seine Kleidung und Sein Aussehen beeinflusst waren. Nicht nur das, sie beseitigte die Barriere zwischen dem natürlichen und dem geistlichen Raum, damit Er mit Mose und Elia von Angesicht zu Angesicht sprechen konnte!

Denke einen Moment darüber nach. Du bist in der Herrlichkeit und die Herrlichkeit ist in dir. Setze sie frei! Setze sie frei! Übe alle Zeit! Bald wirst du übernatürliche Begegnungen mit Jesus, dem Herrn der Herrlichkeit, von Angesicht zu Angesicht haben.

Wie viele von euch möchten Jesus von Angesicht zu Angesicht kennen? Übe freizusetzen, was in dir ist. Gehst du zur Post, setze die Herrlichkeit frei. Besuchst du ein Restaurant, setze die Herrlichkeit frei (nachdem du bestellt hast). Steigst du in ein Flugzeug, setze die Herrlichkeit frei (doch warte bis der Autopilot angestellt ist). Verstehst du das? Durch Glauben kannst du dies überall tun. Was bewirkt das? Also, ich weiß um die Wirkung bei Mücken und Heilungen, und ganz bestimmt bei Zahnschmerzen.

Welche Wirkung gibt es noch? Hör zu - Tod, Verwesung und Zerfall können neben der Herrlichkeit nicht existieren! Wir haben noch niemals Angst vor dem Absturz eines Flugzeuges gehabt, mit dem wir geflogen sind. Gehen wir an Bord, haben wir gelernt, unsere Hand auf den Flugzeugrumpf zu legen, das Blut Jesu anzuwenden und dadurch die Herrlichkeit freizusetzen.

Dazu möchte ich dir ein Zeugnis geben - in einem schlecht funktionierenden Flugzeug flogen wir von Perth nach Malaysia. Ich habe vormals bei Boeing gearbeitet. Als wir abhoben, arbeitete kein Video- oder Soundsystem. Es schien eine Betriebsstörung in der Elektronik vorzuliegen. Zuerst bemerkten wir, dass Hitze ausströmte. Es war, als hätte jemand eine Heizung auf das Flugzeug gerichtet. Dann setzte die Klimaanlage mit voller Kraft ein, bis ich mich wie ein Gefrierschrank fühlte. Das dauerte 15 bis

20 Minuten, dann setzte die Wärme wieder ein … und die Luft pustete. Das ging fünf Stunden lang so. Es war verrückt! Als wir schließlich landeten und zur Tür gingen, ging alles aus. Dieses Flugzeug hätte nicht fliegen dürfen, denn es gab ein Problem mit dem Strom. Aber die *Herrlichkeit!* Die *Herrlichkeit!*

Denn Gott, der HERR, ist Sonne und Schild. Gnade und Herrlichkeit wird der HERR geben, kein Gutes vorenthalten denen, die in Lauterkeit wandeln. (Psalm 84:12)

Das Wort Sonne ist das hebräische Wort *shemesh*, dessen Bedeutung „eine eingeschnittene Festungsmauer“[32] ist. Lass es mich erklären: Im Mittelalter bauten sie Festungen, und sie hatten kleine Einkerbungen in der Festungsmauer, von wo die Bogenschützen aus einer geschützten Position auf ihre Feinde schießen konnten. Psalm 84:12 sagt, der Herr ist eine eingeschnittene Festungsmauer und ein Schild oder Beschützer. Der Herr wird Gnade und Herrlichkeit geben. Nichts Gutes wird denen vorenthalten, die in Lauterkeit wandeln. Diese Herrlichkeit ist wie eine eingeschnittene Festungsmauer, von der du umgeben bist, und hinter der du geschützt bist, und alle feurigen Pfeile des Bösen können dir nicht schaden, obwohl du einen guten Kampf aus dieser geschützten Position wagen kannst.

Unantastbar

Kürzlich hörten wir eine Geschichte aus einer Nation im Mittleren Osten. Jede Person der heimgesuchten Stadt hatte eine übernatürliche Begegnung mit Jesus, und alle nahmen Ihn als Herrn an.

Als die Obrigkeit von der Bekehrung der ganzen Stadt in dieser überwiegend muslimischen Nation hörte, schickte sie sofort Soldaten. Diese versammelten alle Einwohner auf dem zentralen

32 James Strong, Strong's Exhaustive Concordance, 8121.

Marktplatz und befahlen ihnen, ihren neuen christlichen Glauben zu leugnen und zu widerrufen, oder sie würden alle Männer der Stadt durch ein Exekutionskommando hinrichten lassen.

Jeder Einzelne in der Stadt sagte nein, sie würden Jesus nicht widerrufen. Deshalb stellten sie alle Männer auf, zielten und schossen. Zur Überraschung der Soldaten fiel kein Mann tot um. Nicht ein einziger war verletzt!

Weil die Soldaten dachten, sie hätten eine Fehlzündung gehabt (jede Menge Fehlzündungen!), wiederholten sie alles – fertig, zielen, feuern! Und wieder – nicht eine Person wurde verletzt oder getötet. Voller Verwirrung und Ärger stellten sich die Soldaten wieder auf und schossen in die Reihe der Männer, und auch das dritte Mal wurde kein Einziger getroffen.

Wie bei einem Aufruf griff jeder Mann in seine Hosentasche, nahm drei Kugeln heraus und gab sie dem Soldaten vor ihm. Die *Herrlichkeit!* Die *Herrlichkeit!*

Legen wir alle Wortstudien zusammen, würde eine genaue freie Übersetzung von Jesaja 4:5+6 so lauten:

Der Herr hat über mir einen Wohnort des Allerhöchsten geschaffen, eine Rauchwolke bei Tag, welche den Schrecken und den Zorn gegen den sündigen Menschen freisetzt, aber für mich ist sie eine geheimnisvolle Verwunderung, Attraktion, Ehrfurcht, Freude und ein Vertrauen. Es gibt den Schein eines flammenden Feuers bei Nacht, wie das Blitzen eines gut polierten Messers. Denn über mir ist die Herrlichkeit ein Baldachin, der verhüllt, umgibt und schützt. Es gibt eine Bedeckung, einen Schutz vor aller Hitze, Trostlosigkeit, Verzweiflung, und allem, was versucht, mich niederzudrücken. Es ist ein Ort der Zuflucht und ein verborgener Ort vor den Stürmen des Feindes, die versuchen, mich zu zerstören, und vor Bedrängnis und Not.

In Herrlichkeit wandeln

Die Herrlichkeit Gottes, in der du bist und die in dir ist, ist dafür da, damit die Erde durch dich bedeckt wird. Ich habe diese Geschichte schon zuvor mitgeteilt, aber ich wiederhole sie hier, um dich zu erinnern, dass wir in Herrlichkeit wandeln. Vor einigen Jahren predigten wir in Belfast, Nordirland, und sprachen nach einem gemeinsamen Essen mit unseren guten Freunden. Irgendwie führte uns das Gespräch auf die Freisetzung der Herrlichkeit, und wir sagten: „Ihr wisst ja, seid nicht überrascht, wenn sich die Dämonen zeigen, sobald ihr an ihnen vorbei geht."

Aus dem Augenwinkel heraus sah ich „den Blick", der mir zeigte, dass sie dem Gesagten keinen Wert beimaßen. Kurz danach, während wir noch gingen und redeten, fegte ein Mann an mir vorbei und lief auf eine Telefonzelle zu. Sofort drehte er sich um und sagte mit dämonischen Augen und einer jenseitigen Stimme: „Geht nach Hause!"

Als er mit dieser dämonischen Stimme sprach, zogen sich unsere Freunde zurück und sagten: „Was war das?"

Ich entgegnete: „Das ist nur ein Dämon; seid unbesorgt."

Ich fragte den Herrn, ob ich mich jetzt mit diesen Dämon befassen sollte, und Er bedeutete mir, dass ich es nicht tun sollte. Wir gingen etwa 40 Meter weiter, und zwei junge Frauen, die sich miteinander unterhalten hatten, sprangen in die Luft, schrien und flohen in entgegen gesetzte Richtungen!

Geschockt fragten unsere Freunde wieder: „Was war das?"

Abermals antwortete ich: „Das waren nur Dämonen."

Lernen wir uns in diesem übernatürlichen Bereich zu bewegen, entdecken wir die Möglichkeiten von Zeichen, Wundern und Machttaten, die unser tägliches Leben erfüllen wie nie zuvor. – Es ist ein Abenteuer!

Lass dich durch den Geist leiten! Geh nicht stümperhaft herum und tue irgendetwas. Sei vom Geist geleitet, und lass keine Angst zu. Warum? Weil du in der Herrlichkeit bist, und sie ist in dir, und niemand kann dir das Leben nehmen. Keiner Waffe, die gegen dich gerichtet ist, wird es gelingen. Tausend werden an deiner Seite fallen und zehntausend zu deiner Rechten. Aber dich wird es nicht treffen.

Als uns der Herr lehrte und diese Offenbarung freisetzte, trafen wir eine gute Freundin, von der wir seit einiger Zeit nichts gehört hatten. An vier aufeinander folgenden Nächten hatte sie einen Traum. Sie sagte, sie müsse uns diesen Traum mitteilen, denn: „Ihr wart da drin."

Dann fuhr sie fort: „In meinem Traum kamen mein Freund und ich in die Stadt Spokane, als überall Bomben fielen. Alles explodierte, Menschen starben, es gab Feuer und alles befand sich im Chaos, als mir der Herr sagte: „Geht nach Norden! Geht nordwärts!"

So wandte sie sich unserer kleinen, nördlich gelegenen Stadt zu, etwa 80 Kilometer von Spokane entfernt. Sie sagte: „Ich kam zu eurem Haus und brauchte eine Pause, deshalb entschied ich mich, herein zu kommen. Ich saß dort und kam wieder zu Atem, als dieser ältere Mann ins Haus eilte und rief: „Wir müssen hier raus! Sie kommen direkt auf uns zu. Falls ihr hier bleibt, werdet ihr alle sterben!"

Sie sagte: „Das sah dir gar nicht ähnlich, aber du standst auf und sagtest: „Nein! Passt auf!" Dann gingst du hinaus und sagtest: „Ich setze die *Herrlichkeit* frei!" Augenblicklich kamen Bomben auf das Haus zu, aber sie schlugen auf ein Schild, eine unsichtbare Barriere, und sie zersprangen und explodierten irgendwo anders."

Das war eine Bestätigung für mich, dass wir auf dem richtigen Weg waren. Sie wusste überhaupt nicht, was uns der Herr offenbart hatte. Jetzt ist mir egal, was auf die Welt zukommt, denn du bist das Licht der Welt. Dieses Licht ist die *Herrlichkeit* Gottes – sie ist das Leben Gottes – sie löscht Tod, Verwesung und Zerfall aus. Setzt du die Herrlichkeit frei und wendest das Blut Jesu an, kann nichts diesen Schutzbaldachin durchbrechen!

Ich werde beten, und wenn ich dieses Gebet über die Freisetzung der Herrlichkeit bete, möchte ich, dass jeder Leser aufmerkt, was in ihm ist, und es jetzt freisetzt. Gibt es eine Not in deinem Körper oder in irgendjemanden, den du kennst, kannst du die Herrlichkeit in diesem Bereich deines Körpers oder in ihren Körpern freisetzen.

Vater, im Namen Jesu, danke ich dir, dass dein Wort wahr ist. Wir sind in der Herrlichkeit und die Herrlichkeit ist in uns. Nun, Vater, bitte ich dich willentlich, dass du uns erneut mit dem Heiligen Geist und mit Kraft füllst, mit einer Ausstattung dieser Herrlichkeit, wenn wir durch eine Willensentscheidung diese Herrlichkeit freisetzen.

Gerade jetzt, Vater, müssen alle Krankheiten, alle Gebrechen, aller Tod, Verwesung, Zerfall unsere Körper im Namen Jesu verlassen. Gerade jetzt füllt uns das „Zoe"-Leben Gottes ganz neu! Jetzt, Vater, setzen wir die Herrlichkeit in unseren Häusern frei, in jede Ecke und jeden Winkel. Aller Moder, Schimmel, Fäulnis, Zerfall, und alles, was kein Leben ist, wird aus diesem Haus im Namen Jesu ausgerottet. Jetzt, Vater, bestimmen wir, dass dies ein Ort ist, wo dein Thron der Herrlichkeit frei regieren kann.

Und wir danken Dir, Vater, dass es in der Herrlichkeit keinen Mangel gibt. Jeder Not wird hoheitlich, übernatürlich, jenseits unseres Verständnisses begegnet, jenseits von dem, was wir bitten, denken, begründen oder uns vorstellen können. Du begegnest jeder Not, denn so wie Er ist, sind wir in der Welt. Danke, Vater. Danke, Vater. Vater, ich bitte dich gerade jetzt, lass es einen Zahn zulegen.

Ein prophetisches Wort vom Herrn

Mein Herzenswunsch bestand schon seit Generationen darin, eine Altersgruppe aufzurichten, die sich danach sehnt und ausstreckt, mich von Angesicht zu Angesicht zu kennen, um die religiöse Blockade zu beseitigen, die zwischen mir und meinem Volk gesetzt wurde. Und dieses ist die Generation, die ich erwählt habe, ihren Gott von Angesicht zu Angesicht zu kennen. Und deshalb setzte ich für diese Generation und für mein Volk ein Verständnis meines Wortes durch den Hauch der Offenbarung frei, den ich durch meinen Geist auslöse. Und ich befreie mein Volk von Ketten, die nicht durch Menschenhände gemacht wurden, sondern durch Traditionen, die durch menschliche Argumente entstanden sind und die euch vom Königreich Gottes ferngehalten haben. Denn ich habe euch in dieser Generation auserwählt, um in den Höfen eures Königs zu wandeln, um dieses weit entfernte Land zu sehen und euren Gott auf Weisen zu kennen, die sich vergangene Generationen nicht mal vorstellen konnten. Und ich entfache in euch einen großen Hunger und ein Verständnis für die tiefen Dinge, für das Verborgene des Allerhöchsten. Denn ihr seid eine besondere Generation. Ihr seid eine Generation, welche die Erfüllung und das Ende sehen wird. Ihr seid eine Generation, von mir erwählt, um das Lob eures Gottes zu verkündigen, und ihr werdet das tun, indem ihr in die Fülle des Bildes der Erkenntnis Gottes gelangt. Deshalb sage ich heute Abend zu meinem Volk: Mein Herz, das sich nach diesem Moment gesehnt hat, ist nun zufrieden, denn mein Wunsch ist erfüllt. Und in den kommenden Tagen werde ich euch auf ein Abenteuer in den Bereich des Geistes mitnehmen, jenseits von dem, was ihr bitten oder erdenken konntet - sogar jenseits der Vernunft und dem Verstehen der fleischlichen Natur. Es wird sich in eurem Geist zu solch einem Ausmaß aufschwingen, denn Ihr seid meine Kinder, gemacht nach meinem Bilde, erschaffen zu meiner Herrlichkeit, und ihr sollt meine Wege kennen.

Anhang A

Zusätzliche biblische Belegstellen

Alttestamentliche Erscheinungen des Herrn

1. Abraham sah und aß mit Gott (Jahwe oder Adonai) (siehe 1. Mose 18:1-8)
2. Jakob kämpfte mit Gott (Elohim) und sah Ihn von Angesicht zu Angesicht (siehe 1. Mose 32:22-31).
3. Vierundsiebzig Menschen aßen mit Gott (Elohim) (siehe 2. Mose 24:9-11).
4. Mose sah Gott (Jahwe oder Adonai) von Angesicht zu Angesicht (siehe 2. Mose 33:11).
5. Mose sah Gott (Jahwe oder Adonai) von hinten (siehe 2. Mose 33:18-23).
6. Josua und ganz Israel sahen Ihn (siehe Josua 5:13-15).
7. Gideon sah den Herrn (siehe Richter 6:11-23).
8. Simsons Eltern sahen Ihn (siehe Richter 13:3-23).
9. David sah Gott (siehe 1. Chronik 21:16-17).
10. Hiob sah Gott (siehe Hiob 42:5).
11. Jesaja sah und beschrieb Gott (siehe Jesaja 6).
12. Amos sah den Herrn (siehe Amos 9:1).
13. Hesekiel beschrieb Gott (siehe Hesekiel 1:26-28; 10:20; 40:3; 43:7; 47:1-6).
14. Daniel beschrieb Gott (siehe Daniel 7:9-14; 10:5-6).

Neutestamentliche Erscheinungen des Herrn Jesus nach Seiner Auferstehung

Zwischen der Auferstehung und der Himmelfahrt lagen 40 Tage. Während dieser Zeit erschien Jesus Seinen Nachfolgern bei mindestens zehn verschiedenen Gelegenheiten, die in der Bibel verzeichnet sind:

Erscheinungen am Tag der Auferstehung:

1. Maria Magdalena (siehe Markus 16:9-11; Johannes 20:11-18).
2. den Frauen, die vom Grab zurückkehrten (siehe Matthäus 28:8-10).
3. Petrus (siehe Lukas 24:34; 1. Korinther 15:5).
4. den zwei Emmaus-Jüngern (siehe Markus 16:15; Lukas 24:35-43; Johannes 20:19-25).
5. den Jüngern, außer Thomas (siehe Markus 16:15; Lukas 24:36-43; Johannes 20:19-25).

Erscheinungen nach dem Auferstehungstag:

6. allen seinen Jüngern einschließlich Thomas (siehe Johannes 20:26-31).
7. sieben der Apostel am See Genezareth (siehe Johannes 21).
8. allen Aposteln und über 500 Brüdern (siehe Matthäus 28:16-20; Markus 16:15-18; 1. Korinther 15:6).
9. Jakobus, des Herrn Halbbruder (siehe 1. Korinther 15:7).
10. allen Aposteln bei Seiner Himmelfahrt auf dem Ölberg (siehe Markus 16:19- 20; Lukas 24:44-53; Apostelgeschichte 1:3-12).

Erscheinungen nach Christi Himmelfahrt:

1. dem Stephanus bei dessen Steinigung
(siehe Apostelgeschichte 7:55-60).

2. dem Paulus:

   - bei dessen Bekehrung
(siehe Apostelgeschichte 9:3-8; 22:6-11.14-15; 26:12-19).
   - in Korinth (siehe Apostelgeschichte 18:9-10).
   - in Jerusalem am Tempel
(siehe Apostelgeschichte 22:17-21).
   - in Jerusalem zu einem späteren Zeitpunkt
(siehe Apostelgeschichte 21:11).
   - in einer anderen Vision (siehe 2. Korinther 12:1-4)

3. dem Johannes auf der Insel Patmos
(siehe Offenbarung 1:10-19).

All diese Begebenheiten fanden vor vielen Zeugen im Laufe vieler Tage und Jahre statt.

Anhang B

Biblische Definitionen

1. Tür – eine Pforte oder ein Eingang. Sie symbolisiert einen lateralen Übergang; Eingang oder Zugang.

Beispiele:

Als sie aber hingingen, zu kaufen, kam der Bräutigam; und die bereit waren, gingen mit ihm hinein zur Hochzeit, und die Tür wurde verschlossen. (Matthäus 25:10)

Als sie aber angekommen waren und die Gemeinde zusammengebracht hatten, erzählten sie alles, was Gott mit ihnen getan und dass Er den Nationen eine Tür des Glaubens geöffnet habe. (Apostelgeschichte 14:27)

Denn eine große und wirksame Tür ist mir geöffnet worden, und der Widersacher sind viele. (1. Korinther 16:9)

Siehe, ich stehe an der Tür und klopfe an; wenn jemand meine Stimme hört und die Tür öffnet, zu dem werde ich hineingehen und mit ihm essen und er mit mir. (Offenbarung 3:20)

Nach diesem sah ich: Und siehe, eine Tür, geöffnet im Himmel, und die erste Stimme, die ich gehört hatte wie die einer Posaune, die mit mir redete, sprach: Komm hier herauf! Und ich werde dir zeigen, was nach diesem geschehen muss. (Offenbarung 4:1)

2. Tore, Torwege – der Türflügel oder Seitenflügel eines geöffneten Eingangs. Symbol für den Eingang oder das Portal, welches den Eintritt zwischen Gottes sichtbarem und unsichtbarem Bereich erlaubt. Ein Portal oder ein Verbindungsgang.

Beispiele:

> **Geht hinein durch die enge Pforte! Denn weit ist die Pforte und breit der Weg, der zum Verderben führt, und viele sind, die auf ihm hineingehen. Denn eng ist die Pforte und schmal der Weg, der zum Leben führt, und wenige sind, die ihn finden.** (Matthäus 7:13-14)

> **Ringt danach, durch die enge Pforte hineinzugehen; denn viele, sage ich euch, werden hineinzugehen suchen und werden es nicht können.** (Lukas 13:24)

> **Da erwachte Jakob aus seinem Schlaf und sagte: Fürwahr, der HERR ist an dieser Stätte, und ich habe es nicht erkannt! Und er fürchtete sich und sagte: Wie furchtbar ist diese Stätte! Dies ist nichts anderes als das Haus Gottes und dies die Pforte des Himmels.** (1. Mose 28:16-17)

> **Im Todesjahr des Königs Usija, da sah ich den Herrn sitzen auf hohem und erhabenem Thron, und die Säume seines Gewandes füllten den Tempel. Serafim standen über ihm. Jeder von ihnen hatte sechs Flügel: mit zweien bedeckte er sein Gesicht, mit zweien bedeckte er seine Füße, und mit zweien flog er. Und einer rief dem andern zu und sprach: Heilig, heilig, heilig ist der HERR der Heerscharen! Die ganze Erde ist erfüllt mit seiner Herrlichkeit! Da erbebten die Türpfosten in den Schwellen von der Stimme des Rufenden, und das Haus wurde mit Rauch erfüllt.** (Jesaja 6:1-4)

Ein himmlisches Portal ist eine sphärische Lichtöffnung, die göttlichen Schutz bietet, durch welche Engel und himmlische Wesen kommen und gehen können, ohne Behinderung durch Dämonen.

In der ganzen Bibel können wir die Existenz von Toren und Portalen sehen:

Erhebt, ihr Tore, eure Häupter, und erhebt euch, ihr ewigen Pforten, dass der König der Herrlichkeit einziehe! (Psalm 24:8)

Und doch hat er den Wolken oben geboten und die Türen des Himmels geöffnet. (Psalm 78:23)

Glücklich der Mensch, der auf mich hört, indem er wacht an meinen Türen Tag für Tag, die Pfosten meiner Tore hütet! (Sprüche 8:34)

Und er spricht zu ihm: Wahrlich, wahrlich, ich sage euch: Ihr werdet den Himmel geöffnet sehen und die Engel Gottes auf- und niedersteigen auf den Sohn des Menschen. (Johannes 1:51)

Nach diesem sah ich: Und siehe, eine Tür, geöffnet im Himmel, und die erste Stimme, die ich gehört hatte wie die einer Posaune, die mit mir redete, sprach: Komm hier herauf! Und ich werde dir zeigen, was nach diesem geschehen muss. Sogleich war ich im Geist ...
(Offenbarung 4:1-2)

Die „Tür" in der Offenbarung lässt Gottes Einladung an uns erkennen, Zugang zum himmlischen Raum zu haben. Der Herr möchte, dass wir als seine Freunde die Portale des Himmels öffnen und eine beispiellose Visitation himmlischer Heerscharen freisetzen.

Einsicht bedeutet „zu unterscheiden, Aufmerksamkeit zu geben; umsichtig zu handeln; Fleiß, Gehorsam."

Gute Einsicht verschafft Gunst (wörtlich: öffnet Türen), aber der Weg der Treulosen ist ihr Unglück. (Sprüche 13:15)

Wie erlangen wir Einsicht?

Die Eröffnung deiner Worte leuchtet, sie gibt Einsicht dem Einfältigen. (Psalm 119:130)

... indem du der Weisheit dein Ohr leihst, dein Herz dem Verständnis zuwendest ... (Sprüche 2:2)

Deshalb hören auch wir nicht auf, von dem Tag an, da wir es gehört haben, für euch zu beten und zu bitten, dass ihr mit der Erkenntnis seines Willens erfüllt werdet in aller Weisheit und geistlichem Verständnis, um des Herrn würdig zu wandeln zu allem Wohlgefallen, fruchtbringend in jedem guten Werk und wachsend durch die Erkenntnis Gottes. (Kolosser 1:9-10)

Bedenke, was ich sage! Denn der Herr wird dir Verständnis geben in allen Dingen. (2. Timotheus 2:7)

Unser Gebet und unsere Sicherheit:

Deine Wege, HERR, tue mir kund, deine Pfade lehre mich. (Psalm 25:4)

... du beobachtest all meine Pfade, zeichnest die Sohlen meiner Füße auf ... (Hiob 13:27)

Meine Schritte hielten sich in deinen Spuren, meine Tritte haben nicht gewankt. (Psalm 17:5)

Gerechtigkeit wird vor ihm hergehen, und er wird ihre Tritte zum Weg machen. (Psalm 85:14)

Erinnere dich:

Wahrlich, Wahrlich, ich sage euch: Wer an mich glaubt, der wird auch die Werke tun, die ich tue, und wird größere als diese tun, weil ich zum Vater gehe. (Johannes 14:12)

... denn wie er ist, sind auch wir in dieser Welt. (1. Johannes 4:17)

Wann wird dies freigesetzt?

Da sagte er: Siehe, es ist noch hoch am Tag (wörtlich: früh am Tag), es ist nicht Zeit, das Vieh zu sammeln. Tränkt die Schafe, und geht hin, weidet sie! (1. Mose 29:7)

An welchem Tag leben wir? Es ist früh am Morgen des Dritten und Siebten Tages.

ISBN 978-3-938972-50-2
192 Seiten, Softcover, 13,80 €

Bruce D. Allen
Zusage des Dritten Tages
Deine Bevollmächtigung steht bevor

Bruce Allen schildert seinen prophetischen Einblick über Gottes *Zusage des Dritten Tages* und, wie du in Seinen **nahezu unglaublichen Plan** passt. Dein Leben kann zu einem Wunder werden! Die *Zusage des Dritten Tages* gründet sich auf biblischer Geschichte, aktuellen Ereignissen und persönlichen Erfahrungen des Autors und wird dich beflügeln, **Gottes Bestimmung für dich** anzunehmen. Heute befinden wir uns am Morgen des Dritten Tages!

Bruce D. Allen
Der Siebte Tag
Erfüllung der prophetischen Zusagen

Wir sind in einen erstaunlichen Abschnitt des göttlichen Zeitplans eingetreten – den Siebten Tag. Die **letzte, prophetische Generation** wird die Absichten Gottes **ohne verkrampfte Bemühung** verwirklichen. Am Siebten Tag erhebt sich die **Braut Christi** und erweist Seine Wunder wirkende Macht auf unvorstellbare Art. Wir befinden uns an der Schwelle zur **größten Ausgießung** des Geistes Gottes, welche die Welt jemals gesehen hat.

ISBN 978-3-938972-33-5
222 Seiten, Softcover, 13,80 €

ISBN 978-3-938972-35-9
138 Seiten, Softcover, 11,80 €

Michael Van Vlymen
Offene Augen des Herzens
Praktische Schritte zu Erlebnissen im Geist

Mit den Augen des Geistes in den **Raum des Übernatürlichen** zu schauen, gehört zu den größten und intensivsten Erlebnissen, die ein Mensch haben kann. Anhand von **praktischen Schritten** wird in diesem Buch aufgezeigt, wie **jeder** in den Bereich des Geistes gelangen und an **geistlicher Sehkraft zunehmen** kann. Es verdeutlicht den **Schlüssel für geistliches Sehen** und hilft, **Blockaden** zu **entfernen**.